예수가 완성한다

시대의 모든 예수와 함께합니다

예수가 완성한다

코로나 시대를 사는 지식인의 예수찾기

안치용 지음

Mindcube

서문

그들이 납치한 예수, 어떻게 하면 구해낼 수 있을까?

이 책 1부 초반부에 이어령이 기독교에 귀의하면서 주변에서 욕 먹은 이야기가 나온다. 이어령만큼의 지명도가 없는 내가 그와 나를 비교하는 게 외람되지만, 나도 기독교인이 되면서 그런 소리를 들었다. 아니, 오히려 나에게는 더 큰 의혹의 시선이 쏠렸다고 할 수 있는 것이, 그냥 기독교에 귀의한 정도가 아니라 아예 신학대학원에 들어갔기 때문이다.

2018년 2학기에 서울 강북구 수유동에 있는 한신대학교 신학대학원에 입학했다. 스님이 되기 위해 머리 깎고 절에 들어가듯 세상과 완전히 단절한 것이 아니고 속세의 인연을 유지한 채 속세의 일을 병행하며 신학대학원을 다닌 것이기는 하지만, 주변의 반응은 경악 그 자체였다. 나의 적극적 의지 때문이라기보다는 입학

과정에 약간의 혼선이 생긴 탓이긴 했지만 어쨌든 내가 이수하는 과정이 더구나 '목사후보생 과정'이란 이야기까지 들으면 주변에서는 더욱더 뜨악한 표정을 짓곤 했다. 아주 가까운 사람 중에 어떤 이는 "신학 공부까지는 괜찮지만, 쪽팔리니까 제발 나중에 목사 한다는 말만은 하지 말아줘."라고 말했다.

시간이 흐르고 있지만 내 주변의 의구심과 불편한 반응은 여전히 가시지 않고 있다. 아마 두 가지 정도로 그 이유를 분석할 수 있지 싶다. 먼저 내가 기독교와 전혀 맞아 보이지 않는다는 점이다. 대단한 진보주의자라고 자처하기는 창피하지만, 386세대의 일원인 나는 대학 시절부터 지금까지 진보주의자의 사고방식을 고수하고 있다. 많은 386세대가 저쪽으로 넘어가거나 적당히 타협하는 상황에서, 심지어 나는 나이가 들수록 '이념적으로' 더 '빨개지고' 있다. 내가 속내를 잘 드러내지 않아서 그렇지, 어쩌다 내 속내를 엿본 사람은 나의 과격함에 깜짝 놀란다. 이른바 '빨갱이'와 기독교는 상극으로 알려져 있기에 사람들이 나의 기독교 귀의에 놀랐다고 할 수 있다. 기독교인이 된 것 말고는 세계를 보는 다른 시각이 전혀 달라지지 않았기에 그들은 더 의아해한다. 간증 사례에서 흔히 보듯 보통은 회심하며 과거의 '빨갱이' 사유를 회개하는데, 신학대학원에 들어간 내가 여전히 '빨갱이'를 고수하고 있으니 말이다.

또 다른 이유는 기독교와 병행하여 '개독교'란 별칭이 통용되는 현재 상황이 단적으로 시사하듯, 기독교가 점점 더 인기 없고 부끄러운 종교가 되어가는데 도대체 왜 그 부끄러운 영역에 지금 들어가느냐는 의문일 것이다. 나이가 60이 다 되어가는, 세상 물정에 익숙하고 알 만큼 아는 지식인이 왜 그런 비지성적인 판단을 내렸을까 하는 의문이다.

　기독교가 사회적으로 부끄러운 종교가 되었다는 데에 나 또한 동의한다. 코로나19바이러스가 한국과 세계를 공포로 몰아넣은 이후로 신천지의 패악질과 사랑제일교회를 중심으로 한 '광화문교단'의 몰상식한 행위가 겹쳐지며 그 부끄러움은 더 끔찍한 수준으로 바뀌고 있다.

　'기독교인임이 부끄러운 세상'을 부끄러워하지 않는 구제불능의 기독교인이 상당히 많은 것도 부끄러움이다. 어떤 이들은 "내가 예수라면 한국의 기독교인이 창피해 개명하고 말겠다."라고 말한다. 어째서 그런 부끄러운 종교에 귀의하느냐는 질책이 이 블랙유머에는 담겨 있다.

모두 타당한 지적이고, 대체로 수긍한다. 그런데도 나는 신학이라는 공부에 더 흥미를 느끼게 되었고 기독교에 귀의한 것을 세상의 관점에서도 잘한 일이라고 판단한다. 왜일까. 답은 간단하다. 반공과 숭미, 자본주의를 교리처럼 떠받드는 다수 기독교 세력이 주창하고 설파한 예수가 실제 예수와 완전히 다르다는 결론에 쉽게 도달할 수 있었고, 내가 새롭게 만나고 있는 예수는 기꺼이 나의 진보주의 사고에 동감을 표하고 격려해 주었다. 내가 어떤 진보주의를 믿고 어떤 진보주의자인지는 지엽적인 사안인 듯하여 굳이 설명하지 않겠다. 다만 예수가 잠자는 내 영혼을 힘차게 일깨웠음은 물론이고 내 사유의 강력한 근거가 되어주었다는 점은 적시한다.

예수운동의 중심에 섰던 과거 역사 속의 인간 예수는 단언컨대 진보주의자였다. 힘없고 가난한 자의 고통을 외면하지 않았고 치유를 베풀었으며 부패한 사회체제의 전횡에 눈감지 않고 개혁을 말하였다. 신학의 어떤 유파는 예수운동을 사회주의의 원형으로 파악하기도 한다. 예수가 계급갈등을 예민하게 지각하고 민중의 편에 섰으며 인간해방의 길을 끊임없이 도모했다고 판단하기 때문이다. 예수에게 그러한 사회주의자의 면모가 있었던 것은 부인할 수 없는 사실이다. 그러나 예수가 전적으로 사회주의 운동을 주창하였다고 주장한다면 난센스다. 사회주의는 아무리 '원형'이라고 하여도 현실개혁을 모색하지만 예수운동은 현실 너머의 구원을 추구한다. 그렇다고 예수운동이 현실을 외면한 피안의 구원만을 추구했다고 단정한다면 분명 오해이다.

기독교인이 되는 기쁨 중에 가장 큰 기쁨은 당연히 예수를 통한 인간과 세상의 구원 가능성을 확인하는 것이다. 부수적으로는 역사에 드러난 인간 예수와 그의 사유를 성찰하며 그와 대화하는 기쁨을 누릴 수 있다는 것이지 싶다. 기독교인이 되는 이러한 기쁨을 확인하면서 다른 기독교인은 물론 비기독교인과 이 기쁨을 나누고 싶다는 것이 애초에 이 책을 쓰게 된 동기였다. 뒤늦게 기독교에 입문한 어느 진보주의자의 예수찾기 정도를 목표로 했다. 어떤 이들은 흡족해하지 않을 테지만 내 방식의 간증인 셈이다.

그러나 집필 중에 원고 작성 방향이 살짝 바뀌었다. '개독교'라는 세간의 비아냥이 명확히 지시하듯, 이제 기독교는 더는 기독교가 아니고 기독교와 '개독교'로 분화한 상태이며, '개독교' 안에는 예수가 없는데도 계속해서 '예수교'로 간주된다는 사실이 영향을 미쳤다. 즉 세상이 기독교를 예수가 있는 기독교와 예수가 없는 '개독교'로 구분하여 파악하지 않고 통칭 기독교로 보고 있다는 데에서 심각한 문제의식을 느끼게 되었다. 코로나 국면을 거치면서 신천지를 비롯하여 전광훈의 '광화문 교단'이 코로나19바이러스를 능가하는 사회의 바이러스가 되어 버리는 바람에 가뜩이나 위태롭던 기독교의 위상은 더 추락했다. 또한 정부의 방역정책에 적극 협조하는 다른 종교와 달리 유독 개신교 일부 교회들이 종교의 자유 운운하며 주일예배를 고수하여 기독교는 더욱더 부끄러운 종교로 전락하고 말았다.

한국 개신교 몰락의 징후는 이미 오래전부터 뚜렷했다. 한국 개신교의 과도한 세속화와 권력화, 자본주의 정신과 합체한 저속한 번영신학의 만연 등 총체적 위기가 한국 개신교 교회를 '예수의 수치'이자 한국 사회의 우환으로 만들었다. 이미 진단이 나올 만큼 나와 있으므로 이 문제를 집중적으로 다루지는 않을 생각이다. 개인적인 의견을 간단히 제시하자면, 교회의 위기와 몰락의 근본 원인은 예수를 믿지 않는 사람들이 예수의 이름을 훔쳐 예수의 이름으로 장사판을 벌였기 때문이다. 비단 한국 교회에만 해당하지 않겠지만, 우리 눈에 보이는 적어도 한국 교회의 상당수는 내용상 '예수 납치범'들에 불과하다.

문제는 뚜렷하지만 해법이 쉽게 찾아질 것 같지 않다. 그렇다고 예수를 믿는다고 하면서 '예수의 수치'에 눈감을 수는 없는 노릇이다. 있어서 찾아내는 것이 아니라, 없어도 찾아야 한다는 것이 원래 답의 정의일지도 모르겠다. 아마 이 진술은 예수의 가르침에 부합하지 싶다.

나는 한국 교회의 '개독교'화를 매우 걱정하지만, 그들과 우리는 다르다며 간단히 선을 긋는 교회 일각의 태도에도 우려한다. '개독교'는 한국 기독교의 돌연변이가 아니라 한국 개신교의 불가피한 현상이다. '개독교'는 한국 기독교의 불온한 토양 위에서 성장했으며, 소위 정통 기독교라고 주장하는 개신교 무리 중에 또 다른 '예수 납치범'이 적지 않은 상황을 반영한다. 이러한 상황에서 뒤늦게 예수를 받아들이고 신학을 공부하기 시작한 늦깎이 신학도가 할 수 있는 일이 무엇일까.

일단 내가 예수를 만나며 고민한 내용을 진지하게 정리해보자고 생각했다. '예수 납치'와 '예수 감금'에 맞서 지금이야말로 무엇보다 '예수 해방'이 필요한 시점이라는 것이 나의 판단이다. 예수는 세상을 구하고 인간을 해방하러 오셨지만, 동시에 우리가 그를 해방하기를 기다리고 있다고 나는 믿는다. '납치'와 '감금' 때문이 아니어도 예수의 해방은 인간해방을 위해서 꼭 필요한데, 더구나 지금은 저들이 예수를 납치하여 감금한 긴급상황이지 않은가. 긴급이란 표현을 사용하였지만 솔직히 이 '긴급'은 2천 년 가까운 기간 동안 줄곧 출몰한 긴급일 가능성이 크다. '예수 해방'은 다른 무엇에 한눈팔지 말고 예수에게로 곧장 돌아가 예수와 대화하며 예수의 마음과 나의 마음의 통로를 여는 과정을 통해 성취의 첫걸음을 내디딜 것이다.

'예수 장사'로 권력을 잡고 이권을 챙기며 무능력한 자식에게 재산을 물려주듯 큰 교회를 물려주는 등 온갖 나쁜 짓을 일삼는 '예수 납치범'들이 한국 교회의 지도자 행세를 하고 있고 많은 신도가 그들을 맹종하며 '예수 감금'에 자신도 모르게 동참하고 있다. 고민과 성찰 없는 신앙이 그들의 '예수 장사'를 방조한 셈이다.

교회, 교회정치, 교회관계, 교회네트워크 등을 떠나 오직 예수에만 집중한 신앙이 다시 긴요해진 시점이라고 할 때 많은 이들이 말하듯 종교개혁을 방불케 할 만큼의 강력한 예수찾기가 절체절명의 과제로 대두된다.

나는 이 책에서 내가 행한 예수찾기를 기록하였다. 내가 기독교 신앙을 갖는 과정에서 집약적으로 고민한 내용 중 몇 가지를 큰 덩어리로 정리했다. 당연히 이 책은 신학서적이 아닌 신앙고백 성격의 저술이다. 또한 나의 예수찾기만이 올바른 '찾기'라고 감히 자신할 수 없다. 다만 간절하게 예수찾기를 모색하지 않는다면 기독교가 결코 회생할 수 없으리라고는 확언할 수 있다.

　이 책은 예수와 모세를 각각 다룬 1·2부와 보론 성격 3부로 크게 두 부분으로 구성된다. 1부와 2부는 앞서 언급한 맥락에서 내가 행한 예수찾기 또는 '예수 해방'의 기록이고, 3부 보론은 작금의 개신교 상황을 눈감을 수 없어서 위기의 유래와 현상 등을 내나름대로 정리하여 보았다. 1부 '예수'는 부활, 죽음, 탄생 순으로 시간을 소급하는 방식을 취했고, 2부 '모세'는 기독교인이 흔히 직면하는 모세5경 상 신앙의 난관을 포인트 식으로 정리했다.

2020년 팬데믹의 한가운데서

안치용

차례

2부 모세

3부 보론

일러두기

이 책에서 인용한 성서 구절은 대한성서공회 발행 성경전서 개역개정판을 따랐습니다.

1부

—

예수

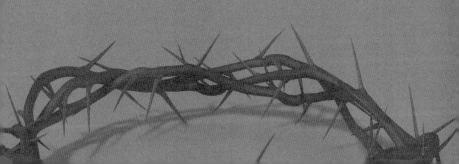

1. 부활

예수가 죽임을 당하고 사흘만에 육신으로 부활했다는
오래된 소문에 대하여

예수의 부활은 기독교 교리의 핵심이다. 단적으로 보면 기독교인
의 공식적 신앙고백이라 할 사도신경에 "장사한 지 사흘 만에 죽
은 자 가운데서 다시 살아나시며"란 구절이 포함돼 있다. 예배를
볼 때마다 낭송하는, 그리 길지 않은 사도신경에서 '부활'이 한 자
리를 차지한 데는 분명 이유가 있다.

부활은 기독교 신앙의 '뜨거운 감자'다. 기독교를 '십자가와 부
활의 종교'라고 규정하는 데에 기독교계 안과 밖에서 이견이 거의
없다고 봐야 한다. 기독교 내부에서는 십자가와 부활 중 어디를
더 강조하는지를 두고 입장이 갈린다. 보다 합리적이고 보다 자유
주의적 견해를 취하는 기독교 분파에서는 대체로 부활보다는 십
자가에 집중하는 경향을 보일 것이라고 예상할 수 있다. 여러 가

지 이유가 가능할 텐데, 그중 하나가 설명력이지 싶다. 듣는 사람 뿐 아니라 말하는 사람도 십자가에 초점을 맞춘 신앙이 부활의 신앙보다 덜 불편하고 더 은혜롭다. 이런 경향이 강해지면 부활은 예배나 기도의 상투적인 기호로만 언급될 뿐 곧 다른 신앙의 주제에 묻혀 뒷방 늙은이 신세가 되기 마련이다.

그러나 그러한 홀대에도 불구하고 부활은 여전히 기독교인 여부를 판정하는 충샛돌로 기능한다. 기독교에 귀의한 이어령을 인터뷰한 『신동아』 기사 「신(神)에게 무릎 꿇은 '한국 대표 지성' 이어령」(2011년 2월 25일자)에서 이 기능을 목격할 수 있다.

기자가 물었다. "주변에서 예수쟁이 됐다고 비웃는 사람들이 있다면서요?"

이어령이 순순히 수긍한다. "많지요. 내 주변 사람이 전부⋯."

인터뷰의 문답을 조금 더 살펴보자.

: **예수를 신적인 존재로 인정하십니까.**

"크리스천이 되기 전에도 예수를 폄훼한 적이 없어요. 신의 아들이 아니더라도 위대한 사람, 감동적인 사람으로 인정했지요. 다만 부활을 안 믿었을 뿐."

: **지금은 믿나요, 부활을?**

"부활을 믿어야 세례 받고 크리스천 되는 거요."

'예수쟁이' 됐다고 이어령을 비웃은 사람들은 아마도 지성계에 속한 것으로 추측된다. 문맥상 지성(知性)과 충돌하는 기독교의 대표적 교리는 '부활'로 보인다. 그러나 이어진 설명을 보면, 부활을 믿고 세례를 받음으로써 기독교인이 된 이어령이 말한 부활이, 내 관점에서 그다지 반(反)지성적으로 보이지 않는다.

이어령은 "지금까지 인류 역사에서 기적은 한 번도 일어나지 않았어요. 일어났다면 예수의 부활뿐이지요. 그 외의 기적을 믿는다면 예수를 잘못 믿는 거지요."라고 말했다. 예수 부활 이외의 기적을 믿고 인정하는 기독교 분파가 꽤 많다고 할 때 이어령의 신앙은 (여러 가지 용어를 쓸 수 있지만 대중적인 용어로) 상당히 지성적 기독교에 닿아 있다.

부활을 믿어야 기독교인?

부활을 믿어야 기독교인이라는 생각에 기독교인 대다수가 동의할 것이다. 반면 인류 역사의 유일한 기적이 예수 부활이라는 이어령의 주장에는 적잖은 기독교인이 동의하진 않지 싶다. 얼핏 별것 아닌 듯한 이 차이가 기독교 내에선 심각한 의견대립으로 발전할 수 있다. 다만 지금 주제가 부활인 만큼 이 주제에 집중하고 논의의 범위를 약간 좁혀서, 부활을 믿고 부활만이 인류 역사의 유일한 기적이란 생각에 '원론적으로' 동의하는 기독교인 사이에서만 이야기를 더 진전시킨다고 하자. 그렇다고 하여도 부활과 관련하여서는 곧바로 또 다른 많은 논란거리가 번호표를 뽑아놓고 대기하고 있다. 여기에, 예수 부활뿐 아니라 예수 부활 이외의 다른 기적을 인정하는, 잠깐 제쳐놓은 기독교인들까지 한자리에 불러 모은다면 부활 논의는 사실상 대화 불능으로 귀결하고 말 것이다.

이어령을 비롯하여 예수 부활이 인류 역사의 유일한 기적이라고 믿는, 한국과 세계의 기독교인이 믿는 부활은 과연 어떤 부활일까. 그들 내부에서 예수 부활 사건과 그 의미, 파장에 대하여 의견일치가 이루어질 수 있을까. 그들이 말하는 예수의 부활과, 예수의 부활을 비롯하여 다른 기적까지 더 폭넓은 기적을 인정하는 기독교인들이 믿는 예수의 부활은 같은 부활일까. 생각보다 논의가 복잡하다.

그러므로 기독교인이든 아니든 예수의 부활에 대하여 알고자 한다면 아예 정공법을 택하는 게 좋다. 즉 예수의 부활이 2천여 년 전에 일어난 역사적 사건으로서 예수 육체의 소생(蘇生)을 의미하는지를 물어야 한다.

부활 사건을 육체의 소생으로 이해하는 신도나 목사가 없진 않겠지만, 한국 교회를 기준으로 하면 없진 않다는 표현보다 오히려 많다고 해야겠지만, 동시에 적잖은 숫자의 신도와 성직자는 부활 사건을 액면 그대로의 육체 소생으로 받아들이지 않는다. 자, 그렇다면 '죽은 자 가운데서 다시 살아난' 예수의 부활을 육체의 소생으로 받아들이지 않고도 부활을 믿는다고 말할 수 있을까. 만일 그렇게 말할 수 있다면 그 근거는 무엇일까. 예수의 부활은 믿지만 육체 소생을 믿지 않아도 기독교인이라고 말할 수 있을까. 드물지만 어떤 신학자나 신부, 목사, 기독교인은 더 급진적으로 부활 자체를 부정한다.

예수 부활 사건에 관한 이야기를 계속 이어가기 전에 예수의 부활 자체를 믿지 않는 기독교인에 대해 어떤 식으로든 판단을 내릴 필요가 있는 것 같다. 기독교인이 아니라면 예수의 부활을 믿든 안 믿든 상관없지만 기독교인라면 예수의 부활에 대한 개인적 신념은 중요하다. 예수의 부활을 믿지 않는 기독교인은 기독교인인가.

결론부터 말해, 내 생각으로는 가능하다고 본다. 예수라는 역사적 인물을 신앙의 대상으로 숭앙하며 현존하는 구세주, 즉 그리스도로 떠받드는 사람을 기독교인이라고 한다면 만일 그가 예수의 부활을 믿지 않는다고 하여도 논리적으로 그를 기독교인이 아니라고 판정할 수는 없다. 예수의 부활만이 예수의 신성을 확증하고 예수가 그리스도임을 증명한다고 볼 수는 없기 때문이다. 다만 이른바 정통 교회로부터는 이단이라고 단죄받을 수 있겠고, 예수의 부활을 믿는 '일반적인' 기독교인으로부터는 "진짜 기독교인 맞아?"라는 시비에 휘말릴 수는 있겠다. 나는 '일반적인' 기독교인

중의 한 명임에도 이미 밝힌 대로, 누군가 부활을 믿지 않지만 예수를 그리스도라고 믿고 고백한다면 그 또한 기독교인이라고 생각한다.

꼭 이단 시비 때문이 아니어도 예수에게서 부활을 소거하고 기독교인이 되는 길은 용이하지 않다. 루돌프 불트만(1884~1976)같이 저명한 신학자는 "부활은 당연히 어떤 역사적 사건이 아니다."라고 대놓고 말할 수 있었겠지만, 일반적인 신앙생활을 하는 보통의 기독교인이라면 그렇게 믿고 말하기가 결코 간단한 일이 아니다. 무엇보다 기독교 교리의 최종 근거인 성서에 예수의 부활이 적시되어 있기 때문이다.

복음서 최초의 기록은 '빈 무덤'

이제 성서의 부활 사건을 들여다보자. 마태·마가·누가·요한의 4복음서 중에서 가장 먼저 기록된 복음서는 마가의 복음서다. 성서학자들이 추정한 「마가복음」의 저술 시기는 대략 기원후 70년, 그러니까 예수 사후, 또는 예수 부활 후 40년이 지난 시점이다. 추정된 최초의 저술 시점이 그렇다는 것이지, 흔히 사본으로 불리는 필사(筆寫)된 문서의 조각은, 필사 시기가 가장 이른 것이 예수 사후 100년 시점이다.

현재의 신약성서로 완성된 텍스트는, 저술 시점으로부터 시간이 100~200년 이상 흐른 뒤에 생성된 사본 수천 종에서 비롯한 무수히 많은 조각을 모아서 비교하고 대조하여 재구성한 것이다. 성서의 사본은 인쇄술이 발견되기 전에 제작되었기에 오류, 즉 잘못 베껴 썼을 가능성이 상존한다. 물론 비교적 오래된 인쇄본이 존재하지만 구약은 말할 것 없고 신약을 '편집'하는 데는 저술 혹은 기록된 최초 본(本)으로부터 시기적으로 가까운 시기에 만들어진 필사본을 원자료로 이용할 수밖에 없다. 그러므로 현재의 성서를 구성하고 편집하는 데 바탕이 된 원자료가 모두 사람이 베껴 쓴 필사본이란 점이 반드시 기억되어야 한다. 기록의 원본을 알 수 없으며, 원본의 몇 번째 사본인지 짐작할 수 없는 사본만이 존재하기 때문에 '원(原)기록'은 현대의 성서 최종 편집본을 통해 의미가 구축되며 그것도 항상 추정될 뿐이다.

　　또 하나 잊지 말아야 할 것은 최초의 저술 또는 기록의 시점이 성서의 사건 발생 시점과 일치하지 않는다는 점이다. 복음서에 있어서 사건의 기록자가 사건의 목격자일 가능성이 희박하고, 대체로 목격담을 전해 듣고 옮겨 적었을 가능성이 매우 크다. 이러한 상황은 성서 해석에 유연성이 필요함을 시사한다. 복음서와 달리 바울의 서신서는 편지라는 글의 성격상 바울이 직접 쓴 것으로 추정된다. 그러나 그중 일부가 바울이 아니라 바울의 제자가 바울의 이름으로 저술한 것으로 분석되기에 서신서에서도 복음서와는 다른 종류의 불일치는 있는 셈이다. 여담으로 근본주의자들이 말하는 '성경 문자주의'와 같은 주장이 성립할 수 없는 것이, 우리는 애초에 성서의 원본을 모르고(즉, 확정할 수 없고) 언제나 추정할 수밖에 없기 때문이다.

사건의 발생 시기, 최초의 기록 시기, 그리고 후대까지 살아남아 성서 편집의 원자료의 하나(문서조각)로 활용된 필사본의 생성 시기 사이에 상당한 시간 간격이 존재한다는 사실을 감안하며 성서의 사건을 살펴보자. 예를 들어 예수가 십자가에 못 박혀 죽었으며 죽은 그가 제자들에게 부활한 사건을 기록한 이는, 부활은 물론 죽음을 직접 목격한 사람과 동일인이 아니라고 보아야 한다. 즉 마태·마가·누가·요한의 4복음서의 저자와 사건의 목격자가 동일인일 가능성은 희박하다. 사건을 목격했다고 주장하는 이들의 증언("나는 예수의 부활을 목격했다" 또는 "나는 부활한 예수를 만났다")과 이러한 증언에 대한 증언("나는 그가 예수의 부활을 목격했다고 말한 것을 들었다")을 기록했거나, 1~2세기 예수를 믿는 유대교의 소종파 또는 초대교회 내의 신앙고백을 사후(事後)적으로 문서화했다고 보아야 한다.

예수의 사망과 부활에 관한 가장 오래된 공식 문서인 「마가복음」은 모두 16장으로 구성된다. 성서학자들의 견해에 따르면 원래의 기록은 16장 8절에서 끝난다. 16장 1~8절은 다음과 같다.

안식일이 지나매 막달라 마리아와 야고보의 어머니 마리아와 또 살로메가 가서 예수께 바르기 위하여 향품을 사다 두었다가 안식 후 첫날 매우 일찍이 해 돋을 때에 그 무덤으로 가며 서로 말하되 "누가 우리를 위하여 무덤 문에서 돌을 굴려 주리요" 하더니 눈을 들어본즉 벌써 돌이 굴려져 있는데 그 돌이 심히 크더라. 무덤에 들어가서 흰 옷을 입은 한 청년이 우편에 앉은 것을 보고 놀라매 청년이 이르되 "놀라지 말라. 너희가 십자가에 못 박히신 나사렛 예수를 찾는구나. 그가 살아나셨고 여기 계시지 아니하니라. 보라 그를 두었던 곳이니라. 가서 그의 제자들과 베드로에게 이르기를 예수께서 너희보다 먼저 갈릴리로 가시나니 전에 너희에게 말씀하신 대로 너희가 거기서 뵈오리라 하라." 하는지라 여자들이 몹시 놀라 떨며 나와 무덤에서 도망하고 무서워하여 아무에게 아무 말도 하지 못하더라.

「마가복음」 16장 1~8절

예수 부활에 관한 복음서의 최초 기록은 이처럼 부활 사건 없이 끝난다. 「마가복음」 기록에서 확인된 '사실'은 '빈 무덤'과 "그가 살아나셨다."라는 흰 옷 입은 청년의 증언이다. 예수 부활 사건의 최초 증언자로 전해진 막달라 마리아 등은, 최초의 기독교 공식 기록에 의거하면 "그가 살아나셨다."라는 증언을 들은 2차 증언자다. 그들은 그가 살아나심을 목격하지 않았고 "그가 살아나셨다."

라는 증언을 들었을 뿐이다. 증언자인 '흰 옷 입은 청년'에 대해선 그가 누구인지, 혹시 부활한 예수 자신인지, 하늘에 속하였는지 땅에 속하였는지, 땅에 속하였다면 신뢰할 만한 신분인지 등 아무것도 알려지지 않았다.

예수의 사망과 부활에 관한 가장 오래된 기독교 공식 문서인 「마가복음」은 이처럼 부활을 확증하지 않았다. 4복음서 중 가장 먼저 기록된 복음서에서 애초에 '부활 사건'이 없었다는 뜻이다. 부활 사건은 후대에 추가된 9절 이후에 등장한다. 그것도 정확하게 말해 부활이 아니라 현현(顯現), 즉 개역개정 한글성경의 표현으로, '보이시'거나 '나타나신'다.

예수께서 안식 후 첫날 이른 아침에 살아나신 후 전에 일곱 귀신을 쫓아내어 주신 막달라 마리아에게 먼저 보이시니 마리아가 가서 예수와 함께 하던 사람들이 슬퍼하며 울고 있는 중에 이 일을 알리매 그들은 예수께서 살아나셨다는 것과 마리아에게 보이셨다는 것을 듣고도 믿지 아니하니라. 그 후에 그들 중 두 사람이 걸어서 시골로 갈 때에 예수께서 다른 모양으로 그들에게 나타나시니 두 사람이 가서 남은 제자들에게 알리었으되 역시 믿지 아니하니라. 그 후에 열한 제자가 음식 먹을 때에 예수께서 그들에게 나타나사 그들의 믿음 없는 것과 마음이 완악한 것을 꾸짖으시니 이는 자기가 살아난 것을 본 자들의 말을 믿지 아니함일러라. … 주 예수께서 말씀을 마치신 후에 하늘로 올려지사 하나님 우편에 앉으시니라. 제자들이 나가 두루 전파할새 주께서 함께 역사하사 그 따르는 표적으로 말씀을 확실히 증언하시니라.

「마가복음」16장 9~20절

16장 9절에서 20절까지는 2세기에 덧붙여졌다. 「마가복음」이후에 작성된 다른 복음서의 내용과 보조를 맞춰 추가되었다는 것이 성서학자들의 추측이다. 현현(顯現) 없는 원래의 「마가복음」이 저술되어 유포되고, 이어 부활 또는 현현의 목격 또는 증언이 포함된 다른 복음서가 만들어져 사용되면서, 「마가복음」에 현현 증언이 추가로 들어가는 편집이 이루어졌다는 설명이다.

「요한복음」 21장은 갈릴리 호수에 면한 디베랴에 예수가 나타난 장면을 그린다. 예수의 생애를 다룬 영화에 포함되곤 하는 이 아름다운 장면에서 백미라고 생각하는 순간은 배에서 고기를 잡던 베드로가 호숫가를 거니는 예수를 알아보고 물속으로 뛰어들어 헤엄쳐서 그에게 다가가는 모습이다. 부활(혹은 현현)한 예수는 호숫가에서 생선과 떡을 제자들과 나눠 먹는다.

4복음서 중 가장 나중에 저술된 「요한복음」(기원후 90~100년)의 최초본에는 21장이 포함되지 않았다. 「마가복음」의 마지막과 마찬가지로 「요한복음」의 21장도 추가되었다. 복음서에서 예수의 부활 사건은 '빈 무덤'으로 시작하여 부활 증언의 추가를 통해 부활이 확증되고 이어서 부활 후 승천하는 것까지로 예수의 사후 행적이 확장되는 양상을 보였다.

기독교인과 유대인을 포함한 비기독교인 사이에 공유되는 역사적 사실은 '빈 무덤'이다. 살펴보았듯 가장 먼저 저술된 복음서인 「마가복음」에서도 '빈 무덤'이 기록의 끝이다. 간접적 증언을 통해 부활이 암시될 뿐이다. 「마가복음」을 참조하고, 전해오는 다른 자료를 보완하여 「마가복음」 다음에 작성된 복음서로 알려진 「마태복음」은 부활 혹은 현현 기사와 함께 흥미롭게도 예수의 시신 탈취설을 본문에 넣었다. 마태의 의도는 예수의 시신이 예수의 제자들에 의해 탈취되지 않았고 '탈취됐다'는 거짓말을 유대인들이 만들어 유포하였음을 지적 또는 주장하고자 함이겠다. 마태는 자신의 의도와 무관하게 '탈취설'을 사실(史實)로 공식화한다.

마태의 전언을 통해 우리는 '빈 무덤'이란 공유된 역사적 사실에서 기독교인과 비기독교인 사이의 엇갈린 사태파악을 목격하게 된다. 그때뿐 아니라 지금까지 이어진 '빈 무덤'에 대한 가장 납득할 만한 해명은, 기독교인에게는 부활이고 비기독교에게는 시신 탈취다. 마태가 반대편의 주장까지 복음서에 담은 것에서 예수 부활에 대한 당시의 불신(不信) 강도를 짐작할 수 있다. 하긴 신약성서에 따르면 예수의 제자들까지도 처음에는 예수의 부활을 믿지 않았으니 당연한 반응이겠다.

'빈 무덤'이란 역사적 사실에서 출발한 기독교는 이후 제도화·

사회화·권력화하면서 '부활'의 역사를 만들어낸다. 그리하여 서두의 이어령 일화에서 언급되었듯, 부활을 믿고 안 믿고는 기독교인이냐 아니냐를 가르는 잣대로 자리를 잡게 된다.

예수는 죽은 적이 없었다?

부활은, 심지어 예수의 제자인 도마가 부활한 예수 몸의 상처에 손가락을 넣어보며 확인하려 들었듯이 2천여 년 전에도 쉽게 받아들일 만한 사건이 아니었다. 더구나 직접 부활을 목격하지 않은 채 부활의 증언과 증언의 기록만으로 부활을 믿어야 했던 초기 기독교의 일부 분파는 신앙을 지키려는 노력의 하나로 자신들이 납득할 만한 교리를 발굴하기도 하였다.

그 대표적인 노력이 영지주의로 알려진 입장으로, 신약성서에서는 영지주의에 맞서 싸운 바울 등의 모습을 통해 간접적으로 확인할 수 있다. 영지주의(Gnosticism)는 단일한 기독교 파벌이나 통일된 종교운동이 아니었고, 종교지도자에 따라 다양한 유형의 종교 색채를 띠었다. 유대교 전통보다는 희랍 사상의 관점에서 기독교를 이해하려고 한 경향은 영지주의 계열 기독교인들에게서 공통적이다.

영지주의자들은 구약과 신약을 분리된 것으로 파악하였고, 예수의 인성(人性)과 신성(神性) 중에 신성을 과도하게 부각했다. 신은 불사의 존재이기에 신성의 강조는 예수 죽음의 부인으로 이어진다. 인간이 어떻게 신을 죽일 수 있느냐는 논리다. 역으로 인간에게 죽임을 당하는 나약한 신을 수용할 수 없었다고 볼 수도 있다. 영지주의자들은 예수가 골고다 언덕에서 십자가에 못 박혀 죽을 수 없는 존재이고 죽지도 않았다는 주장을 편다. 그렇다면 기록되었듯, 골고다 언덕에서 십자가에 못 박혀 죽은 이가 누구인가 하는 문제가 즉각적으로 대두된다. 답변은 이렇다. 그리스도가 세상에 예수의 모습으로 나타난 육신은 (실체가 아니라) 사람들에게 그러한 외양으로 보이게 한 것일 뿐이며, 실제로 인간의 육신을 입은 것은 아니다. 영지주의자들의 이러한 주장은 가현설(假現說, docetism)이라고 한다.

'도케티즘'이라는 단어는 '~처럼 보인다'는 뜻의 헬라어 '도케오'에서 비롯하였는데, 도케티즘을 제일 먼저 주장한 기원후 120년경의 바실리데스라는 인물은, 예수가 골고다로 향하는 길에서 그의 십자가를 짊어지도록 강요받은 구레네 시몬이 그리스도 대신 십자가에 못 박혔다고 말했다. 신(神)인 그리스도가 인간 시몬과 몸을 바꿔치기했고, 사람들은 시몬을 그리스도인 줄 알고 처형했다는 설명이다. 꼭 바실리데스처럼 설명하지 않더라도 가현설에 따르면 십자가에 못 박힌 인물은 예수 그리스도의 허상이고, 인간들이 그 허깨비를 십자가에 못 박는 옆에서 예수 그리스도는 그들의 행위를 지켜본다.

부활 교리와 관련한 영지주의의 장점은 죽음이 없으므로 부활을 설명하지 않아도 된다는 데에 있다. 부활을 설명하는 현실적 어려움을 모면한 것은 결과론이고, 영지주의가 가현설을 채택한 주된 이유는 영과 육의 이분법 아래서 육을 나쁜 것으로 배척했기 때문이다. 영지주의자들은 신(神)이 육신에 깃들었다는 생각을 원천적으로 거부하였다. 그러므로 영지주의는 부활의 부정에 그치지 않고, 논리적 귀결로서 신이 인간의 몸을 입었다는 성육신까지 부인하게 된다. 초기 기독교 주류 집단의 핵심교리이자 지금도 존중되는 성육신을 부인하는 셈이어서, 이 주장이 이단으로 몰린 건 피할 수 없었다.

그렇다면 예수의 부활은, 육신의 죽음과 소생이라는 그야말로 역설적인 '자연주의' 증거와 시신 탈취라는 오래된 반박 사이에서 택일하는 고래(古來)의 외통수 말고는 다른 설명 경로를 찾지 못할까. 크게 보아서는 그렇다. 물론 앞서 언급하였듯이 부활 없는 인간 예수의 죽음과 그럼에도 구원을 열어놓은 채 그리스도의 인도를 믿는 신앙의 방식은 언제나 존재한다. 부활 없이 십자가만으로 기독교 신앙이 존립할 수 있다는 견해는 현대에 가까울수록 더 세력을 얻는다.

프랑스의 사상가이자 노동운동가인 시몬 베유(1909~1943)는 "비록 히틀러가 50번 죽고 다시 살아나더라도 나는 그를 하나님의 아들로 존경하지 않을 것이다. 그리고 만약 복음서가 그리스도의 부활에 관한 모든 언급을 삭제해버렸다면, 나는 훨씬 더 쉽게 믿었을 것이다. 나는 십자가만으로 족하다."라고 말했다. 그의 말은 신앙적으로나 실존적으로나 깊은 울림을 준다(물론 '어떤' 기독교인들은 경악할 따름이겠지만 말이다).

믿음이 '깊은' 어떤 기독교인들은 베유의 이야기를 무신론자의 궤변이라고 일축할 법하지만, 베유의 이야기에 기독교인이 새겨들을 만한 구석이 전혀 없다고는 할 수 없다. 죽은 인간 육신의 소생으로 신성을 검증받는, 혹은 자랑하는 교리는 기독교를 '좀비 영화'로 격하한다. 한번 육화한 신이 육신의 절멸이라는 수모를 굳이, 또 사실상 자청하여 당한 이후에 또 다른 육신으로 소생한 이유는 무엇이었을까. 물론 이 질문에 대해선 정형화한 기독교 교리의 설명이 있기는 하다. 그러나 만일 설명을 듣고도 설명이 충분하다고 생각되지 않는다면, 궁극적으로 믿음만이 통용되는 특수한 영역에서는 묻기를 중단해야 한다는 기독교 전래의 최종 답변을 기다리면 된다.

그럼에도 일부 까칠한 기독교인들과 신학자들은 2천 년 동안 묻기를 그치지 않았다. 이미 나사로에게 사용한 육신소생술을 예수가 자신에게도 쓰기로 하였다면, 그럼으로써 하나님의 계시와 신성의 증거를 남기고자 하였다면, 그런 그리스도는 구세주보다는 마술사처럼 느껴진다. 제자가 손가락을 상처에 밀어 넣어 육과 육의 소생을 확인할 수 있도록 죽은 육신을 되살린 신의 섭리에서 신성의 거룩함보다는 전형적이고 세속적인 형이하학(形而下學)을 떠올리게 된다. 예수로 하여금 육신의 증거를 제시하도록 강제한 제자들은 예수를 그리스도가 아닌 법의학자(medical examiner)로 만든 셈이다. 예수는 자신의 몸을 가지고 육신의 죽음과 소생을 모두 입증해야 한다. 이것이야말로 신성모독 아닌가.

예수 사후(혹은 승천 후) 제자들이 그의 가르침을 전하던 시기에, 논란이 있긴 했지만 '부활'이 비과학적 현상은 아니었다. 당시에 기독교 말고도 부활과 결부된 다양한 종교적 전승이 존재했다. 신약성서에서 부활을 믿지 않는 사두개인이 언급되는데, 그들의 특성의 하나로 콕 집어 부활을 믿지 않는 것을 지적한 대목에서 우리는 그 시대에 부활을 믿는 사람 또한 많았음을 짐작할 수 있다. 예수를 처형한 후 유대교 대제사장들이 예수의 무덤을 지키게 한 까닭은 무엇일까. "시신 탈취다, 아니다" 하며 전개된 그들과 기독교인들 사이의 싸움은, 직접적인 부활의 증거가 없어도 '빈 무덤'이 그 자체로 당대의 민중에게 부활로 받아들여질 가능성이 충분했음을 시사한다. 오늘날이라면 '빈 무덤'에 대해 '시신 탈취'가 합리적 반응이겠지만, 기원후 1세기라면 '빈 무덤'에 대해 '시신 탈취'뿐 아니라 '부활' 또한 합리적 반응일 수 있었단 얘기다. 지금과 달리, 1세기 유대교와 기독교 세계에선 인간적 확증 수단의 하나에서 부활이 배제되지 않았다고 보아야 한다.

그렇다면, 예수의 제자 중 누군가가 '선한' 의도에서 예수의 시신을 탈취하고 '빈 무덤'을 만들어냄으로써 예수의 가르침을 힘있게 전파하려고 하였다는 추정이 꼭 난센스는 아니라고 말할 수 있다. 이 가설이 사실이라면, 앞서 인용한 배유의 소망은 사실상 기독교에서 이미 실현된 셈이다.

증명인가 지시인가

이러한 도돌이표 추리에서 벗어나는 길은 없을까. 신학에서 동원되는 것과 같은 부활에 대한 수사학적 눙침이 가장 흔히 목격되는 탈출구다. 앞서 인용한 대로 불트만은 부활이 역사적 사건이 아니라고 단언하며 그것은 단지 십자가의 의미의 표현일 뿐이라고 에둘러간다. 부활을 통해서 그리스도를 신앙한다기보다는 부활 자체를 기독교 신앙의 대상으로 설정해야 한다는 의견이 많은 신학자 사이에서 목격된다. 역사적 사건은 예수의 부활이 아니라 초기 기독교 신자들의 부활신앙이라는 인식 또한 자주 보인다. 이 역사적 사건은 기독교인에게는 종교적 사건이기도 하다.

예수의 죽음을 둘러싼 두 가지 역사적 사실은, 하나는 '빈 무덤'이고, 또 하나는 예수 제자들의 부활 신앙이다. 예수의 부활 사건은 여기서 명백하게 빠진 고리이다. 그럼에도 예수 육신의 부활 없는 부활 신앙이 불가능한 건 아니다. '자연주의적 입증'이란 말로 누차 비판하였듯, 2천 년 전 예수 육신의 부활이 기적의 본질이 아니라, 지난 2천 년의 매 순간, 그리고 이 순간, 예수 그리스도의 현존을 통한 우리 영육의 부활이 기적의 본질이 되어야 하기 때문이다.

그러므로 '빈 무덤'은 증명이 아니라 지시이다. 부활 사건과 무관하게 이미 부활을 믿고 있던 사람에게는 '빈 무덤'이 경험적 지시가 될 수 있다. 부활은 결코 역사적 사건으로 증명될 수 없다.

> "빈 무덤으로부터 부활한 자에 대한 믿음으로 곧장 인도하는 길은 존재하지 않는다. 하지만 '그가 부활했다'라는 확신으로부터 빈 무덤으로 곧장 되돌아가게 하는 길은 존재한다."
>
> – 에밀 브루너(1889~1966)

'육신의 소생' 대 '몸의 부활'

도돌이표에서 빠져나와 '빠진 고리'를 경유하여 '빈 무덤'으로 되돌아가는 길이 꼭 없지는 않다. 이 길은 부활을 전혀 다른 방식으로 이해하는 것에서 열린다. 이 다른 이해를 또 다른 '수사학적 눙침'으로 폄훼한다면 다시 원위치일 수밖에 없지만 말이다.

우선 육신의 소생과 시신 탈취라는 일도양단의 대립이 자연주의의 기반에 서 있음을 인식하는 자세가 중요하다. 신앙과 종교가 당연히 자연주의를 넘어선다고 할 때 부활을 육신의 소생이 아닌 다른 형태의 되살아남, 혹은 현현으로 받아들이는 탈(脫)자연주의 전환에 기대야 '빈 무덤'에서 부활로 인도하는 길이 열린다. 신학자 중에는 부활이 몸의 부활이지 육신의 소생이 아니라는 견해를 취하는 이들이 있다.

이러한 언술은 자칫 말장난처럼 느껴질 수 있다. 우리말로는 육신과 몸의 구분이 실감나지 않는다. 신약성서 원본은 헬라어로 작성돼 있다. 이들은 신약성서에서 부활을 기술할 때 애초에 육신(sarx)이 아니라 몸(soma)이란 헬라어를 사용하고 있음을 주목하며 부활 사건을 설명한다. 신학자 미하엘 벨커는 부활한 예수에게서 '몸의 육신적 차원'이 거의 빠져 있지만 '몸의 영적인 차원'은 현존한다고 주장한다. 몸은 육신이 아니다. 성서에서 남녀 중인들이 부활한 예수를 알아보지 못하는 대목은 몸에서 육신적 차원이 거의 빠져 있기에 가능했다고 벨커는 지적한다.

"그렇다고 (부활이) 다양한 머리들에 떠오르는 단순한 기억들과 생각들의 조합이라는 의미에서 '순전히 영적인 현현'으로 생각되어서는 안 된다."라고 벨커는 말한다. 벨커의 용어를 빌면 부활은 '영의 능력 안에서 몸(soma)으로 이루어지는 자기현재화'이다.

이것이 정확히 무엇을 의미하는지를 상상하기는 쉽지 않다. 왜

나하면 '영의 능력 안에서 몸으로 이루어지는 자기현재화'를 목격한 사람이 많게는 500명으로 전해지지만 그들 모두가 고인이 된 지 이미 2천 년이 지났기 때문이다. 그러나 생각해보면 부활한 예수의 몸을 감각하고 체험한 사람은 부활과 승천 후 2천 년이 흐르는 동안 수도 없이 많으며 현재도 존재한다. 바울이 단연 그 대표 격이다. 예수로부터 직접 가르침을 받은 적이 없고(즉 육신으로 예수를 직접 만난 적이 없고) 오히려 예수교 박해자였지만 이방인의 사도로 변신하여 역사에서 사실상 예수교의 창시자 임무를 수행한 바울은 예수 부활의 가장 강력한 증언자이다.

그는 '실제로' 예수를 만났음을 확언하며 많은 기독교인이 사울에서 바울로 바뀐 계기가 된 이 만남의 진실성을 믿어 의심치 않는다. 이 만남이 바울의 육신과 예수의 육신 간의 만남이 아님은 두말할 필요가 없다. 바울이 만난 예수가 예수의 몸인지, 영인지, 또는 영의 몸인지는 알 수 없지만 육신이 아님은 자명하다는 데에서 우리는 예수 부활 사건을 이해할 단초를 찾을 수 있을지 모른다. 바울이 부활에 대해 집중적으로 말한 「고린도전서」 15장은 육신의 소생을 포함한 부활 논쟁의 성서적 유권해석이라 할 수 있다.

장사 지낸 바 되셨다가 성경대로 사흘 만에 다시 살아나사 게바(베드로)에게 보이시고 후에 열두 제자에게와 그 후에 오백여 형제에게 일시에 보이셨나니 (…) 맨 나중에 만삭되지 못하여 난 자

같은 내게도 보이셨느니라. (…) 우리가 하나님이 그리스도를 다시 살리셨다고 증언하였음이라. 만일 죽은 자가 다시 살아나는 일이 없으면 하나님이 그리스도를 다시 살리지 아니하셨으리라. 만일 죽은 자가 다시 살아나는 일이 없으면 그리스도도 다시 살아나신 일이 없었을 터이요 그리스도께서 다시 살아나신 일이 없으면 너희의 믿음도 헛되고

「고린도전서」 15장 중

바울은 부활 사건에 대해 베드로와 제자, 500여 형제에게 예수가 다시 살아나심을 보였으며 자신에게도 그것을 보였다고 증언한다. 그 증언과 증언의 근거인 부활이 믿음의 핵심임을 강조한다. 「고린도전서」 15장 전반부의 논지다. 이어 「고린도전서」 15장 35절부터 '몸의 부활'을 논한다.

누가 묻기를 죽은 자들이 어떻게 다시 살아나며 어떠한 몸으로 오느냐 하리니. (…) 육체는 다 같은 육체가 아니니 하나는 사람의 육체요 하나는 짐승의 육체요 하나는 새의 육체요 하나는 물고기의 육체라. 하늘에 속한 형체도 있고 땅에 속한 형체도 있으나 하늘에 속한 것의 영광이 따로 있고 땅에 속한 것의 영광이 따로 있으니 해의 영광이 다르고 달의 영광이 다르며 별의 영광도 다른데 별과 별의 영광이 다르도다. 죽은 자의 부활도 그와 같으

니 썩을 것으로 심고 썩지 아니할 것으로 다시 살아나며 욕된 것
으로 심고 영광스러운 것으로 다시 살아나며 약한 것으로 심고 강
한 것으로 다시 살아나며 육의 몸으로 심고 신령한 몸으로 다시
살아나나니 육의 몸이 있은즉 또 영의 몸도 있느니라. (…) 무릇
흙에 속한 자들은 저 흙에 속한 자와 같고 무릇 하늘에 속한 자
들은 저 하늘에 속한 이와 같으니 우리가 흙에 속한 자의 형상
을 입은 것 같이 또한 하늘에 속한 이의 형상을 입으리라. 형제들
아 내가 이것을 말하노니 혈과 육은 하나님 나라를 이어 받을 수
없고 또한 썩는 것은 썩지 아니하는 것을 유업으로 받지 못하느
니라. 보라 내가 너희에게 비밀을 말하노니 우리가 다 잠 잘 것이
아니요 마지막 나팔에 순식간에 홀연히 다 변화되리니 나팔 소리
가 나매 죽은 자들이 썩지 아니할 것으로 다시 살아나고 우리도
변화되리라. 이 썩을 것이 반드시 썩지 아니할 것을 입겠고 이 죽
을 것이 죽지 아니함을 입으리로다. 이 썩을 것이 썩지 아니함을
입고 이 죽을 것이 죽지 아니함을 입을 때에는 사망을 삼키고 이
기리라고 기록된 말씀이 이루어지리라.

「고린도전서」 15장 중

몸과 육신을 구분한 미하엘 벨커 등의 논의는 바울이 말한 비밀
을 부연한 것이어서 성서적 견해와 합치함을 알 수 있다. 바울은
인간이 부활할 때 썩을 것을 버리고 썩지 아니할 것으로 다시 살

아난다고 말한다. 또한 육의 몸과 영의 몸을 구분하며 심판 날에 죽은 자들이 썩은 것에서 썩지 아니할 것으로 다시 살아나는 변화를 겪으리라고 천명한다.

물론 이러한 부활의 비밀은 예수에 대한 것이 아니라 기독교인에 대한 것이다. 장차 있을 기독교인의 부활에 관한 설명이다. 그렇다면 예수의 부활은 이것과 다르게 설명되어야 할까. 앞서 살펴본 「고린도전서」 15장 13절에 "만일 죽은 자의 부활이 없으면 그리스도도 다시 살아나지 못하셨으리라"라는 구절에 비추어 예수의 부활 방식은, 장차 도래할 기독교인의 부활 방식을 예고한다고 할 수 있다.

따라서 예수가 죽은 그대로의 육신으로 소생하지 않았음은 지극히 성서적인 설명이다. 부활한 예수의 몸이 어떤 형태인지는 알 수 없으나, 예수는 그리스도를 믿은(또는 믿는) 기독교인 숫자만큼이나 많은 형태로 개개 기독교인에게 나타났다고 추론하고자 한다.

부활 사건을 여전히 육신의 소생과 같은 인간적인 발상으로 설명하고자 한다면 그것 또한 자유이다. 그러나 2천 년 전 예수가 '육신'으로 소생해 제자들에게 나타났다는 믿음을 고수하는 기독교인에게 예수가 현존하는 그리스도의 '몸'으로 지금 이 자리에 나타나지 않는다면, 부활과 관련하여 무엇을 믿든 그는 기독교인이 아니다. 지금 우리가 만나는 예수 그리스도는 구체적인 예수의 몸일 수밖에 없다. 2천 년 전 예수 육신의 소생을 확신하면서 현존하는 예수 그리스도의 몸을 만나지 못하는, 즉 그의 가르침을 실천하거나 전하지 못하면서 그저 입으로 "주여! 주여!"를 부르짖는 자를 기독교이라 할 수는 없다. 인간 육신으로 부활한 신을 고집하다 보면 십자가 사건의 거룩한 신성과 예수 그리스도 몸의 경험적 계시에서 멀어지게 되고 점차 그리스·로마의 인간적 신들의 놀이마당으로 예수를 유폐시키게 된다.

결론적으로 부활을 믿어야 크리스천이라고 한 이어령의 이야기는 옳다. 동시에 물리적 소생으로서 부활을 믿지 않지만 십자가에 달린 하나님의 계시를 믿는 이가 자신을 크리스천이라고 한다면 이것도 틀렸다고 할 수는 없다. 십자가에 달린 하나님의 계시야말로 예수 그리스도가 부활한 궁극적 형태가 아닌가. 그것만으로도 이미 그는 부활을 믿는 사람이다. 예수는 육신으로 단 한 번 부활한 게 아니라, 현존하는 생생한 몸으로 기독교인을 반복해서 만남으로써 매 순간, 그리고 십자가에 달린 이후 지금까지 영속적으로 부활하고 있다.

2. 십자가

피조물에게 살해당한
하나님

"잔인함, 그게 바로 하느님의 첫 번째 속성이지."

한국 현대사에서 분수령이 된 죽음을 꼽아보자면, 전태일 박정희 김구 등의 이름이 떠오른다. 이들 말고도 역사를 바꾼 죽음은 많지만 개인적으로 가장 먼저 떠오른 세 사람이다. 이 가운데 전태일은 자의로 죽음을 택했고, 나머지 두 사람은 살해됐다. 역사의 범위를 넓히면 더 많은 이름이 거론될 터이고, 지역을 세계로 확대하면 셀 수 없이 많은 이름이 튀어나올 것이다. 대부분의 세르비아 사람이 전태일을 알 수 없듯이 그 중엔 특정한 지역(권)에서만 통용되는 이름이 있는가 하면, 거의 모든 세계인이 아는 이름이 있다.

인류의 역사에서 후대에 가장 많은 영향을 미친 죽음의 주인공을 꼽으라면 십중팔구는 예수라고 대답하지 싶다. 경쟁 종교라고 할 이슬람과 불교에서는 예수의 죽음과 같은 극적인 사건이 없다. 무함마드의 승천이나, 고타마 싯다르타의 열반은 정상적인 죽음, 혹은 세속의 언어로 천수를 뜻한다고 할 때, 서른세 살의 나이에 그것도 십자가형을 언도받고 죽임을 당한 예수의 사망 사건은 기이하기 그지없다. 부활이 죽음과 결부됨으로써 기독교가 성립하기에 예수의 죽음은 성서적으로 또 하나님의 섭리의 관점에서 불가피했다고 건조하게 해석해볼 수도 있지만, 인간 예수의 죽음에서 뿜어져 나오는 영감과 상징성은 인간 사유의 어떤 것과도 비교를 불허할 심원함을 표출한다. 그것은 인간 예수의 역사적 죽음에서 비롯하였지만 '죽음 너머'에서 초(超)역사성 또는 탈(脫)역사성을 획득하였다.

예수의 죽음을 두고 기독교인 사이에서 가장 널리 또 일반적으로 유통되는 해석은 '그가 인간의 죄를 짊어지고 대신 죽으셨다.'일 것이다. 예수의 대속(代贖)의 죽음을 계기로 발생한 예수교는 인류문명에 심대한 영향을 끼쳤는데, 특히 서구인의 의식에 남긴 각인은 그가 기독교인이든 아니든 지우기 힘들다 하겠다. 예컨대 프랑스 작가 앙드레 지드의 반(反)기독교 인식을 드러낸 다음 인용문은, 외견상 그가 널리 알려진 반(反)가톨릭 작가임을 입증하는 듯하지만, 내용상으로는 그것이 기독교의 넓은 지평 위에 머물고 있음을 또한 보여준다.

하느님이 한 일 중에 가장 끔직한 게 뭔지 아나……? 우리를 구원한다고 자기 아들을 희생한 거요. 자기 아들 말이야! 자기 아들……! 잔인함, 그게 바로 하느님의 첫 번째 속성이지.

이 인용문은 지드의 소설 『위폐범들』의 대미 부분에 나온다. 앙드레 지드(1869~1951)가 당대 대표적인 반(反)가톨릭 작가인 만큼 소설 속 인물이 내뱉은 말은 누가 봐도 기독교의 하나님(또는 하느님)에 대한 비난이다. 그러나 이 인용문에 국한하면 자신의 소설 속 인물의 언명을 통해 작가는 오히려 그가 기독교의 자장(磁場) 안에 철저히 구속되어 있음을 시인한다. 하느님이 한 일과 하느님의 속성을 거론한다는 것은 화자가 유신론의 기반에 단단히 서 있음을 뜻한다. '일'과 '속성'이 문제이지 '일'과 '속성'의 주체를 문제 삼지는 않는다. 인간의 구원과 아들의 희생 또한 비판의 문맥에 위치하지만 그리함으로써 하느님의 존재와 구원을 기정사실화한 셈이다. 어쨌든 지드의 『위폐범들』 속 하나님(또는 하느님)은 우리를 구원하려고 자기 아들을 희생했다.

지드가 기독교 주류와 다른 인식을 드러냈다기보다는 단지 지엽적인 인식의 차이를 나타냈다고 볼 수 있다. 기독교에서 '십자가(위의 죽음)'는 대속 외에 예수를 통한 하나님의 계시라는 의미를 갖는다. 따라서 기독교인은 예수를 통해서만 (구원받고) 하나님께 다다를 수 있다. 만일 예수 없이, 또는 예수를 경유하지 않고 하나님에게 직접 도달할 수 있다고 믿는다면, 그것은 하나님교요, 야웨교요, 유대교이지 예수교가 아니다. 실제로 역사에서 그런 현상이 없지는 않았다. 그러므로 예수의 제자들은, 정확하게 세속의 기독교 지도자들은 "나로 말미암지 않고는 아버지께로 올 자가 없다."라고 한 예수의 선포를 중요하게 취급한다. 널리 알려진 대로 그는 "길이요 진리요 생명"(「요한복음」 14장 6절)이기 때문이다.

 '아버지 하나님께 오게 하려고 예수를 말미암게 함'이 곧 계시이다. 기독교인은 이 계시를 인간에 대한 신의 사랑으로 받아들인다. 반면 지드에게선 이것이 사랑인지 아닌지가 불분명한 가운데서 잔인함의 증거가 된다. 그 잔인함은 인간의 잔인함이 아니라 하나님의 잔인함이다. 인간(나아가 모든 피조물)을 위해 자신의 아들을 희생시킨 하나님의 행위를 겨냥하며, 그런 하나님을 지드는 잔인하다고 평가한다. 비록 피조물을 사랑해서 한 행위이지만 '사랑을 위한 잔혹'이 형용모순일 수밖에 없다는 게 지드(소설의 등장인물)의 생각이다. 그에 따르면 '사랑의 계시'는 '사랑의 잔혹'과 양립하기 어렵다. (인간이 절감한) 잔혹은 (하나님이 제시한) 계시를 허망한 것으로 만들 위험을 내포한 셈이다.

 지드의 관점을 채택하면 구약성서 아브라함과 이삭의 이야기 또한 곤경에 처할 수밖에 없다. 아브라함의 믿음을 시험하고자 신은 아브라함이 100살에 정실부인에게서 얻은 유일한 자식 이삭을 바치라고 명령한다. 이런 명령을 내리는 신은 무자비함 그 자체일 뿐더러 인간 윤리에 기대서는 도무지 그 뜻을 이해할 수가 없다. 그 괴이한 내러티브 속에서 인신공희 또는 장자를 제물로 바친 고대사회 제의의 흔적을 파악하면서, 또한 문명사회에 합당한 제의 형식으로 전화한 역사적이고 신화적인 맥락(신은 인신공희를 허용하지 않았고, 희생제물로 숫양을 준비했다.)을 찾아내지 않는다면, 소설 속 등장인물의 표현을 빌려 잔인함은 그 신(神)의 속성이 아니라 전부가 된다. 초등생을 위한 어느 기독교 교회의 신앙교재에서 아브라함의 맹목적 신앙을, 그 맹목을 근거로 칭찬하고 본받아야 한다고 써놓은 것을 보았는데, 그런 신앙은 기독교를 고대인의 무지몽매한 종교로 퇴행시킬 따름이다.

인용문으로 돌아가 보자. 신약성서에서 신은, 구약성서에서 아브라함을 말린 그 신은 이제 자신의 아들을 제물로 바친다. 아브라함은 신의 명령을 따랐을 따름이지만 신은 스스로 결단하여 자신의 아들을 사랑의 이름으로 죽음에 내어놓는다. 두 상황 사이의 결정적 차이는, 아브라함에게는 종국에 말려줄 신이 있었지만 신에겐 아무도 없었다는 사실이다. 전능의 창조주인 신이 자신의 아들을 희생물로 바치고자 하는데 누가 신을 말릴 수 있으며, 또 신의 아들을 대신할 만한 수준의 희생물을 누가 어떻게 준비할 수 있단 말인가. 결국 신은 자신의 의지대로 피조물을 위해 자신의 아들을 희생물로 바친다. 신은 절대 고독 속에서 절대 무력(無力)을 절감하며 좌초하였을 터이다. 물론 알다시피 신이 좌초하는 것에서 끝나지는 않는다. 여기서 생성된 계시가 기독교의 온상이 되었음은 주지의 사실이다.

따지고 들면 절대 무력(無力) 속의 절대 고독은 신의 문제이지 인간의 문제는 아니다. 그러나 이러한 방식의 잔혹 계시는 지드 같은 말하자면 '신성한' 인본주의자에게 수용되기 어려웠을 것이다. 예수가 하나님의 계시라면, 즉 하나님이 예수에게서 계시되었다면, 계시하는 하나님은 (인간이 보기에) 신에게 걸맞은 계시의 형식을 취했어야 하지 않았을까. 계시의 내용과 형식 간의 심각한 비대칭을 '신성한' 인본주의자는 문제 삼는다.

하나님은 휴머니스트가 아니다

여기서 하나님의 '휴머니즘' 또는 인본주의는 예수의 죽음에서 본질적 사안이 아님을 상기할 필요가 있다. 즉 '사랑을 위한 잔혹'이 형용모순이라면, 하나님의 휴머니즘도 마찬가지다. 그러므로 온당하게도 '신성한' 인본주의자는 신의 문제를 심판하려고 들지 말아야 한다. 하나님은 하나님의 일을 하는 가운데 인간의 법도와 방식을 염두에 둘 필요가 없다. 다시 말해 하나님의 구속사는 신의 영역에서 이루어진 그랜드 디자인이기에 인간 영역의 감성적 편의나 논리에 의거해서는 결코 이해할 수가 없다.

앞의 구약성서 이야기에서 흥미로운 내용은, 하나님이 이삭에게는 별반 관심을 기울이지 않은 채 아브라함의 믿음만을 칭찬한다는 것이다. 이삭은 조연이다. 이 사건을 그린 종교화에서나 이삭의 모습이 할 수 없이 등장할 뿐이다. 아브라함의 믿음을 온전하게 설명해야 하는 관점하에서 이삭의 표정을 그려내야 하였을 것이기에 이 사건을 그리게 된 서양 역사의 많은 화가가 겪었을 곤란을 능히 짐작할 수 있다.

이삭이 아닌 아브라함에게 모든 관심이 집중된 이유는 이삭에겐 명령을 내리거나 명령에 순종하거나 할 자기결정권이 없었으며 무엇보다 사전에 이삭이 희생되지 않도록 한 하나님의 기획이 존재하였음을 들 수 있다. 아브라함이 하나님의 명령을 따라도 이삭은 살고, 하나님의 명령을 거부해도 이삭은 산다. 자신의 아들이 살아날 것을 예상하지 못한 인물은 아브라함뿐이었다. 결정권이 아브라함에게 있는 것처럼 보이지만, 그는 하나님이 예정한 결정만을 내릴 뿐이다. 개인적으로 아브라함의 결정(또는 순종)에 (이 이야기가 역사적 사실이 아닌 만큼 결정과 찬성 반대 자체가 무의미하지만 그래도 고르라면 당연히) 찬성하지 않지만, 그가 느꼈을 고통은 짐작하고도 남음이 있다. 따라서 이 이야기에서 사건(의 불확정성)과 맞선 유일한 존재인 아브라함에게는 어떤 형태로든 비극의 주인공 역할이 주어지고, 그는 비난의 대상이지만 동시에 찬송과 동감의 대상이 된다.

신약성서로 넘어오면, 하나님은 자신의 아들을 죽게 한 일로 인해 잔인하다는 비난을 지드(의 소설 속 인물)로부터 받았다. 그가 구약성서의 아브라함 또한 비난했을 것이라고 짐작할 수 있는데, 신성과 인성, 신의 세계와 인간의 세계가 뒤섞여 극적으로 분출하고 복잡성과 상징성으로 뒤덮인 예수의 십자가 사건이 아브라함과 이삭의 이야기와는 판이하다는 것을 그는 파악하고 있었던 것일까.

당장 예수 죽음의 결정권자가 누구인가를 물어보자. 신인가, 인간인가. 기독교 중에서도 아주 단순무식한 관점을 취한다손 쳐도, 지드(의 소설 속 인물)처럼 하느님이 잔인하게 자기 아들을 죽였다는 식의 언명으로 끝낼 수는 없다. 하나님이 예수를 죽음에 내어놓은 장소는 아브라함이 이삭으로 제사를 지내려고 한 곳과는 확연히 다른 곳이다. 하나님과 아브라함 부자의 단독대면은 '여호와이레'(여호와께서 준비하심)*의 비밀스러운 장소에서 이루어졌지만 하나님이 자신의 아들을 죽음에 내어놓은 결단은 인간 역사의 뜨거운 현장에서 일어났다. 그렇다고 인간이 하나님의 아들을 죽였다고 말하기도, 영지주의자들의 반발에서 드러났듯 수용하기 힘든 구도이다. 신의 기획 아래 역사의 인물들이 행동했다고, 동전

---

* 아브라함이 눈을 들어 살펴본즉 한 숫양이 뒤에 있는데 뿔이 수풀에 걸려 있는지라 아브라함이 가서 그 숫양을 가져다가 아들을 대신하여 번제로 드렸더라. 아브라함이 그 땅 이름을 여호와 이레라 하였으므로 오늘날까지 사람들이 이르기를 여호와의 산에서 준비되리라 하더라(「창세기」 22장 13~14절)

처럼 신과 인간이 한 사건의 양면을 구성했다고 보는 게 제일 무난하겠지만, 동전의 인간 쪽 면은 어떤 인물과 세력이 그려져 있고 그중 누가 제일 큰 비중을 차지할까. 또 동전의 신 쪽 면은 아버지와 아들이 어떤 모습으로 어떤 관계로 그려져 있을까.

예수의 죽음은, 서론에서 밝힌 대로 초보 기독교인의 관점에서 미욱하나마 예수의 죽음에 관한 궁금증을 간단하게 해소해보자.

먼저 '아브라함 대 이삭'과 '하나님 대 예수'는 완벽하게 다른 구도를 취한다. 두 사건을 같은 중요도로 평가할 수 없음을 전제하고, 당장 구약의 '아브라함 대 이삭'에서는 아브라함의 관점이 제일 중요하다. 반면 신약의 '하나님 대 예수'에서는 예수의 관점이 절대적이다. 예수교 또는 기독교*에서는 하나님은 예수를 통해서 계시된다. 즉 우리는 역사적 예수와 역사적 예수가 남겨놓은, 또는 역사적 예수와 연결된 초역사적인 그리스도라는 십자가의 관문을 통해서만 하나님에게 다가갈 수 있다.

이러한 입장에 서게 되면 앞서 하나님의 휴머니즘을 말하며 시사하였듯, 하나님의 잔인함에 대한 사실과 가치의 판단이 인간에

---

* 기독(基督)은 중국 사람들이 '그리스도'를 한자로 음역(音譯)한 표현이다. 예수와 그리스도를 통합적으로 볼 때는 기독교가 예수교와 사실상 같은 말이지만, 그리스도(구세주)에 초점을 맞추면 약간 다른 의미를 갖게 된다. 이 책에서는 전자의 의미로 주로 사용하였다. 또한 초대교회 등 기독교란 명칭이 사용되기 전의 예수 제자 모임도 구분없이 기독교, 기독교인으로 표기했다.

게 도무지 불가능해진다. 기독교에서 예수 그리스도는 하나님의 아들이자 곧 신이다. 구약의 전승과 전통을 깡그리 무시하고 예수 그리스도 이후의 신약의 상황에만 의지하여 종교를 성립시키고 발전시킨 초기 기독교의 일파가 기독교의 주류가 되었다고 가정하면, 고민은 줄어든다. '하나님의 아들'은 수사에 그치고 '예수＝신'이기 때문에 명실상부하게 그 종교는 예수교가 된다. 굳이 하자고 들면 '잔인함' 문제에서도 상당한 변론이 가능하다. 예수의 성격이 하나님의 아들이라기보다는 오직 하나님 자신이라면(실제로도 하나님이긴 하다), 신이 인간을 위해 아들이 아니라 자신을 희생물로 내어놓은 행위는 잔인함보다는 사랑 또는 인간의 용어로 숭고 같은 것들로 쉽게 설명될 수 있다. 두 상황의 희생물이 다른 희생물이 아니고 같은 존재이지만 '어쨌든' 타자인 아들이 아니라 아버지가 자신을 희생한 것으로 바뀌기 때문이다.

그러나 역사에서 주류로 살아남은 기독교는 예수를 하나님이자 '하나님의 아들'로 동시에 받아들였다. 무함마드와 알라 사이의 관계와 예수와 하나님 사이의 관계는 다르다. 무함마드가 알라의 대리인이라면, 예수는 하나님과 사실상 동일인이다. 그러다 보니 초기 기독교 신학자들은 '신의 족보'를 가지고 죽기 살기로 싸웠다.

그들처럼 잠시 '신의 족보'를 따져보자. 예수가 자신을 하나님의 아들로 규정했다면―신약성서에서 예수는 자신을 대부분 인자(人子)라고 불렀다―하나님과 예수 사이를 부자관계라고 말해야 온

당할까. 지상의 인연을 표현하는 말을 그대로 신의 세계에다 적용하니 어쩐지 우스꽝스럽다. 하나님과 예수 그리스도가 어떤 관계를 맺고 있는지, 그 실상을 인간이 파악하거나 규정할 수 없다고 생각한다. 피를 부른 수백 년에 걸친 토론 끝에 신학자들이 삼위일체라는 걸 제시하였지만, 그것은 예수 그리스도와 신을 이해하기 위한 인간적 노력의 결정체일 뿐 신의 실상은 아니라고 본다. 우리는 신이 삼위일체인지 아닌지 알 수 없고, 우리에게 신은 삼위일체로 느껴진다고, 혹은 우리는 신을 삼위일체로 이해하기로 하였다고 말해야 한다.

예수가 자신을 하나님의 아들이라고 표현했다면, 그것은 신과 자신의 관계가 인간 세상의 부자(父子)와 직접적 유비임을 지시했다기보다는 신의 세상의 실체에 가장 근접하고 인간 세상에서 알아듣기에 가장 적합한 단어 혹은 개념을 선택했을 뿐이라고 추측한다. 예수 그리스도가 삼위일체의 한 위격인지, 하나님의 아들인지 알 수는 없지만, 지상에서 올려다보는 신은 인간의 사유체계 안에서 대충 그렇게 보일 것이라고 상상할 수 있다.

예를 들어 인간 세상이 누군가가 만든 아주 큰 연못이고 우리는 그 누군가가 풀어놓은 연못 속의 물고기라고 치자. 그런데 연못 속에 심각한 문제가 생겨서 그 누군가가 물고기들과 소통할 필요성이 생겼다고 가정해보자. 이 누군가는 거룩할뿐더러 신통방통한 존재여서 물고기의 형상으로 변신하여 연못 속으로 들어와 다른 물고기들에게 연못의 위기와 위기 극복 방법을 설명한다. 그러곤 홀연히 물 밖 자신의 세상으로 돌아간다. 물고기의 형상으로 물속에 뛰어들어온 물 밖의 존재는 물속 세상의 위기를 물속 생물들에게 어떻게 이해시킬까. 또 그들이 궁금해 할 물 밖 세상에 대해서는 어떻게 설명할까. 그런 게 일어난다면 아마도 물고기의 언어로 소통할 수밖에 없을 텐데, 그렇다면 그 설명이 물 밖 세상이나 물 밖 세상의 논리를 충실히 또 충분히 담아낼 수 있을까? 그러지 못할 것이라고 자연스럽게 추론할 수 있다.

이 비유에서 물고기들은 물고기의 형상을 하고 들어온 물 밖 존재를 통해서만 물 밖, 나아가 (물 밖과의 연결 속에 존재하는) 물속까지 제대로 이해할 수 있다. 이것이 말하자면 계시인데, 기독교의 관점에서 인류 역사상 우리에게 명시적이고 확고하게 주어진 계시는 예수 외에 없다.

아브라함과 이삭, 하나님과 예수

이제 예수의 관점에서 죽음을 살펴보자. 아버지 하나님이 자신의 죽음을 기획했다는 것과 그 의도가 무엇인지는 예수만 안다. 구속사(救贖史)의 관점에 얽매이지 않고 신약성서를 교양물로 차분히 읽은 사람 정도라도 예수가 자발적으로 죽음을 향하여 확고하게 한 걸음씩 내디뎠음을 쉽게 알 수 있다. 예수가 택한 죽음으로의 여정은 확실히 자발적인가.

'십자가(의 죽음)와 부활'이 하나님의 기획이고, 만일 하나님과 예수가 동일인(同一人)—하나님과 예수를 사람으로 표현할 수 없지만—이라면, 스스로 자신을 희생으로 내어놓는다는 논리가 성립하고, 그런 측면에서 잔인함과는 확실히 거리가 멀어진다. '동일인' 전제하에서는 또한 숭고한 사랑이란 표현을 써도 전혀 이상할 것 같지 않다. 앞서 논의한 내용이다.

그러나 이 상황에서 우리는 또 다른 논란과 마주치게 된다. 이 논의를 진행하기 전에 짚고 넘어갈 것은 언제나 인간이 문제라는 점이다. 하나님과 예수에겐 문제가 없다. 위로부터 전부를 보여준다고 하여도 인간은 아래로부터 볼 수 있는 것만을 볼 수 있을 따름이다. '볼 수 있는 것'의 범위는 또 다른 신학적 논의의 주제로 여기서 다루지는 않는다. 지금의 또 다른 논란은 어쩌면 '범위'와 관련된다고 할 수 있는데, 십자가의 사건에 혹시 편한 말로 '할리우드 액션'이 개입한 건 아닌가 하는 의구심이다.

'동일인' 이야기는 잠시 보류하고, 다시 뒤로 돌아가 예수가 단지 하나님의 아들이어서 하나님이, 아브라함이 이삭에게 그랬듯 '독단적' 의지로 자신의 아들을 인류와 피조세계를 위해 희생물로 바치게 했다면 (인간에게서 비롯하였을) 잔인하다는 비난은 하나님을 향한다. 순종한 이삭처럼 예수는 이론(異論)이 불가능한 희생물이기에, 비난에서 벗어난다.

제사에서나 역사에서나 희생양은 자신의 의지에 반한 존재이다. 「창세기」 12장에서 하나님이 아브라함에게 명한 제사는 번제(燔祭)다. 번제는 희생물을 죽여서 피를 다 뽑고, 가죽까지 벗긴 다음에 하나도 남김없이 통으로 불사르는 제사 방법이다. "불과 나무는 있거니와 번제할 어린 양은 어디 있나이까"라고 묻는 이삭을 '(아브라함이) 결박하여 제단 나무 위에 놓고 손을 내밀어 칼을 잡고 그 아들을 잡으려 하는' 장면은, "아브라함아 아브라함아"라고 구약성서에서 하나님의 사자가 아브라함을 다급하게 두 번이나 부를 정도로 비장하다.

이 장면이 간략하게 기술되었기에 이삭이 아버지 아브라함의 의도를 파악하고 도망치려고 하였다거나 또는 묶인 채로 발버둥을 쳤을 것이라는, 현대인의 견지에서 쉽게 떠올릴 법한 본능적 반응에 관한 내용은 구약성서에 없다. 대체로 이삭이 순종하였을 것이라고 말할 수 있겠지만, 그 순종은 자포자기나 체념을 포함한 수동적 순종이었을 것이라고 상상할 수 있다. 이삭을 대신할 번제물로 하나님이 준비한, 수풀에 뿔이 걸려 있는 숫양은 이삭과 달리 아브라함의 칼 앞에서 저항하였겠지만 그 저항은 애초에 성공할 수 없는 것이었다. 이삭과 하나님이 준비한 숫양 사이에 '실현 여부'라는 차이가 목격되지만, 둘 다 자신의 의사에 반하여 희생물이 되었다는 점에서 그 차이는 본질적인 것은 아니고 오히려 공통점이 많다고 하겠다. 이른바 여러 희생양 이론을 통해 제시되는 유대인 같은 역사의 '번제물'* 또한 불가항력적 상황에서 자신의 의사에 전적으로 반한 가운데 출현하였다.

제사의 희생양과 역사의 희생양 사이에는 차이점이 많은가, 공통점이 많은가. 자신의 의지에 반한다는 사실은 분명 근본적인 공통점이지만, 인신공희를 논외로 한다면 제사의 희생양에 대해서는 (물론 인간종의 관점이라는 한계를 설정하고) 선한 의도가 개입했다고 긍정적으로 수용할 수 있다. 인류 역사에 등장한 사악한 의도의 희생양 사건은 반복해서 실제로 일어났고 또 앞으로 일어날 가능성을 결코 배제할 수 없기에, 그것에 대해서는 '절대부정'의 자세를 취해야 한다.

이제 우리가 살펴볼 희생은 제사와 인간사에서 아주 드물게 나타나는, 자발적으로 희생물 됨의 사례이다. 모두에 밝혔듯, 자발적으로 희생물이 된 역사의 최고 전범(典範)은 예수이다. 이러한 진술은, 아브라함에 의해 희생물의 지위가 부여된 이삭처럼 하나님의 전적이고 독단적인 의지에 의해 십자가에 매달려 죽은 예수의 상(像)과는 다른 입장에 서 있다. 지금 우리는 '동일인'의 관점

---

* '아우슈비츠'를 염두에 둔 표현이 아니다. 이 문맥에서 가능한 말인지 모르겠으나 '아우슈비츠' 같은 사건은 결코 희화화의 대상이 되어서는 안 되며, '번제물'이란 표현에 그런 의도가 전혀 개입되지 않았음을 밝혀둔다.

으로 돌아와 있다.

자발성의 논리는 예수와 하나님이 동일인일 때 성립한다. 만일 동일인이 아니지만 하나님의 계획을 공유하고 있었다고 말한다면 지금의 논의에서는 무의미한 말이다. 동일인이든 아니든 예수가 하나님의 기획 전체를 알고 있었다면, 부활하여 승천할 것까지 미리 계획하고 인지하고 있었다면, 그 십자가 사건은 역사상 가장 거대한 '할리우드 액션'이 된다. 예수가 영화 〈엣지 오브 투모로우(Edge of Tomorrow, 2014)〉의 주인공 톰 크루즈와 크게 다르다고 할 수 없는 낭패가 발생한다. 살아날 것임을 알고 죽는 죽음을 과연 희생이라고 부를 수 있을까. 또 그렇다면 그 죽음에 '역사의 최고 전범'이란 의의를 부여할 수 있을까. 예컨대 아브라함이, 표면적으로는 지엄한 '희생' 명령에도 불구하고, 실제론 사건의 클라이맥스에 도달할 즈음에 하나님이 사자를 보내 제의(祭儀)의 집행을 중단시킬 것이고 또한 알아서 숫양을 준비해놓을 것임을 사전에 알고 성서의 그 일을 준행했다면, 아브라함이 믿음의 아버지로 불리지는 못하였을 터이다.

거대한 '할리우드 액션'?

이제 성서 안으로 들어갈 때이다. 먼저 「마가복음」 14장 27~28절에서 예수는 "너희가 다 나를 버리리라. 이는 기록된 바 '내가 목자를 치리니 양들이 흩어지리라' 하였음이라. 그러나 내가 살아난 후에 너희보다 먼저 갈릴리로 가리라"고 말한다. 그 밤 닭이 두 번 울기 전에 베드로가 예수를 세 번 부인할 것도 예언한다. 그렇다면 예수는 이 시점에 혹은 그 이전부터 자신의 죽음과 부활을 이미 알고 있었다고 말할 수 있을까. 아마도 그렇다고 해야 할 것이다. 소설로 치면 전지적(全知的) 시점이다.

이어진 겟세마네 동산의 기도 장면에서는 예수가 약간의 인간적 동요를 나타낸다. 예수는 14장 36절에서 "아빠 아버지여 아버지께는 모든 것이 가능하오니 이 잔을 내게서 옮기시옵소서. 그러나 나의 원대로 마옵시고 아버지의 원대로 하옵소서"라고 기도한다. 자신에게 예비한 운명을 알지만 동시에 그 운명을 회피하고 싶은 마음을 표현한다. 소설로는 1인칭 시점이다. 최종적으로는 '아버지의 원(願)'에 맡기는데, 여기서 '예수의 원'과 '하나님 아버지의 원'이 별도로 표시된 것에 주목할 필요가 있다. 즉 '예수의 원'과 '하나님 아버지의 원'은 길항관계에 있다.

개인의 삶에서든 역사에서든, 평소에는 차이가 존중되고 다름의 공존이 가능한 회색지대가 폭넓게 존재하지만 결정적인 순간에 이르면 회색이 인정받지 받지 못하고 대신 흑백의 논리가 전횡하며 당사자에게 양자택일을 강요하곤 한다. 성서라는 게 반드시 아버지 하나님의 원대로 실현되어야 하기에, 예수가 적어도 이 순간에는 죽고 싶지 않다는 원망(願望)을 표명하며 하나님과 대립하였다고 할 수 있다.

십자가에서 절명할 때의 장면. 예수는 15장 34절에서 "엘리 엘리 라마 사박다니"라고 말한다. 예수가 생전에 주로 사용한 언어는 히브리어와 유사한 아람어인 것으로 추정되는데, 성서의 이 말은 "나의 하나님, 나의 하나님 어찌하여 나를 버리셨나이까"란 뜻이다. 소설에서 이런 분류가 없지만, '더없이 간절한 1인칭' 시점이다. 또한 그 1인칭 시점을 통해 (「마가복음」 15장 34절을 문장 그대로의 뜻으로만 해석하면) 예수는 하나님의 원이 이루어지는 순간—예수의 죽음은 당연히, 또 무엇보다 하나님이 원한 것이다—에 하나님이 자신을 버렸다고 하나님을 비난하는 듯하다. 37절 임종에서는 "예수께서 큰 소리를 지르시고 숨지시니라"라고 되어 있어 단말마를 내지르는 인간 예수가 느껴진다.

문체가 아니라 내용으로 이러한 시점 변화를 추적해보자. 처음에 여유로운 전지적 시점이었다가 상대를 전제한 1인칭 시점(또는 '유사' 1인칭 관찰자 시점)으로 바뀌고 이어 그 1인칭은 대화 상대가 아닌 호격(呼格) 하나님을 상정한 간절한 1인칭(또는 1인칭 주인공 시점)으로 강렬해지며 마지막에 3인칭 시점을 취한다.

심층적이고 전문적인 연구를 거쳐야 할 영역이지만, 신학자가 아닌 일반인의 눈높이에서 예수의 죽음을 고찰해보면, 일단 '할리우드 액션'은 없었다고 말할 수 있을 것 같다. 예수는 진짜로 끔찍한 고통 속에서 인간처럼 죽어갔다.

그렇다면, 14장 28절의 "내가 살아난 후에 너희보다 먼저 갈릴리로 가리라"고 말함으로써 '성서 속에서' 실제로 실현된 사건(부활)을 선취한 것에 어떤 의미를 부여해야 할까. 성서가 드러낸 맥락에서 이 말은 명백히 부활을 지시한다. 그동안 논의를 전개했듯 만일 부활이 명백히 지시된 가운데—또는 인간 예수의 입장에서도 분명히 인지된 가운데—예수가 십자가 위의 죽음을 맞이하였다면, 나라면 그 죽음의 고통을 공감하지 못한다. 살아날 줄 알면서 저렇게 난리를 쳤다면 다시 '할리우드 액션'이란 단어를 소환하든지, 그도 아니면 단순히 겁쟁이였다고 판단해야 할 터이다.

여기서 섣부른 결론을 내리기에 앞서 "엘리 엘리 라마 사박다니"에 잠시 눈길을 멈춰보자. 이 문장은 구약성서 「시편」 22편의 첫 문장이다. 예수가 죽기 직전에 하나님을 비난한 것이 아니라 구약성서에 정통한 랍비였던 그가 「시편」 22편을 인용함으로써 하나님을 찬양하고 하나님의 원을 최종적으로 승인하였다는 평가는 "엘리 엘리 라마 사박다니"가 「시편」 22편을 가리키기 때문에 가능하다.

좀 길지만, 「시편」 22편 전문을 살펴보자. 예수의 유언이라고 할 수 있기 때문이다.

내 하나님이여 내 하나님이여 어찌 나를 버리셨나이까. 어찌 나를 멀리 하여 돕지 아니하시오며 내 신음 소리를 듣지 아니하시나이까. 내 하나님이여 내가 낮에도 부르짖고 밤에도 잠잠하지 아니하오나 응답하지 아니하시나이다. 이스라엘의 찬송 중에 계시는 주여 주는 거룩하시니이다. 우리 조상들이 주께 의뢰하고 의뢰하였으므로 그들을 건지셨나이다. 그들이 주께 부르짖어 구원을 얻고 주께 의뢰하여 수치를 당하지 아니하였나이다. 나는 벌레요 사람이 아니라 사람의 비방거리요 백성의 조롱거리니이다. 나를 보는 자는 다 나를 비웃으며 입술을 비쭉거리고 머리를 흔들며 말하되 그가 여호와께 의탁하니 구원하실 걸, 그를 기뻐하시니 건지실 걸 하나이다. 오직 주께서 나를 모태에서 나오게 하시고 내 어머니의 젖을 먹을 때에 의지하게 하셨나이다. 내가 날 때부터 주께 맡긴 바 되었고 모태에서 나올 때부터 주는 나의 하나님이 되셨나이다. 나를 멀리 하지 마옵소서. 환난이 가까우나 도울 자 없나이다. 많은 황소가 나를 에워싸며 바산의 힘센 소들이 나를 둘러쌌으며 내게 그 입을 벌림이 찢으며 부르짖는 사자 같으니이다. 나는 물 같이 쏟아졌으며 내 모든 뼈는 어그러졌으며 내 마음은 밀랍 같아서 내 속에서 녹았으며 내 힘이 말라 질그릇 조각 같고 내 혀가 입천장에 붙었나이다. 주께서 또 나를 죽음의 진토 속에 두셨나이다. 개들이 나를 에워쌌으며 악한 무리가 나를 둘러 내 수족을 찔렀나이다. 내가 내 모든 뼈를 셀 수 있나이다. 그들이 나를 주목하여 보고 내 겉옷을 나누며 속옷을 제비 뽑나이다. 여호와여 멀리 하지 마옵소서. 나의 힘이시여 속히 나를 도우소서. 내 생명을 칼에서 건지시며 내 유일한 것을 개의 세력에서 구하소서. 나를 사자의 입에서 구하소서. 주께서 내게 응답하시고 들소의 뿔에서 구원하셨나이다. 내가 주의 이름을 형제에게 선포하고 회중 가운데에서 주를 찬송하리이다. 여호와를 두려워하는 너희여 그를 찬송할지어다. 야곱의 모든 자손이여 그에게 영광을 돌릴지어다. 너희 이스라엘 모든 자손이여 그를 경외할지어다. 그는 곤고한 자의 곤고를 멸시하거나 싫어하지 아니하시며 그의 얼굴을 그에게서 숨기지 아니하시고 그가 울부짖을 때에 들으셨도다. 큰 회중 가운데에서 나의 찬송은 주께로부터 온 것이니 주를 경외하는 자 앞에서 나의 서원을 갚으리이다. 겸손한 자는 먹고 배부를 것이며 여호와를 찾는 자는 그를 찬송할 것이라 너희 마음은 영원히 살지어다. 땅의 모든 끝이 여호와를 기억하고 돌아오며 모든 나라의 모든 족속이 주의 앞에 예배하리니 나라는 여호와의 것이요 여호와는 모든 나라의 주재심이로다. 세상의 모든 풍성한 자가 먹고 경배할 것이요 진토 속으로 내려가는 자 곧 자기 영혼을 살리지 못할 자도 다 그 앞에 절하리로다. 후손이 그를 섬길 것이요 대대에 주를 전할 것이며 와서 그의 공의를 태어날 백성에게 전함이여 주께서 이를 행하셨다 할 것이로다.

「시편」 22편 전문

유월절에 예루살렘에 올라와서 성전을 뒤엎은 혁명적 행위 자체로, 또 성서에서 일관되이 드러났듯 유대교 기득권, 로마제국, 로마제국과 연계된 매판세력 등의 공통의 적의에서, 예수는 자신의 죽음을 충분히 예상할 수 있었다. 기독교의 관점에서 예수는 하나님의 뜻을 이루기 위해 죽음의 길을 걸었지만, 당시의 정치적이고 사회적인 관점에서도 이 청년이 죽음으로 질주하는 것을 막을 길은 없어 보였다.

후세에 전해져 우리에게 파악된, 죽음을 앞둔 서른세 살 유대 청년의 반응은 한편으로는 하나님의 아들임을 시사하고 또 한편으론 더 없이 인간적이어서 그가 과연 그리스도인지 의심이 들 정도이다. 예수에게 목격되는 신적인 면과 인간적인 면의 이러한 공존은 죽음의 장면에만 국한하지 않는다. 이러한 신성과 인성의 공존은 복음서에서 두루 나타나며, 기독교 신학의 중요한 주제다.

예수는 이중인격자?

두 가지 성격의 공존이 극단적인 형태로 나타나면 이중인격이라는 표현을 쓴다. 이중인격은 한 사람 안에 다른 것으로 확연히 구별되는 둘 이상의 정체(正體) 혹은 성격이 있고, 각각의 정체 혹은 성격이 교대로 그 사람(의 행동)을 통제·지배하는 현상을 일컫는 용어다. 각각의 정체·성격은 고유의 독자성을 확보하며, 동시(同時)에 나타나지 않고 번갈아 등장하기에 한 사람 안에서 발현함에도 서로를 의식하지 못한다. 이처럼 서로를 의식하지 못하는 이유는 각 정체·성격 사이에 기억상실과 의식의 단절을 개입시켜 충돌을 방지함으로써 각자를 서로 온전하게 보호하려는 일종의 방어기제의 작동 때문으로 풀이된다.

예수가 이중인격이라는 성격장애를 겪었을까. 어떤 사람이 보기에는 또 인간적인 관점에서는 그런 판단을 내릴 개연성이 없지는 않다. 그런 판단은 예수에게서 신성을 완전히 배제했을 때 가능하다. 과대망상에 사로잡힌 정신병자 이상도 이하도 아니다.

그러나 같은 인간적인 관점 아래에서도—사실 '인간적인 관점'이란 표현은 무의미하다. 우리에겐 신적인 관점이 불가능하기에 그렇다면 당연히 인간적인 관점만이 주어진다. 다만 그것이 맞는 것인지 틀린 것인지를 확인할 수 없다는 한계 아래에서 우리가 신적인 관점을 상상할 수는 있다—인간 예수에게 당연히 존재할 인성 외에 어떤 식으로든 신성이 함께 존재한다는 전제를 수용하는 순간 이중인격 논의는 무용해진다. 인간 예수가 동시에 신(神)인이상, 인간이 겪은 아무리 심각한 이중인격 장애도 예수의 '이중인격'의 발치에 미치지 못한다. 그것은 인간세계에서 발견되는 상이한 성격과 정체의 공존이 아니라, 인간세계와 인간세계 너머 세계 사이의 공존을 의미하기 때문이다.

이 때문에 신학적 고민과 논쟁은 불가피했다. 왜냐하면 엄밀하게 말해 인간은 인간적인 것만을, 그것도 허용된 범위 내에서 설명할 수 있을 뿐 신적인 것은 설명할 수 없기 때문이다. 그런데 예수라는 존재를 통해 설명할 수 없는 신적인 것이 툭 하고 지상에 던져짐으로써, 신학자들은 설명할 수 없는 것을 설명할 수 있는 것과 묶어서 설명해야 하는 과제를 안게 된다.

설명할 수 있는 것과 설명할 수 없는 것이 공존할 때 그는 대체로 이중인격이란 성격장애를 앓는 불우한 인간이거나 지상의 것과 천상의 것을 아우른 신인(神人)일 두 가지 가능성이 제안된다. 두 가지 가능성 모두 용이하게 해명될 수 있는 것이 아니지만, 후자의 가능성과 관련하여 운위된 사실상 유일한 인물은 예수밖에 없다고 할 것이기에 후자의 가능성을 해명하는 일은 지상(至上) 난제인 셈이다.

그리하여 현실적으로 예수는 과대망상증을 종종 드러낸 이중인격자이거나, 신인(神人)이어야 하는데, 전자라면 모든 의심이 소각되지만 후자라면 우리가 입증할 수 없게 된다. 후자일 때는 증명되지 않고 오직 신앙될 뿐이다.

기독교 신학에서 예수는 '참신이자 참인간(vere Deus vere Homo)'으로 표현된다. 이 표현은 이중인격 장애에서 나타나는 증상처럼 엇갈림의 구조를 뜻하지 않는다. 신과 인간은 예수 안에서 분리되지 않고 서로를 배척하지 않으며 동시(同時)에 기동(機動)하는 것으로 상상된다. 예지하고 통찰하며 시종을 꿰뚫는 하나님과 두려워하고 좌절하며 고통 속에 죽어간 인간이 공존한다. 그러나 그러한 공존이 어떤 것인지 어떻게 작동하는지 나로서는 알 도리가 없다. 예수가 '참신이자 참인간'이 아니라면 수천 년에 걸친 기독교인의 믿음과 긍정적이든 부정적이든 모든 기독교의 역사가 허위가 되고 무위로 돌아갈 것이란 다급함에서 비롯한 정황 증거가 있기는 하지만 결정적이지는 않다. 여전히 예수가 '참신이자 참인간'임을 증명하지는 못한다. 나에게 있는 건 그가 그일 것이라는, 믿음보다는 희망에 가까운 마음이다. 믿음은, 의심과 미망 속에서 행하는 그를 향한 나의 말걸기가 끝내 외면당할 가능성을 배제할 수 없지만 마침내 어느 순간 응답받으리라는, 두려움과 긴장 위에서 작동하는 희망을 통과하여 만나게 된다. 무엇보다 '참인간'으로 십자가에 매달려 죽은 그의 고난과 고통을 전적으로 공감함으로써 믿음은 은총으로 도래한다.

개신교 신학은 예수의 죽음에서 영광의 신학이 아니라 십자가의 신학을 표명한다. "하나님은 오로지 십자가와 고난 안에서만 발견될 수 있다."라는 마르틴 루터의 말이 신학적으로나 신앙적으로나 타당한 입장이지만 그렇다고 이것이 부활 사건과 단절을 뜻하지는 않는다. 부활 없는 십자가는 없다. 우리에게 역사적으로 주어진 십자가와 '빈 무덤'의 사건에서, 신으로 부활하여 오늘날까지 또 그날까지 우리의 부활을 계획하고 돕는 예수 그리스도를 찾아내고 신앙하는 것이 기독교의 정수이다. 그 중앙에 십자가의 죽음이 있음은 재론할 필요가 없다.

예수 죽음의 정치학

십자가의 신학을 떠나서, 예수 죽음의 정치를 살펴보자. 예수에게 내려진 형벌은 십자가형이었다. 성서에서 제기된 그의 혐의는 신성모독이다. 예수의 죄와 벌에서는 상충이 목격된다. 신성모독이란 죄는 유대교로부터 추궁당하고 정죄되었지만, 벌은 로마식 형벌인 십자가형이었다. 이 상충은 예수 죽음 당시의 팔레스타인 현실 정치 상황에서 비롯하였을 테지만, 예수 죽음에 대한 후대의 성서적이고 종교사회학적인 해석의 정치 또한 반영하였다고 볼 수 있다.

「마가복음」 14장 61절 "대제사장이 다시 물어 이르되 네가 찬송 받을 이의 아들 그리스도냐"에 대해 곧 바로 62절에서 예수가 대답한다. 여기서 '찬송 받을 이'는 하나님이다.

예수께서 이르시되 내가 그니라. 인자가 권능자의 우편에 앉은 것과 하늘 구름을 타고 오는 것을 너희라 보리라 하시니

이어진 63절에서 대제사장은 "자기 옷을 찢으며" 더 증인이 필요없다고 말한다. 옷을 찢는 행위는 신성모독의 확증이다. 그리하여 64절에 "그 신성모독하는 말을 너희가 들었도다. 너희는 어떻게 생각하느냐 하니 그들이 다 예수를 사형에 해당한 자로 정죄하고"란 선고가 나타난다.

그러나 알다시피 예수를 못 박은 건 로마제국이 파견한 유대 총독 본디오 빌라도이다. 성서는 빌라도가 예수에게서 사형시킬 혐의를 찾지 못한 것으로 기술한다. 「마가복음」 15장 14절에서 빌라도는 유대 군중에게 "어쩜이냐. 〔도대체 예수가〕 무슨 악한 일을 하였느냐?"라고 묻는다. 대제사장들과 바리새인들이 예수의 죄를 확인한 반면 유대 총독 빌라도는 예수의 죄를 찾아내지 못한다. 대제사장들과 바리새인들이 예수를 죽이려 하고 빌라도는 죽이고 싶어 하지 않는 것으로 성서는 묘사한다.

이러한 차이는 무엇보다 당시 예루살렘과 팔레스타인 지역의 양대 지배세력인 로마제국과 유대교 지도자 집단에 대한 예수의 상반된 태도와 맥락을 같이한다. 예수는, 예루살렘 성전을 중심으로 팔레스타인 유대인들에게 종교적 지배권을 행사하며 로마제국과 권력을 분점한 유대교 지도자 집단에 맞섰고 정면으로 충돌했다. 겟세마네 동산에서 체포되기 전에 성전에서 벌인 예수의 행각은 쿠데타나 다름없는 것이었다. "성전에 들어가사 성전 안에서 매매하는 자들을 내쫓으시며 돈 바꾸는 자들의 상과 비둘기 파는 자들의 의자를 둘러엎으시며 아무나 물건을 가지고 성전 안으로 지나다님을 허락하지 아니하시고, 가르쳐 이르시되 기록된 바 내 집은 만민이 기도하는 집이라 칭함을 받으리라 하지 아니하였느냐 너희는 강도의 소굴을 만들었도다 하시매"(「마가복음」 11장 15~17절)라는 기록은 예수의 적대자들이 예수를 기존 종교 시스템과 기득권의 전복을 꾀한 매우 불온한 인물로 판단하였을 것이란 충분한 정황을 보여준다. 따라서 곧 바로 18절에 "대제사장들과 서기관들이 듣고 예수를 어떻게 죽일까 하고 꾀하니"라고 예수 살해 모의가 등장한 것은 자연스럽다고 하겠다.

체포가 "대제사장들과 서기관들과 장로들에게서 파송된 무리(「마가복음」 14장 43절)", 즉 종교권력에 의해 이루어지며 처음 끌려간 곳은 대제사장 가야바의 집으로, 그곳에서 유대인 종교지도자들의 회의체인 산헤드린(공회) 구성원들이 예수를 심문한다. "하나님의 아들이자 그리스도냐"는 그들의 질문에 예수는 "내가 그니라"라고 분명하고 단호하게 대답한다.

유대인 기득권 집단은 예수의 시인(是認)에 옷을 찢는 것과 같은 격렬한 또는 정치적 반응을 즉각적으로 보였지만 예수를 직접 죽이지 않고 총독에게 보내 추가로 심문을 받게 하였다. 그러나 총독 빌라도 앞에서는 예수가 혐의를 부인한다. 제기된 혐의가 바뀌었기 때문이다. 빌라도의 관심사는 산헤드린과 달랐다. 빌라도의 입장에서 예수가 하나님의 아들이든 아니든 그것은 종교적 문제로 유대교 지도자들이 해결할 일이지 자신이 관여할 이유가 없었다. 로마 통치에 반기를 든 정치적 문제나 또는 흉악범과 같은 형사적 문제가 아니라면 빌라도의 법정에서 예수는 유죄가 아니다. 빌라도는 자신의 법정에서 다툴 사안인지를 판가름하기 위해 "네가 유대인의 왕이냐"고 묻는다. 우리 말 성서에서 예수는 "네 말이 옳도다"라고 대답한다. 얼핏 빌라도의 질문을 받고 유대인의 왕이라고 동의한 듯이 읽힐 수 있으나, 주석을 참조하면 예수는 빌라도의 물음에 긍정하지도 부정하지도 않았다. "네 말이 옳도다"는 "네가 그렇게 말한다." 정도의 의미로 윤문하면 "네가 그리 들었구나."이다. 결론적으로 총독 빌라도는 예수에게 사실상 무죄를 선언한다. 「누가복음」과 「요한복음」에 그가 명시적으로 "이 사람에게서 죄를 찾지 못하였고", "그가 행한 일에는 죽일 일이 없느니라"라고 선언한다. 그럼에도 4복음서의 대미에 공통적으로 기록되었듯 로마 제국의 형벌인 십자가형을 언도받고 죽임을 당한다. 정도 차이가 있기는 하지만 복음서는 유대교 지도자들과 유대 민중이 예수의 십자가형을 원했다고 전한다.

예수 죽음의 책임은 복음서에 따르면 그리하여 전적으로 유대인에게 넘어간다. 「누가복음」 23장 2절에서 유대인들은 "우리가 이 사람을 보매 우리 백성을 미혹하고 가이사에게 세금 바치는 것을 금하며 자칭 왕 그리스도라 하더이다"며 예수를 음해한다. 성서에서 드러나듯, 예수는 로마에 세금 바치는 것을 금하지 않았고, 산헤드린의 심문에서는 "하나님의 아들이자 그리스도"라고 대답하였을 뿐 '왕'이라고는 하지 않았다. 즉 그들은 예수의 종교적 진술에 정치적이고 민족적인 색채를 덧씌워, 예수를 죽이도록 빌라도를 도발하였다.

유대인들이, 혹은 유대교 지도자들이 왜 그렇게 예수를 못 죽여 안달이었는지는 짐작하지 못할 바는 아니다. 기원전 587년 유다 왕국의 멸망과 함께, 그 시점까지 500년 가까이 이어온 것으로 알려진 유대인의 나라는 완전히 사라졌고 이후 1948년 현재의 이스라엘이 건국될 때까지 유대인은 나라 없이 다른 민족의 지배를 받으며 팔레스타인 지방과 세계 각지에 흩어져 살았다. 20세기에 이르러서야, 그것도 현대사의 가장 큰 비극의 하나인 아우슈비츠를 겪으며 팔레스타인 '고토'에서 다시 정치적 공동체를 수립하였지만, 그전에도 유대인은 유대교라는 종교적 연대를 통해 종교적이고 민족적인 공동체를 만들고 유지함으로써 유대 정체성을 지켜왔다. 외세의 정치적 지배와 내부의 종교적 지배가 긴장과 균형을 이루면서 팔레스타인에서 어렵사리 유대 공동체를 지탱한 상황은 예수 활동 시기에도 크게 다르지 않았다.

로마제국이라는 막강한 정치권력, 로마의 지배에 협조하면서 자신들의 기득권을 유지하고 또 종교적 결속력을 유지함으로써 유대 공동체를 이어가고자 한 유대인 종교권력, 신정일치의 독립국가 열망에 불타는 '젤롯'으로 알려진 열심당, 로마 제국의 위성

왕국 혹은 봉신 국가라고 할 헤롯 왕국, 현실 정치와 담을 쌓고 사막 등지에서 살면서 신비주의·금욕주의 성향의 종교공동체를 지향한 에세네파 등 다양한 종교·정치세력이 복잡하게 얽혀 동학을 이룬 가운데 예수 운동이 전개되었고 예수의 죽음도 결정되고 집행되었다.

종교를 매개로 한 팔레스타인과 예루살렘의 유대인 지배계층은, 기득권 상실에 대한 두려움과 함께 국내외 정치의 미묘한 균형 속에서 그동안 어렵사리 수호한 유대인 공동체의 안전이 예수 운동으로 인해 위협받을 수 있다는 우려를 동시에 갖고 있었다. 특히 예수 운동이 소요사태로 번졌을 때의 재앙을 걱정하였다. 자칫 로마의 대대적인 무력 개입을 초래해 유대인 공동체의 궤멸을 불러올 최악의 상황을 미리 방지하려고 유대인 지배계층이 노력하였다고 추측할 수 있다. 예수 한 사람을 죽여서 유대 민족을 살릴 수 있다면 그렇게 해야 한다는 인식이 성서에서 실제로 목격된다.

자신들의 종교적이고 나아가 경제적인 기득권을 지키려는 이기심과 유대인 공동체를 보호해야 한다는 대의명분이 그들을 예수 살해 전선에서 똘똘 뭉치게 한 동기일까. 그렇다면 유대 민중은 왜 예수의 죽음을 원했을까. 원했다기보다 선동당했다고 볼 수 있을 텐데, 그렇다면 "예수의 피를 우리와 우리 자손에게 돌릴지어다"라고 부르짖을 정도로까지 강력하게 원했거나 혹은 선동당한 이유는 무엇일까. 성서에는 빌라도 총독을 빼고 모두가 예수를 죽이러고 혈안이 된 것으로 그려진다. 유대인 선지자를 유대인들이 똘똘 뭉쳐 이방인 지배자에게 죽여 달라고 청원한 모습이 기묘하긴 하지만 이해하지 못할 풍경은 아니다. 유대인 지배계급은 한편으로 기득권 보호 때문에 또 다른 한편으로 우국충정에서 그렇게 행동했을 수 있고, 역사의 현장에서 대중이 순간적으로 선동당한 일이 드물지 않다고 할 때 유대 민중 또한 그렇게 반응했을 수 있다. 선동의 배후엔 종종 광기가 자리한다. 그런데 여기서 석연치 않은 것은 빌라도이다. 그가 정말로 역사에서 그렇게 행동했을까. 아니면 후대에서 모종의 고려하에 그의 행동을 분식(粉飾)했을까.

죄와 벌 모두를 따져보면 예수의 죽음에 책임 있는 두 세력은 로마와 유대민족이다. 복음서 기자들의 우호적인 기술에도 불구하고, 사도신경에까지 올라가 사후 수천 년에 걸친 악명을 떨치고 있는 본디오 빌라도가 당시 팔레스타인에서 로마를 대표한다. 유대민족 중에는 살펴본 대로 수없이 많은 사람이 예수 죽음에 관련되어 차라리 민족 전체가 공동 책임을 갖게 되었다고 하는 것이 옳을 것이고, 불행히도 현실 역사에서 그렇게 되었다.

유대인의 예수 살해 원죄

4복음서의 기자들이 사소한 차이를 보일 뿐 모두 예수 죽음의 책임을 유대인에게 돌리고 총독 빌라도의 책임을 경감한 데서 '정치'의 냄새가 나지 않는다고 할 수는 없어 보인다. 기독교는 예수가 죽고 약 300년이 지나 예수를 못 박은 나라인 로마의 국교가 되었고, 그렇게 되기까지 유대교의 소수 분파인 기독교는 유대교 주류 분파들과 경쟁하였을 뿐 아니라 심각하게 적대하였다. 적대의 큰 이유 중 하나는 비(非)유대인(이방인)에 우호적인 기독교의 교리가 배타성이 특징인 정통 유대교도에게 대단히 못마땅하였을 것이라는 점을 들 수 있다.

예수의 죽음 시점에 유대인 공동체의 지배계급이 우려한 균형의 상실은 예수 사후 30년가량이 지나 실제로 나타났다. 균형의 상실과 긴장의 폭발은 역사에서 크게 두 차례 목격된다. '유대 독립전쟁'으로도 불리는 유대·로마 전쟁은 제1차가 기원후 66~73년, 제2차가 132~135년에 진행됐다. 제1차 유대·로마 전쟁의 와중인 70년에 로마군에 의해 예루살렘 성전이 파괴되고, 유대 민족의 정체성과 저항정신을 보여주는 유명한 마사다 항전이 일어났다.

「마가복음」이 저술된 시점이 대략 이 무렵이다. 「마가복음」 기자가 마사다 항전을 직접 목격하였는지, 간접적으로 인지하였는지가 불확실하지만, 성서학자들에 따르면 「마가복음」이 비(非)유대인과 비(非)유대 기독교인을 겨냥하여 저술된 것이어서 당시 유대민족의 명운이 걸린 급박한 상황에도 불구하고 「마가복음」은 자연스럽게 비(非)유대적인 관점을 취하게 되었다고 볼 수 있다. 로마와 유대가 격렬하게 대치한 그 시점을 기준으로 하면, 그렇다면 「마가복음」에는 불가피하게 친(親)로마적인 기조가 깔릴 수밖에 없었을 것이다.

성전 파괴를 목격한 사람이 작성한 것으로 추정되는 「마태복음」은 유대인 기독교인을 대상으로 하였지만, 유대교와 격렬한 논쟁을 벌이는 상황이 반영되어 훨씬 더 반(反)유대교적이다. 흔히 내전이 더 치열하다고 하는데 여기서도 그런 셈이다. 따라서 더 친(親)로마적인 성향을 띠었을 가능성이 있다. 복음서들이 로마제국의 영토 안에서 저술되었으며, 기독교의 선교가 로마인, 로마시민권자 등 비(非)유대인을 대거 포함한 지역에서 이루어졌음을 참작할 때 반(反)로마적인 선교는 쉽지 않았을 것이라고 짐작할 수 있다.

특히 「마태복음」 기자는 "물을 가져다가 무리 앞에서 손을 씻으며 이르되 이 사람[예수]의 피에 대하여 나[빌라도]는 무죄하니 너희가 당하라. 백성이 다 대답하여 이르되 그 피를 우리와 우리 자손에게 돌릴지어다"(27장 24~25절)라고 기술하여 기독교인에게 유대인을 극도로 혐오스러운 존재로 만든다. 저주를 내린 셈이다. 마태 등 복음서 기자들의 주장은, 권한 때문에 빌라도가 십자가형을 집행하였을 뿐 실제 예수를 죽음으로 몰아간 근본적인 책임이 유대민족에게 있다는 것으로 요약된다. 특히 유월절의 죄수 석방

전통까지 기술하며 산헤드린이나 바리새인 같은 유대의 지배계층뿐 아니라 평범한 유대인까지 모든 유대 종족을 예수에게 패악을 저지른 존재로 공격했다. 복음서의 관점에서 이들은 실제는 열심당 지도자로 추정되는 강도와 구세주의 목숨을 맞바꾼 무도한 민족이다.

그러나 평가와 의도를 빼고 복음서가 제시한 사실(史實)만을 놓고 당시 역사적 맥락에서 반추해보면, 빌라도가 예수 죽음의 책임에서 면책되기는 힘들어 보인다. 오히려 예수 죽음에 대해 더 큰, 적어도 동등한 책임을 물을 수 있지 싶다. 알려지기로 로마 속주 출신으로 자수성가한 무장(武將)인 빌라도는 잔학무도하였으며 실제 유대에 와서도 사마리아인 학살 등 잔혹한 일을 서슴지 않고 저질렀다. 예수의 죄목은 크게 두 가지였는데, 하나는 하나님의 아들이고 또 하나는 유대인의 왕이라는 사실이었다. 전술한 대로 빌라도로서는 신성모독에 크게 관심을 둘 이유가 없었으나 유대인의 왕이란 혐의 자체에 대해서는 처벌을 망설일 까닭이 없지 않았을까. 예수를 고발한 자들이 예수가 반란 수괴임을 주장하는 가운데 예수 자신은 '왕'의 혐의에 대해선 긍정도 부정도 않으며 적극적으로 자신을 변호하지 않은 상황에서, 나사렛이라는 불온한 변방 출신의 예수라는 청년을 사형시키는 일에 빌라도가 크게 고민하였을까.

또 하나의 저주는 유월절에 죄수를 석방하는 전통이 사실이 아닐 가능성이 높다는 데서 발견된다. 일각에서는 유월절에 예수를 석방하는 유대 전통이 존재하지 않았다며 복음서 기자들이 빌라도를 면책하기 위해 과도하게 유대인에게 책임을 덮어씌웠다고 주장한다.

유대인인 예수의 새로운 종교를 지키고 확산시키기 위해 마찬가지로 유대인이었을 것으로 추정되는 복음서 기자들이 역사를 왜곡하며 악의적이고 의도적으로 유대 민족을 저주하였을까. 유대인 입장에서 이들의 태도는 확실히 반민족주의라고 비난할 만한 것이었다. 그러나 추측건대 복음서 기자들이 역사를 왜곡하려고 들었다기보다는 아마도 기존의 증언 등을 통하여 이들이 이미 그런 역사에 확증을 갖고 있었을 개연성이 더 크다. 앞서 말하였듯 복음서 기자들은 사건을 실제로 목격하지 못하였을 것이다. 복음서의 바탕에는, 없지는 않았겠지만 '유대인 저주'보다는 대신 '로마인 옹호' 경향이 더 크게 자리했을 것이라고 보는 게 합당하다.

동기가 무엇이든, 예수를 추앙한 일부 유대인에 의해 시작된 이러한 반(反)유대주의는 기독교의 성장과 함께 강화하였다. 기독교 신앙의 주춧돌을 놓은 아우구스티누스 같은 이에게서도 강력한 반유대주의가 발견되는데 그의 견해는 나치의 유대인 학살과정에서 인용되기도 하였다. 이후 루터의 반유대주의, 가깝게는 교황 피우스 12세가 나치의 만행에 침묵하며 사실상 방조한 행위까지, 기독교는 성서에 적힌 대로 예수의 피를 유대 민족과 그 후손에게 돌렸다. 그것도 아주 심각한 수준으로. 가톨릭은 후일 유대인 학살에 대한 교회의 책임을 사과하였다. 너무 많은 유대인이 희생된 다음이었다.

예수의 죽음에 대해서는 유대인뿐 아니라 당시 팔레스타인과 예루살렘의 모든 세력이 연대를 맺고 추진하였으며, 책임 소재 또한 모든 어둠의 세력이 공유한다고 보아야 한다. 392년에 테오도시우스 황제가 기독교를 로마제국의 국교로 만든 사건은 여러모로 시사적이다. 이미 313년 밀라노 칙령으로 기독교는 핍박받는 종교에서 권력화의 종교로 변신하였고, 국가권력과 결부된 종교권력이 실체를 드러내기 시작했다. 유대 민족을 지배하는 외세와 결탁한 유대교 지배계급이 예수를 죽음으로 몰아넣고 예수의 제자들을 박해한 상황은 180도로 역전된다. 로마라는 세계적 규모의 국가권력이 기독교에 손을 내밀어 기독교는 단번에 세계종교로 부상한다. 두 사건의 공통분모는 로마이고, 유대교와 기독교의 적대에 근거한 분자의 엇갈림이 역사의 현상이다.

구속사뿐 아니라 세계사의 관점에서도 이 모든 일은 예수의 죽음에서 출발하였다. 황당하게도 본디오 빌라도는 과거 기독교 일각에서 성인으로 추앙되었다. 로마제국 안에서 피지배민족의 일원이자 기독교인으로 살면서 로마제국에 복음을 널리 전하고자 했던 초대교회 사람들의 고민은 성서와 전승을 통해 우리에게 전해진다. 예수 죽음에 대한 빌라도의 책임을 어떤 식으로든 덜어내려는 시도는 과거 역사적 맥락에서 이해되어야 하며, 주어진 역사 자체는 예수를 십자가에 못 박은, 바로 그 행위의 장본인이 빌라도임을 가리킨다. 십자가형이 로마제국의 형벌이고, 빌라도 총독의 수하들이 예수의 십자가형을 집행했으며, 무엇보다 예수가 못 박힌 십자가 위의 '유대인의 왕'이란 죄패(罪牌)는 이 형벌이 로마제국에 대한 반란과 관계되었음을 지시한다. 후대의 역사는, 로마제국의 기독교 국교화 등에서 나타나듯 역설적으로 예수의 '반란'이 성공하였음을 말한다.

이러한 이야기는 인간 역사의 관점에서 풀어본 것이고, 빌라도, 가야바, 유다, 바라바 등 당시 역사의 등장인물을 통해 하나님이 어떤 섭리를 계획하였는지는 알 수 없다.

인간인 내가 보기에 그중에 분명한 한 가지는 예수의 죽음이고, 그 죽음은 십자가 위에서 일어났다는 사실이다. 우연하게도 또는 필연적으로 예수가 고통받으며 죽어간 그 자리는 십자가이다. 십자가는 수평적 포용과 수직적 은총의 교차로이다. 이 교차로를 사유의 아이콘이나 믿음의 안주처로, 고민 없이 단정하는 순간 우리는 이번에는 은총 부재의 경박성 속으로 빠져들게 된다. 경박하지 않은 삶은 불가능하지 않지만, 경박하지 않은 믿음은 결코 간단한 일이 아니다.

3. 탄생

그들은 왜
예수가 동정녀 마리아에게서 태어났다고 말했을까

모태신앙이거나 기독교를 오래 믿은 사람에게 사도신경은—모두에게 그렇지는 않겠지만—신앙고백이라기보다는 의전에서 반복하여 쓰이는 무의미한 주문 비슷한 것으로 사용되는 듯하다. 예배에서 다른 기독교인과 함께 사도신경을 외는 나는 뒤늦게 신앙생활을 시작해서 그런지 생후 2개월 된 강아지가 신발이며 벽지며 온갖 것을 물어뜯듯 "전능하사"란 첫 문장부터 마음에 걸린다. 나의 하나님이 전능하지 않은 것 같아서다. 하나님의 전능에 대해서는 나중에 기회가 생기면 논하기로 하고, 성령으로 잉태되어 동정녀에게 태어났다는 대목 또한 신경이 쓰이는 게 사실이다.

나는 예수가 그리스도이며, 하나님이 예수 그리스도를 통해 자신을 계시하였다는 사실을 믿지만, 예수가 마리아라는 동정녀에게 태어났다는 주장에는 갸우뚱하게 된다. 앞에서 물은 질문의 범위를 확장하여, 만일 예수의 '십자가와 부활' 사건을 받아들이지만 동정녀 탄생은 믿지 못하겠다는 사람이 있다면 그 사람은 기독교인인가, 아닌가. 한국 교회의 소위 지도자라는 사람들이 무엇이라고 말하든 내 생각은 확고한데, 동정녀 탄생을 믿는 사람이 기독교인이듯 믿지 않는 사람 또한 기독교인이다. 당연히 '십자가와 부활'을 신앙한다는 전제하에서이다.

동정녀 탄생이라는 담론의 장치

내가 보기에 설화임이 너무 분명한, 그리고 사실 누구도 실제로는 진위를 따지지 않는 동정녀 탄생 설화를 군이 꺼낸 이유는 믿음 없는 설화의 교조화가 진짜 예수를 만나는 데 장애가 된다고 판단하기 때문이다. 사실 신학에서 동정녀 탄생은 별로 중요한 주제가 아니며, 2천 년 가까운 토론 또는 언쟁을 통해 할 얘기를 이미 다 했다.

기독교 교리에 조금만 관심을 두고 있거나 웬만한 인문교양을 가진 사람이라면 「마태복음」 등의 예수 탄생 이야기의 부정확성을 알고 있으며 거기에 개입한 성서 오역(誤譯)의 역사를 안다. 그렇다고 성서가 허위라고 주장하려는 건 아니다. 확실한 것은 성서가 적어도 역사서는 아니라는 사실이다. 복음서는 당대의 시대정신과 담론의 맥락 아래에서 진지하게 저술된 예수에 관한 가장 믿을 만한 기록이다. 그렇다고 일부 광신적인 신자들이 주장하듯 성서의 모든 문장 모든 단어를 적힌 그대로 다 믿어야 하는 건 당연히 아니다. 아니, 그것은 불가능하다. 성서를 구성하는 유일한 단어나 문장이란 원천적으로 존재하지 않기 때문이다. 완전한 진실을 담은 무결(無缺)한 하나의 성서란 존재하지 않으며, 부분적 진실을 담은 상대성의 수다한 텍스트 가운데서 인간들이 그중의 한 가지 가능성을 텍스트로 만들어내어 성서라고 보여줄 뿐이다. 정말 많은 단어와 문장 가운데서 성서에 정통한, 또는 그저 권한을 가진 '사람'들이 성서라는 형태로 문장과 단어를 골랐을 뿐이다.

신은, 인간이 단박에 파악해서 일목요연하게 정리한 뒤 내용과 행태를 제시할 수 있는 그렇게 단순한 존재가 아니다. 신은 그를 찾고자 하는 사람 앞에 그에게 도달할 수 있는 길을 기꺼이 보여주지만, 내 생각에 그 길은 항상 미로이다. 성서라는 인간의 언어로 된 텍스트 또한 그 미로의 한 형태다. 그중 계시의 가장 유력한 가능성의 하나로 제시된 현존 성서에서조차 해석의 무한한 다층성이 발견되며 그 속에서 인간은 예수 그리스도의 도움 아래 자신에겐 적합한 경로를 찾아 나선다. 나는 예수 그리스도가 꼭 성서를 통해서만 나에게 말을 건다고 생각하지 않는다. 내 생각에 세계는 불립문자(不立文字)의 성서로 그는 세계를 통해서도 나에게 다정하게 말을 건다.

십자가와 부활이 어떤 식으로든 4복음서에 다 거론되지만, 동정녀 탄생 이야기는 마태와 누가의 복음에서만 볼 수 있다. 어떤 이들은 동정녀 탄생이 기독교의 핵심적 사안이면 왜 4개 복음서 중에서 2개 복음만 다뤘느냐며 성경이라는 정경(正經) 내의 비중을 근거로 간단히 회의론을 내민다. 그것이 논거에 해당하지 않는다고 단정하기는 어렵고, 사실 찬반을 논하는 논거는 더 많고 더 깊이 들어간다.

개인적으로 나는 예수의 동정녀 탄생 진위 논쟁에 가담하고 싶은 마음이 전혀 없다. 나는 예수의 동정녀 탄생을 예수가 그리스도임을 설명하기 위한 하나의 담론적 장치로 이해하지만, 상징적이고 나아가 당대의 정치사회적인 의미를 넘어서 불변의 물리적 사실로 철석같이 받아들이는 기독교인이 있다고 하여도 그 태도를 비판할 마음 또한 전혀 없다. 신앙의 완결성은 현실의 합리성과 무관하게 구성되기 마련이다. 요체는 신앙의 완결성이 현실의 삶에서 작동하는 합리성을 배척하느냐 아니냐이다. 후자라면 문제가 없지만 전자라면 문제가 생길 수 있다. 내가 아는 어느 노인의 사례가 가장 흔히 볼 수 있는 예일 텐데, 독실한 기독교인인 이분은 백내장이 발발한 뒤에 기도로 나을 수 있다며 치료를 거부하여 끝내 실명하였다. 내가 이해하는 하나님이라면 기도의 응답에서 병원에 가라고 말씀했을 법한데, 그 분의 하나님은 나의 하나님과 다른 존재인가 보다.

예수의 동정녀 탄생 설화를 사실 중심으로 파악하면 예수의 어머니가 마리아라는 것은 불변의 사실이다. 쟁점은 과연 아버지가 누구냐이다. 즉 '동정녀 방정식'은 마리아란 항수와 아버지란 변수로 구성되는데, 변수를 확정하는 방법론이 예수 사건의 전반적 관점을 결정하게 된다고 할 수 있다. 반대로 예수 사건 전체를 지배하는 이 전반적 관점이 변수를 확정하는 방법론 또한 결정한다고 할 수도 있다. 동정녀 설화에서 나의 관심사는, 진위 자체가 아니라 바로 이것이다. 진위는 전혀 중요하지 않고 따질 이유조차 없다.

「마태복음」의 '성골' 유대인

「마태복음」에서는 예수의 (양)아버지 요셉의 관점에서 동정녀 탄생을 다룬다. 요셉은 마리아와 약혼(또는 정혼) 중에 약혼녀 마리아의 임신 사실을 알게 된다. 「마태복음」 1장 18절에 "동거하기 전에 성령으로 잉태된 것이 나타났더니"라고 되어 있어, 요셉이 마리아의 임신을 파악하였으며, 그 임신에 자신이 관여하지 않았을 뿐더러 잉태한 아이의 아버지가 누구인지를 몰랐다는 점을 분명히 하였다.

당시 유대인 결혼 풍습에 따르면 약혼 또는 정혼하고 어느 정
도 시간이 흐른 뒤에 정식으로 결혼하여 여자가 남자의 집으로 갔
다. 결혼(약혼) 중에 이혼(파혼)이 가능했으나 이혼(파혼)제도는 남
성 중심으로 운영됐다. 아무튼 요셉은 불미스러운 일을 파악하고
도 약혼녀 마리아에게 불이익을 주지 않으려고 이것을 '드러내지
않고 가만히 끊고자', 즉 파혼하려고 하였다. 이때 「마태복음」은
'드러내지 않고 가만히 끊고자' 한 요셉을 의로운 사람이라고 칭
하였다.

이때 주(主)의 사자가 요셉의 꿈에 나타나 "네 아내 마리아 데
려오기를 무서워하지 말라. 그에게 잉태된 자는 성령으로 된 것이
라"라고 말한다. 여기서 요셉은 '다윗의 자손'으로 불린다. 이어 꿈
에서 예수 사건 전체를 요약해서 예지한다.

> 아들을 낳으리니 이름을 예수라 하라 이는 그가 자기 백성을 그
> 들의 죄에서 구원할 자이심이라 하니라. 이 모든 일이 된 것은 주
> 께서 선지자로 하신 말씀을 이루려 하심이니 이르시되 보라 처녀가
> 잉태하여 아들을 낳을 것이요 그의 이름은 임마누엘이라 하리라
> 하셨으니 이를 번역한즉 하나님이 우리와 함께 계시다 함이라.
>
> 「마태복음」 1장 21~23절

「마태복음」에서 '다윗의 자손' 요셉에게 주의 사자가 알려준 것

은 다음과 같다. 1) 약혼녀 마리아의 임신은 성령에 의한 것이다. 2) 아들을 낳을 것이다. 3) 그 아들은 자기 백성을 그들의 죄에서 구원할 자이다. 4) 이 일은 선지자를 통해 하신 (하나님의) 말씀(구약성서)을 이루려 함이다.

1번은 두 가지 의미를 갖는데, 먼저 (혼전 임신에도 불구하고) 마리아가 부정(不貞)을 저지르지 않았고, 마리아의 태중 아이의 아버지가 인간이 아니라는 점이다. 나중에 성모(聖母)로 추앙되는 예수 어머니인 마리아의 품행이 방정함을 증명함으로써 마리아와 나아가 부정한 어머니에게서 태어나지 않은 마리아의 아들 예수의 무결함을 드러내고자 하였다. 모자 모두의 무결성을 주장한 배경에, 혹시 곧 살펴볼 유대인들의 '예수 사생아설'을 차단하려는 의도가 있었는지는 알 수 없는 일이다.

모자 모두의 품격과 직간접으로 관련된 예수 탄생의 무결성(無缺性)은 또 다른 중요한 지점으로 연결되는데, 예수 잉태의 원인이 성령이라는 언급이다. 사람이 잉태의 원인이 아니므로 마리아는 부정 혐의를 벗고, 예수 또한 인간의 씨에서 비롯하지 않았기에 인간의 죄성(罪性)에서 벗어난 존재가 되며, 나아가 성령으로 잉태되었기에 마리아란 인간 여성에게서 태어났어도 그는 신인(神人)이 된다. '참신이자 참인간(vere Deus vere Homo)'의 교리는 예수 출생 설화가 그 시작점이다. 양성론으로 알려진 이 교리는 출생 설화로 간단히 정리될 사안이 아니어서 기독교 형성기에 극심한 논쟁을 불러일으켰지만, 성서가 출생 자체에 양성(兩性)의 근거를 부여한 사실은 기억할 필요가 있다.

2번은 단순히 생물학적 성의 구분을 지시하는 것 이상의 의미를 갖는다. 의미 있는 가정은 아니지만 만일 예수가 남성이 아닌 여성으로 태어났다면 인류 역사에서 기독교는 번성하지 못했을 것이다. 세계 주요 종교 중에 여성을 창시자로 한 종교는 없다. 여성인지 남성인지 천명되지 않은 하나님조차 남성으로 간주하는 판에, 그런 게 가능할 리가 없다. 그런 게 생겼다 해도 가부장제 이념에 역행하기에 오래 살아남기 힘들었을 터이다. 요셉에게 전해진 "(마리아가) 아들을 낳을 것"이라는 주의 사자의 말씀은 '그를 네 아들로 받아들여라'는 뜻이다. 이로써 예수는 인간세계의 기준으로 요셉의 혈통이 되며, 따라서 요셉이 '다윗의 자손'이듯 예수 또한 '다윗의 자손'이 된다.

「마태복음」 1장은 예수의 계보로 시작한다. 제일 먼저 "아브라함과 다윗의 자손 예수 그리스도의 계보"임을 명시하고 실명들로 구체적인 족보를 적었다. 앞서 밝힌 대로 「마태복음」 기자는 유대인 기독교도를 대상으로 저술되었으며 주류 유대교에 맞서 소수 종파인 기독교를 지켜내려는 혼신의 노력을 기울였다. 따라서 예수가 아브라함과 다윗의 자손임을 명시하는 것은 유대교와 투쟁에서 매우 중요한 요소였다. 즉 「마태복음」은, 이방 선교에 주력한 바울 노선과 달리 유대 민족 또는 유대교 내 기독교의 헤게모니 투쟁 노선을 견지하였기에 '다윗'이라는 정통성의 상징이 중요했다. 이러한 모습은 러시아 혁명기에 멘셰비키에 맞선 볼셰비키의 투쟁을 연상시킨다. 볼셰비키는 다수파란 뜻이지만 오랫동안 소수파였고, 그런 점에서 유대교 내 소수파였던 초대교회와 닮았다. 둘 다 역사의 주류로 부상하는 데에 성공했다는 공통점을 갖는다.

「마태복음」의 노력에도 불구하고 예수가 아브라함과 다윗의 자손임을 '명시'하는 데서 약간의 난점이 생긴 것은 어쩔 수 없었다. 아브라함에서 요셉에 이르는 계보는 인간의 혈통에 근거하였는데, 엄격하게 말해 피로는 예수가 이 혈통을 이어받았다고 주장하기 어렵기 때문이다. 이러한 사실을 의식하였는지, 「마태복음」 기자는 1장 16절에서 특별히 "야곱은 마리아의 남편 요셉을 낳았으니"라고 적시하였다. 아브라함에서 다윗까지 14대, 다윗부터 바빌로니아로 사로잡혀 갈 때까지 14대, 바빌로니아로 사로잡혀 간 후부터 그리스도까지 14대, 모두 세 번의 14대를 기록한 예수의 족보에서 어떤 인물이 누구의 남편으로 표시된 건 요셉이 유일하다. 물론 '14대'씩 쌓은 세 개의 시대 구분 자체도 큰 의미를 갖는데, 특히 유대교나 유대인에게 그럴 것이다. 이러한 시대 구분은 상대적으로 기독교인에겐 의미가 덜하지만, 예수가 세 개의 시대의 끝에 위치한 것은 그가 과거의 역사를 완성하고 새 시대를 열 것이란 상징이기도 하다.

「마태복음」에서 시대 구분이란 거시적 상징과 함께 "마리아의 남편"이란 미시적 상징은 필수불가결했다. 신인(神人) 예수가 인간 혈통을 기준으로 마리아의 피를 이어받았기에 인간세계의 기준으로 예수가 다윗의 자손이 되려면 마리아가 다윗의 자손이 되어야만 한다. 그렇지 못한 사정이어서 「마태복음」은 궁여지책으로 "마리아의 남편"을 등장시킨 듯하다.

이러한 난점을 의식한 듯 신약성서 외의 어떤 기독교 문서들에서는 마리아를 애초에 다윗의 자손으로 기록하여 세속의 혈통 논란을 종식했다. 외경인 「마리아 탄생 복음」 1장 1절은 "축복을 받고 영원히 영광스러운 동정녀 마리아는 다윗왕가의 후손으로서 나사렛에서 태어나 예루살렘에 있는 주님의 성전에서 교육을 받았다"이다. 장 칼뱅도 그의 주저 『기독교 강요』에서 마리아를 다윗의 자손이라고 말한다. 그러나 기독교의 정경인 4복음서 중에서는 마리아가 다윗의 후손이란 기록이 포함되지 않았다. 예수는 인간 혈통 기준으론 다윗 가문에 입적된 셈이어서 논란의 소지를 남긴다.

3번과 4번은 구약성서와 연결된다. 3번 '그 아들은 자기 백성을 그들의 죄에서 구원할 자'란 문구는 이스라엘의 민족적 열망을 반영한 표현이다. '자기 백성'이란 말은, 이스라엘 민족의 영화로운 시기를 상징하는 다윗왕과 연결되어 태어날 아이가 민족의 지도자가 될 것임을 함축한다. 특히 하나님께 불순종하는 죄를 지음으로써 나라를 잃고 이방인의 지배 아래 살게 된 이스라엘 민족이 철저하게 회개하고 하나님께 돌아가면 바빌로니아에 포로로 끌려간 기원전 587년 이후 예수 시기까지 이어진 거대한 곤경에서 벗어날 수 있다는 구약성서에 기반한 이스라엘의 희망의 신학을 표명한다. 이 일을 담당할 이가 메시아다. 이스라엘 민족의 역사에서 가장 큰 지도자는 두말할 필요 없이 모세이다. 「마태복음」 초반부에 등장하는 헤롯의 유아 살해, 요셉 일가의 이집트 피신 장면 등에서 당시 유대인들이 모세를 연상하였으리란 점은 의심의 여지가 없다. 「마태복음」은 예수와 모세를 등치시킨다.

4번은 구약성서 선지자의 예언이 실현됨을 말하는데, 「이사야서」 7장 14절의 "보라 처녀가 잉태하여 아들을 낳을 것이요"를 근거로 동정녀 탄생을 연결 짓는다. 이 대목은 성서의 대표적인 오역 사건이기에, 「마태복음」 기자가 의도적으로 오역하였는지 아니면 당시에 존재하던 구약성서 헬라어 번역본(70인역)의 오역을 답습한 것인지는 불분명하다. 히브리어 구약성서에는 '처녀' 대신 '젊은 여자'(성경험이 없는 여자가 아니라 출산경험이 없는 젊은 여자)란 단어가 표기돼 있다. 동정녀 탄생을 「이사야서」에서 예언하지 않았다는 뜻이다. 이 오역 건은 널리 알려진 일이어서 구체적으로 설명하지 않지만, 한국어 성경에서 신약의 오역에 맞춰 구약의 본문까지 바꿔버렸다는 점은 유감스럽다. 영어 성서 판본들에서는 「이사야서」 7장 14절을 'the virgin'과 'a young woman'으로 혼재하여 쓰고 있다. 독일어 성서 판본들에서도 'eine Jungfrau'와 'ein junges Weib'가 섞여서 사용된다.

　요약하면, 「마태복음」은 유대 민족의 역사를 바탕에 깔고 아브라함·모세·다윗과 예수를 연결지으면서 동시에 예수를 신인이라고 기술한다. 다윗의 자손 요셉의 입장에서 즉 예수의 (양)아버지를 중심으로 또 구약과 신약의 긴밀한 연결의 관점에서 예수 탄생을 설명한다.

「누가복음」의 여성 관점

예수 동정녀 탄생 설화를 다룬 「누가복음」은 같은 사건을 다루지만 구성이 판이하다. 먼저 이 사건의 주인공이자 주체는 분명하게 마리아로 설정되고 「마태복음」과 달리 요셉의 역할은 거의 없다. 기독교 미술의 중요한 주제의 하나로, 성모영보(聖母領報)라고도 하는 수태고지는 천사 가브리엘에 의해 마리아에게 전해진다. 성서 본문을 보자.

　여섯째 달에 천사 가브리엘이 하나님의 보내심을 받아 갈릴리 나사렛이란 동네에 가서 다윗의 자손 요셉이라 하는 사람과 약혼한 처녀에게 이르니 그 처녀의 이름은 마리아라. 그에게 들어가 이르되 "은혜를 받은 자여 평안할지어다 주께서 너와 함께 하시도다"
하니 처녀가 그 말을 듣고 놀라 '이런 인사가 어찌함인가' 생각하
매 천사가 이르되 "마리아여 무서워하지 말라 네가 하나님께 은혜
를 입었느니라 보라 네가 잉태하여 아들을 낳으리니 그 이름을 예
수라 하라 그가 큰 자가 되고 지극히 높으신 이의 아들이라 일컬
어질 것이요 주 하나님께서 그 조상 다윗의 왕위를 그에게 주시리
니 영원히 야곱의 집을 왕으로 다스리실 것이며 그 나라가 무궁하
리라." 마리아가 천사에게 말하되 "나는 남자를 알지 못하니 어찌
이 일이 있으리이까." 천사가 대답하여 이르되 "성령이 네게 임하시
고 지극히 높으신 이의 능력이 너를 덮으시리니 이러므로 나실 바
거룩한 이는 하나님의 아들이라 일컬어지리라."

「누가복음」 1장 26~35절

　본문은 마리아와 요셉, 예수의 고향으로 갈릴리의 나사렛을 적
시한다. 그러나 널리 알려진 대로 나사렛 예수의 출생지는 갈릴리
가 아닌 베들레헴으로 기록돼 있다. 마리아와 요셉의 출생지는 공
식 복음서 상으로 확인되지 않고 그저 갈릴리 사람이라고 하면 될
것 같다. 예수탄생교회란 이름의 오래된 교회가 베들레헴 외곽에
위치한 것에서 단적으로 드러나듯, 동정녀 탄생 설화를 기록한 마
태·누가 복음은 공통으로 예수의 출생지가 베들레헴이라고 밝힌
다. 사전 설명 없이 예수가 그저 베들레헴에서 태어난 것으로 돼

있는 「마태복음」과 달리 「누가복음」에서는 잉태는 갈릴리, 출생은 베들레헴으로 구분된다.

부부간에 수식(修飾)하는 방향의 차이 또한 목격된다. 「마태복음」에서 "마리아의 남편 요셉"이 「누가복음」에서 "다윗의 자손 요셉이라 하는 사람과 약혼한 처녀 마리아"로 바뀐다. 이미 앞서 밝혔듯, 수태고지 또한 '주(主)의 사자 대 요셉'에서 '천사 가브리엘 대 마리아'로 변화한다.

「누가복음」의 예수 동정녀 탄생 설화는 성모 마리아 설화라고 해도 좋을 정도다. 요셉에서 마리아로, 예수를 탄생케 한 주체의 변화는 단순한 관점 변화 이상의 심대한 의미를 갖는다. 당시 유대인 사회에서 여자는 사회적 주체가 아니었고, 따라서 사건의 합당한 증언자로 간주되지 않았다. 남자와 비교해 절대 열위의 위상을 갖는 여성인 마리아를 주체로 내세워 동정녀 탄생 설화를 써 내려간 방식에서 모종의 전복이 엿보인다. 이 부분의 서술방식에 한정한다면 일종의 페미니즘 글쓰기라고 불러도 좋겠다.

태어날 자에 대한 예언 또한 상응한 차이를 보인다. "그가 자기 백성을 그들의 죄에서 구원할 자이심이라"는 「마태복음」의 언명은 전문적인 신학용어를 회피하며 설명하면 상대적으로 더 구약성서적이고 더 유대교적이다. 반면 「누가복음」은 "그가 큰 자가 되고 지극히 높으신 이의 아들이라 일컬어질 것이요 주 하나님께서 그 조상 다윗의 왕위를 그에게 주시리니 영원히 야곱의 집을 왕으로 다스리실 것이며 그 나라가 무궁하리라"는 구약성서와 신약성서가 혼용된 설명과 함께 "나실 바 거룩한 이는 하나님의 아들이라 일컬어지리라"는 명백히 신약성서적인 천명이 이루어진다. 탄생 설화로 비교하면 「누가복음」이 「마태복음」에 비해 (유대교보다) 기독교의 관점에 더 확고하게 서 있다는 분석이 가능하다.

두 복음서 사이에 동정녀 탄생의 증거 방식 또한 다르다. 「마태복음」은 제3자에 의한 또는 전지적 시점에 의한 사건 기술이 이루어지는 가운데, 애초에 무지한 요셉이 주의 사자의 도움으로 사건의 진상에 다가가는 방식을 취한다. 반면 「누가복음」은 사건의 시초부터 출산의 주체인 마리아의 관점에서 기록한다. 마리아가 분명히 묻고 천사가 대답하며 마리아의 결단과 순종이 묘사된다.

"나는 남자를 알지 못하니 어찌 이 일이 있으리이까."
"성령이 네게 임하시고 지극히 높으신 이의 능력이 너를 덮으시리니 이러므로 나실 바 거룩한 이는 하나님의 아들이라 일컬어지리라."
"주의 여종이오니 말씀대로 내게 이루어지이다."

수태 계획은 마리아에게 고지되고 마리아는 하나님의 계획을 수용한다. 마리아의 동의가 있었음을, 또는 하나님과 마리아 사이에 합의(혹은 사전 소통)가 존재하였음을 「누가복음」은 표시한다. 반면 「마태복음」에서 마리아는 그저 동정녀 탄생의 매개체일 뿐이다. 사건은 이미 일어났고, 마리아의 법적 대리인인 요셉을 통하여 사후적인 결정이 이루어진다. '남자를 알지 못함'과 잉태 사이의 연관을 물은 것은 생물학적 의혹을 제기하였다기보다는 처녀의 잉태가 불러올 인간사의 파장을 마리아가 충분히 의식하였다고도 해석할 수 있다. 그럼에도 인간사를 초월하여 하나님의 뜻을 받아들이고 섭리에 몸을 맡기는 마리아는 성모(聖母)로서 기독교의 시작점이자 기독교 신앙의 모범이 된다. 조금 더 확장하여 말하면, 물론 하나님의 계획에 따라 이루어진 일이지만 기독교는 마리아란 갈릴리 처녀를 통해서만 시작될 수 있었다. 현상적으로는 마리아 없이 기독교의 성립이 불가능했다는 의미다.

「누가복음」 1장 46절 이하의 '마리아의 찬가'는 내용상으로 나중에 그의 육신의 아들 예수가 설파할 내용 그대로다. 충실한 신학적 전망과 함께 교만한 자, 권세 있는 자, 부자를 내리치고 비천하고 주리는 자를 돌보시는 하나님을 적시하여 찬양한 '마리아의 찬가'는 예수가 천명할 기독교의 정수를 선취한다.

마리아가 이르되 "내 영혼이 주를 찬양하며 내 마음이 하나님 내 구주를 기뻐하였음은 그의 여종의 비천함을 돌보셨음이라. 보라 이제 후로는 만세에 나를 복이 있다 일컬으리로다. 능하신 이가 큰 일을 내게 행하셨으니 그 이름이 거룩하시며 긍휼하심이 두려워하는 자에게 대대로 이르는도다. 그의 팔로 힘을 보이사 마음의 생각이 교만한 자들을 흩으셨고 권세 있는 자를 그 위에서 내리치셨으며 비천한 자를 높이셨고 주리는 자를 좋은 것으로 배불리셨으며 부자는 빈 손으로 보내셨도다. 그 종 이스라엘을 도우사 긍휼히 여기시고 기억하시되 우리 조상에게 말씀하신 것과 같이 아브라함과 그 자손에게 영원히 하시리로다." 하니라.

「누가복음」 1장 46~55절

동정녀 탄생 설화의 '처녀 이데올로기'

예수 동정녀 탄생 설화는 4복음서 중 마태·누가복음에만 기록되었고, 이렇듯 두 복음서 사이에서 현격한 관점의 차이를 보이지만 '예수 동정녀 탄생' 자체는 종교 지도자들에 의해 기독교의 핵심 교리로 채택되었다. 동정녀 탄생에 기대지 않은 기독교 교리의 성립이 아예 불가능했던 것은 아니었지만 교회 역사는 그쪽으로 물꼬를 텄고 설화의 교리화 속에서 다른 생각을 정죄하며 현재에 이르렀다.

과거의 (또는 현재의) 어떤 기독교 부류는 복음서의 내용을 액면 그대로 받아들였는지 모르지만 예수 동정녀 탄생 설화를 포함하여 많은 것들을 비유나 상징으로 해석함이 맞는다고 생각한다. 기독교는 육화(肉化)한 하나님, 즉 예수 그리스도를 믿는 종교이며,

신은 육화하는 방법으로 인간, 또는 다른 많은 포유류와 동일하게 잉태와 출산을 택했다. 계시의 시점과 그 공간에 분명 하나님의 섭리가 개입하였으리라는 것을 우리는 능히 짐작할 수 있다. 섭리에 따른 구체적 계획과 세세한 의도를 알 수 없지만, 2천 년 전에 예수가 마리아의 몸을 통해 인간 남성이란 육신을 입고 유대인인 요셉의 아들로 출생하였음은 안다. 예수의 부모는 예수 탄생 8일째에 유대 전통을 준수하며 예수에게 할례를 받게 하였다.

예수를 잉태한 마리아를 두고 성서는 "네 태중의 아이가 복 있다"고 말한다. '태중'이 마리아의 자궁을 의미함은 이론이 있을 수 없다. 또한 마리아가 자신의 자궁에서 태아인 예수를 키우다가 날이 차서 자기 몸 안의 산도(産道)를 통해 분만하였음 또한 성서에 기반한다. 출산과 관련하여 기능적으로 산도라고 불리는 여성의 이 인체 기관은 생식과 관련하여서는 질(膣)이라고 불린다. 질에 관한 해부학적 설명은 "교미기관과 분만 시 산도를 겸한다"이며 신약성서 기술을 그대로 믿으면 '성모 마리아의 인체 기관인 질을 이용한 출산은 이루어졌지만 그것이 성관계의 용도로는 활용되지 않았다'이다.

「마태복음」과 「누가복음」의 기자가 그렇게 쓴 데는 그렇게 써야 할 시대적이고 사회적인, 그리고 신앙적인 맥락과 배경이 존재하였을 것이라고 충분히 수긍할 수 있다. 과거 기독교 형성기에 (「마태복음」과 「누가복음」을 신약성서에 넣은 정경화〔正經化〕 자체를 포함하여) 동정녀 탄생 교리를 확립한 데도 불가피한 시대적 요청이 있었을 것이라고 받아들일 수 있다. 그러나 2천 년이 지난 지금까지 예수 동정녀 탄생 교리를 고집하고 믿음의 증거로 이것을 믿도록 강요한다면 그러한 행태는 명백히 시대착오적이다. 동정녀 교리를 고수하는 기독교 목사나 가톨릭 신부 가운데 진짜로 이 교리를 믿는 사람은 몇 명이나 될까. 또 「사도신경」을 통해 매 주일 "동정녀에게 나시고"를 외는 기독교인 가운데 몇 명이나 진짜로 이 내용을 믿을까.

동정녀 교리는 국가·사회의 가부장제 권력과 남성중심의 위계적인 종교권력 사이의 화학작용에서 배태된 일종의 관음증이자 '질(膣)집착증'이다. 또는 여성혐오의 기독교 교리 버전이라고 할 수 있다. 육화한 신(神)인 예수는, 지상에서 신(神)이자 인간이고 인간이자 신(神)인 신인(神人)이 분명하지만, 성육신하는 바로 그 순간에까지 신인 협력의 방식을 취할 이유는 쉽게 상상되지 않는다. 만약 그런 방식을 상상해낼 수 있는 집단이 있다면 그것은 가부장제를 근간으로 하는 인류문명에서, 또 신을 남성으로 상정하는 역사에서, 살아남고 승리한 남성우월주의 기독교에서 가능할 것이다. 예수 동정녀 탄생 설화가, 만연한 '처녀 이데올로기'를 종교적으로 관철한 것 이외에 어떤 의미를 가질 수 있을까.

동정녀 교리를 자연주의에 기댄 저급한 신앙 확증으로 바라보는 시각도 생각해 볼 수 있다. 예수 탄생을 자연주의의 '예외'로 설정함으로써 신성을 부여하는 논증은, 그 논증 자체가 자연주의에 입각한 것이어서 더 자연주의적이 된다는 난관에 봉착한다. 자연주의가 결국 인간이 세계를 해석하는 방법의 하나라고 할 때 동정녀 탄생에 따른 예수의 신성이 인간적 논증을 통해 인정받게 된다는 상황은 신성의 모순을 야기한다. 어린아이에게 다리 밑에서 주워왔다거나 황새가 가져다주었다는 식으로 설명하는 방식과 크게 다르지 않다. 저급한 자연주의 논증 자체도 기본적으로는 가부장제 및 여성혐오 이데올로기를 반영한 것이 사실이다.

내가 틀렸을지 모르지만, 내가 신이라면 '처녀막 재생 수술'을 연상시키는 기괴하고 우스운 성육신의 방식이 아니라, 평범하고 인간적이며, 따뜻한 배려와 서로를 열망하는 긍정적 성애의 사랑에 근거한 성육신을 택했을 것이다. 기독교 신앙이 주는 가장 큰 감동은 신이 기꺼이 인간인 우리와 다름없는 존재가 되었으며 인간의 형상으로 자신의 피조물인 인간에게서 수난을 받는 것을 마다하지 않았다는 데서 찾아진다. 신은 나와 동떨어진 존재가 아니라, 신이 내가 되었으며 반대로 나 또한 신이 될 수 있지 않은가. 그것은 바로 예수 그리스도라는 특별한 존재를 통해서만 가능하다. 재삼 강조하거니와 예수는 무엇보다 인간으로 태어났으며, 성육신하면서 굳이 천사를 보내고 신비스러운 잉태 과정을 연출하는 유난을 떨 이유를 나로서는 도무지 알아낼 도리가 없다. 요셉과 마리아가 예수의 친부이자 친모이면 안 될 이유가 없으며, 그럼에도 예수는 하나님의 아들이자 하나님 자신이며 우리의 그리스도일 수 있다.

'예수 사생아 설', 외계인 설 등

그리하여 예수 동정녀 탄생의 숨은 의미를 파헤치려는 음모론에 가까운 이설 또한 성행한다. 현재의 과학기술을 적용하면, 동정녀 탄생이 꼭 해석되지 못할 바가 아니다. 마리아의 체세포 복제를 통해 예수가 출생했다면 요셉의 생물학적 기여는 불필요하다. 과학기술이 성령이 되는 셈이다. 그 시기에 체세포 복제가 가능할 리가 없기에 따라서 '성령에 의한 잉태'는 또 다른 이설로 연결되는데, 외계인의 도움으로 마리아가 잉태하여 예수를 낳았다는 상상과 외계인이 바로 성령이어서 예수는 외계인과 인간 사이에서 태어난 존재라는 또 다른 상상이 그것이다.

　구약성서에서도 천상의 존재들이 인간의 딸들과 성적인 관계를 맺는 이야기가 실려 있다("하나님의 아들들이 사람의 딸들의 아름다움을 보고 자기들이 좋아하는 모든 여자를 아내로 삼는지라", 「창세기」 6장 2절). 동정녀 출생 교리가 외계인과 마리아의 혼외정사를 등장시키는 희화화를 초래한 것에서 한 걸음 더 나아가 예수 자체를 외계인으로 보려는 극단적 시각 또한 창안케 하고 있다. 인간에게 신이 외계(外界)의 존재임이 분명하기에 신과 외계인을 등치하는 논법은 인간이 외계인의 가능성을 인식하게 된 이후로 언제나 가장 간편한 신 이해방식이라고 할 수 있다. 이러한 신 이해방식은 좀 우습긴 해도, 간단하게 신을 인간 세상 밖으로 쫓아낸 다음 있는 것처럼 가장하는, 예컨대 이신론 같은 신앙의 허위의식보다는 훨씬 더 합리적인 고민의 결과물로 평가받아야 한다.

아무튼 과거엔 착상할 수 없던 현대적 잉태 방법을 성령과 연결 지으면서 이처럼 해괴한 상상이 난무하는가 하면, 예수 시대엔 '예수 사생아 설'이 유포되기도 한 것으로 전해진다. 성령에 의한 잉태를 받아들일 수가 없다면, 요셉이 친부가 아님과 마리아가 생모임에 근거하여 요셉이 아닌 다른 남자를 친부로 상정하는 것 말고는 그 시대에 납득할 만한 다른 방법이 찾아지지 않는다.

이러한 '예수 사생아 설'과 관련하여 가장 많이 알려지고 오래된 '친부' 후보는 '판테라'라는 로마 병사다. 정혼남 요셉이 있었고, 실제로 그와 결혼하여 남편까지 두게 되는 마리아와 판테라는 무슨 관계일까. 예수 시대의 유대인 지역이 로마 제국의 지배하에 놓였음을 우선 기억할 필요가 있다. 지배자의 일원이자 점령군으로 식민지에 주둔한 로마 병사들이 지금의 유엔평화유지군과는 많이 달랐으리라는 점은 쉽게 추측할 수 있다. 아마 달라도 매우 다르지 않았을까. 로마 병사에 의한 유대인 약탈과 유대 여인 강간은 드문 일이 아니었을 것이다.

이러한 배경에서 마리아와 판테라의 관계가 설정되고 그 사이에서 예수가 태어났다는 주장은 그것이 사실이든 아니든 주장 자체만으로 초기 기독교가 유대인 사회에서 생존하고 영향력을 확대하는 데에 큰 걸림돌이 되었을 터이다. 뒤집어 생각하면, 초기 기독교의 생존과 확대를 싫어하는 이들이 이런 주장을 조직적으로 또는 자발적으로 만들어내고 확대 재생산하였을 가능성 또한 존재한다.

이에 따라 '판테라 예수 친부설'의 신빙성을 입증하는 이런저런 증거가 제시되었는가 하면 기독교에 의한 즉각적이고 결사적인 반박 또한 이루어졌다. 이 주장은 기독교를 싫어하는 유대교도 사이에서 힘을 얻었을 가능성이 크다. 만일 유대교 내에서 소수 종파인 기독교가 살아남아서 힘을 키우고자 하였다면, 그리고 그 과정에서 '악의적인' '판테라 예수 친부설'이 실제로 돌았다면, 이 낭설에 맞서 싸우는 것이 최우선 과제가 되어야 했다. 왜냐하면 로마 제국의 식민 지배를 받은 데서 그치지 않고, 기원후 70년 로마군에 의한 예루살렘 성전 파괴, 로마군에 맞서 싸운 유대 반군 전원이 장렬하게 전사한 '마사다 항전'의 기억이 당시 유대인 사회에 완연한 가운데 만일 유대교 소수 종파의 비조가 로마 병사의 핏줄이라면 그 종파는 존립 자체를 위협받을 게 뻔했기 때문이다. 「마태복음」의 예수 동정녀 탄생 설화가 '판테라 예수 친부설'에 대한 필사적인 반박의 의도 아래 작성되었다면 상당히 그럴듯한 이유는 된다.

그러나 실체적 진실이 무엇이었는지를 지금 우리는 알 수가 없다. 우리에겐 성경, 외경, 위경, 전승자료, 역사적 문헌과 예수 동정녀 탄생이라는 공식 교리가 남아 있을 뿐이다. 우리에게 제시된 역사적 예수의 어렴풋한 잔영을 꼼꼼히 들여다보고, 현존하는 그리스도의 조명 안에서 그와 대화하며, 인간역사와 인류문명에 드리운 신의 섭리의 방향을 기도하는 심정으로 고구하면서 기독교 신앙의 진실을 구성하고 수용하는 길 외에 다른 길은 없다. 교리가 아니라 현존하는 그리스도의 조명만이 길을 찾게 해줄 것이라고 나는 믿는다. 기독교 교회와 교리, 현존하는 그리스도의 조명 사이에 항상 불일치가 있었다고는 말할 수 없지만 언제나 일치하였다고도 말할 수 없음은 자명하다. 현존하는 그리스도의 내적이고 외적인 조명이, 당대 기독교인의 믿음의 방식과 관행보다 신앙에서 언제나 우선한다는 것이야말로 개신교의 가장 큰 성취가 아닌가.

탄생 사건의 실체는 '성모'

예수 탄생에는 많은 논란이 존재하지만, 마리아가 불변의 상수라는 사실만은 확고하다. 부활 사건의 유일한 실체가 '빈 무덤'이듯,

탄생 사건의 유일한 실체는 '성모'이다. 즉 포유류의 혈통이 오직 모계만으로 확증되듯이, 예수 탄생 사건에서 논란은 마리아란 유대 여성을 예수의 어머니로 확인한 가운데 도대체 그의 생물학적 또는 진짜 아버지가 누구냐는 것이다.

고대 기독교 교회가 발전하고 기독교가 지중해 세계의 세계종교가 되면서 마리아와 관련한 의혹 또는 예수의 혈통에 관한 질문은 원천적으로 금기시되었고, 대신 전쟁을 방불케 할 교리 논쟁이 활발하게 펼쳐진 가운데 마리아의 신학적인 지위 문제가 뜬금없이 대두된 적이 있다. '성모'로 뭉뚱그려진 마리아에게 기독교 신학에서 구체적으로 어떤 지위를 부여하는 것이 합당하냐는 토론으로, 마리아가 예수의 어머니인 만큼 불가피하게 다른 신학 주제와 얽히게 된다.

이러한 토론은 기독교가 박해받는 종교에서 지배자의 종교로 변모한 4세기 중반 이후 전개되었으며, 이 과정에서 초기 기독교의 3대 신학 학파 중 안디오키아 학파와 알렉산드리아 학파가 주로 대립하는 양상을 보였다. 두 학파는 등장 이후 끊임없이 대립하며 기독교 신학을 토대를 형성하였고, 학파가 사라진 뒤에도 양대 신학이 맞선 논쟁은 무수히 많은 변주를 통해 현재까지 이어지고 있다.

고대 교회에서 성모 마리아와 관련한 논쟁에 불을 붙인 인물은 로마 제국의 콘스탄티노플 교회 감독 네스토리우스(Nestorius,

381~451)였다. 이 논쟁에서 겉으로 드러난 것은 마리아의 호칭이었지만 그 내용은 기독교 교리의 근본에 관한 대립이었다.

기원후 428년 성탄절 설교에서 네스토리우스는 마리아를 '그리스도를 낳은 분'(크리스토토코스, Χριστοτοκος)으로 불러야 한다고 주장했다. 일견 타당해 보이는 '그리스도를 낳은 분' 즉 '그리스도의 어머니'라는 호칭이 왜 당시 기독교 사회에서 격렬한 논쟁을 일으켰을까. 왜 이 일로 네스토리우스는 이단으로 몰려 감독 자리에서 쫓겨난 것은 물론 이집트 유배생활 중 사망하였다.

당시 교회에서 마리아의 공식 호칭은 '하나님의 어머니'(테오토코스, Θεοτόκος)였다(테오토코스는 라틴어 '마테르 데이(Mater Dei)'로 번역되어 가톨릭교회에서 아직 쓰인다.). 마리아가 그리스도의 어머니냐, 하나님의 어머니이냐는 것이 논쟁의 핵심이었다. 우리가 '예수 그리스도'라고 부를 때 흔히 예수가 인성을 의미하고 그리스도가 신성을 의미한다고도 받아들이는데, 엄격하게 말해 유대인의 어휘에서 그리스도는 '기름부음을 받은 자'라는 의미로 임금과 같은 세상의 지배자 성격을 갖는다. '예수 그리스도'의 그리스도에 신성이 가미된 것은 사실이지만 신성 자체는 아니며 더군다나 마리아의 호칭을 통한 간접 정의(定義)일 때는 '하나님의 어머니'가 '그리스도의 어머니'에 비해 예수의 신성을 확고하게 드러낸 게 사실이다. 반대로 '하나님의 어머니'로 부르던 것을 '그리스도의 어머니'로 바꿔 부르게 되면, 애초에 그렇게 부른 것이 아니어서 신성의 박탈 및 인성의 본격화란 반응을 불러오기에 십상이었다.

기독교 형성기에 단성론과 양성론으로 대변되는 그리스도론이 마리아의 호칭을 통해 불거진 사건이었고, 이후 파장은 만만치 않았다. 신인(神人)인 예수에는 신성(神性)과 인성(人性)이 모두 포함돼 있는데, 두 가지 성격의 조합을 신성 중심으로 파악하면 단성론, 인성 중심으로 파악하면 양성론이라고 할 수 있다. 이러한 설명은 매우 불충분해 상당한 오해를 불러올 수 있지만, 이 책이 신학을 다루는 책이 아닌 만큼 단성론·양성론 논쟁은 이 정도로 넘어가도록 하자. 한국에 전해진 서방 교회의 전통에서는 양성론의 그리스도론이 옹호된다. 양성론을 주창한 네스토리우스가 그 시기에 파문당한 역설적 상황은, 그 논쟁이 꼭 교리의 옳고 그름을 반영하였다기보다는 교회 정치의 수단으로 활용됐다는 점을 감안하면 이해되지 싶다.

마리아가 예수의 어머니라는 사실이 부인할 수 없는 사실이지만 그리스도론에 따라 마리아의 호칭이 달라진 사건은, '빈 무덤'의 의미가 부활과 시신 탈취라는 사전 확증에 따라 달라지는 것과 흡사하다.

물론 형식논리학적 말장난에 불과하겠지만, 흥미롭게도 '하나님의 어머니'란 호칭을 통해 마리아는 천지만물 중에서 가장 높은 존재가 되었다. 마리아는 자신 사후에 이런 논쟁이 벌어지리라고 짐작조차 할 수 없었을 것이다. 호칭에 숨은 신학과 교회정치와 무관하게 마리아가 예수의 생물학적 어머니이자 생물학적 아들의 죽음을 비통하게 지켜본, 참척 본 비운의 인물임은 사실이다. 십자가에 못 박혀 매달린 예수가 어머니 마리아를 보는 장면을 「요한복음」 19장 26절은 이렇게 묘사한다. "예수께서 자기의 어머니와 사랑하시는 제자가 곁에 서 있는 것을 보시고 자기 어머니께 말씀하시되 여자여 보소서 아들이니이다 하시고." 나는 죽어가는 예수의 모습을 상상하는 것이 마음 아프지만, 그의 시선 끝에서 죽어가는 아들 예수를 지켜보는 마리아의 모습을 상상하는 것이 인간적으로는 더 마음 아프다. 마리아는 확실히 예수의 어머니였다.

예수가 태어난 곳

예수 탄생 사건에서 빼놓을 수 없는 것이 탄생의 시간과 장소다. 시간보다는 장소에 관한 논란이 더 첨예하다. 주지하듯 세계의 많은 곳에서 사용하는 B.C는 'Before Christ' 즉 주전(主前)을 뜻하며, A.D는 'Anno Domini'를 줄인 말로 주후(主後)를 뜻한다. 여기서 '주(主)'는 그리스도이다. A.D와 B.C는 그리스도의 탄생 이전과 이후를 기원(紀元)으로 정한 서력(西曆) 연대 표기의 기준으로 9세기 샤를마뉴 시대에 일반화하여 오늘날까지 이어지고 있다.

A.D, B.C가 기독교 기원이기 때문에 비기독교 세계까지 사용할 수 있는 중립적인 표현으로 CE(Common Era, 공통시대), BCE(Before Common Era, 공통시대 이전)란 표기가 제안되어 병행하여 사용되고 있다. 상식으로 A.D와 B.C 사이에는 0년이 없다는 사실을 기억하면 좋다. 착오라면 착오인데, 관행이 너무 오래돼서 바꿀 수가 없다. 특히 세기 표현에서 1세기는 현행으로 1~100년까지인데, 만일 A.D 0년이 생기면 A.D 0~99년이 1세기가 되고 A.D 100년은 2세기가 된다.

이러한 혼란과 함께 또 하나 당황스러운 사실은, 실제 예수 탄생연도가 A.D 1년이 아니라 B.C '몇' 년이라는 점이다. 주(主)의 탄생이 주전(主前) 시기에 있었다는 난센스가 오래전부터 상식으로 받아들여지고 있어 큰 문제는 없지만, 사실 A.D, B.C보다 CE, BCE가 기독교의 관점에서도 더 논리적인 기원이긴 하다. 정확한 탄생연도는 모르지만 만일 BCE 4년에 예수가 탄생하였다고 말한다면 주(主)가 주전(主前) 시기에 탄생하였다는 논리적 꼬임은 피할 수 있다.

예수 탄생연도가 A.D 1년이 아니라는 것이 거의 정설로 받아들여진다고 할 때, 그렇다면 태어난 일자, 즉 성탄일은 언제였을까. 결론적으로 예수 탄생일은 누구도 모른다. 기독교인이 예수 탄생을 기념하는 날을 성탄절로 간주하여 축하할 뿐이다. 널리 알려진 12월 25일은 태양신 숭배와 관련된 축일로 전해진다. 중동과 로마의 이교도 축일이 성탄절로 전환한 셈이다. 초대교회에서는 1월 6일을 성탄절로 기념했다고 한다. 지금도 아르메니아 교회는 1월 6일을 성탄절로 쇤다. 예수가 탄생한 연도와 일자를 두고 수많은 연구가 있었다. 이른바 '역사적 예수'를 구명하는 중요한 출발점이 긴 하지만, 더 뜨거운 논쟁거리가 많으므로 이제 탄생지로 넘어가 기로 하자.

현재 기독교에서 공식적으로 인정한 예수의 출생지는 베들레헴 이다. 「마태복음」은 "헤롯 왕 때에 예수께서 유대 베들레헴에서 나시매"라고 별다른 설명 없이 예수의 베들레헴 탄생을 기술한다. 갈릴리 나사렛에서 베들레헴으로 극적인 이동을 설명한 「누가복 음」과는 대조적이다. 「마태복음」은 동방박사 경배 이야기를 시작 하며 2장 6절에서 구약성서의 예언을 인용함으로써, 구약 예언의 실현과 하늘의 별의 인도를 받은 동방박사들의 경배를 통한 구주 의 탄생을 입체적으로 표현하였다. 「마태복음」이 인용한 구약성 서는 「미가서」 5장으로, 기독교인은 「미가서」의 이 부분을 예수 탄생을 예언한 것으로 느끼게 된다.

베들레헴 에브라다야 너는 유다 족속 중에 작을지라도 이스라 엘을 다스릴 자가 네게서 내게로 나올 것이라. 그의 근본은 상고 에, 영원에 있느니라. 그러므로 여인이 해산하기까지 그들을 붙여 두시겠고 그 후에는 그의 형제 가운데에 남은 자가 이스라엘 자

손에게로 돌아오리니 그가 여호와의 능력과 그의 하나님 여호와
의 이름의 위엄을 의지하고 서서 목축하니 그들이 거주할 것이라.
이제 그가 창대하여 땅 끝까지 미치리라. 이 사람은 평강이 될 것
이라.

「미가」 5장 2~5절

"이 사람은 평강이 될 것이라." 이 구절은 아름답다. 이 표현에
어울리는 사람이 있다면 두말할 필요 없이 예수 말고는 없다. 그
러나 베들레헴에 원적을 둔 나사렛 예수가 아닌 그저 갈릴리의 나
사렛에서 태어난 예수만으로는 평강이 되지 못하는 것일까. 신약
의 사건을 구약의 구절 혹은 예언과 무리하게 연결지어 예수의 정
통성을 제시하는 태도는 불편한 유대주의가 아닐까.

실증적인 기술 방식을 취한 「누가복음」의 베들레헴 탄생 이야
기는, 별다른 설명 없이 베들레헴 탄생을 선언한 「마태복음」보다
그 실증성으로 인해 더 논란이 되었다.

그 때에 가이사 아구스도가 영을 내려 천하로 다 호적하라 하였
으니 이 호적은 구레뇨가 수리아 총독이 되었을 때에 처음 한 것
이라. 모든 사람이 호적하러 각각 고향으로 돌아가매 요셉도 다
윗의 집 족속이므로 갈릴리 나사렛 동네에서 유대를 향하여 베들
레헴이라 하는 다윗의 동네로 그 약혼한 마리아와 함께 호적하러

올라가니 마리아가 이미 잉태하였더라. 거기 있을 그 때에 해산할 날이 차서 첫아들을 낳아 강보로 싸서 구유에 뉘었으니 이는 여관에 있을 곳이 없음이러라.

「누가복음」 2장 1~7절

여기서 가이사 아구스도는 로마의 초대 황제 카이사르 아우구스투스(기원전 63~기원후 14)를 말한다. 구레뇨는 예수 탄생 즈음에 두 차례 수리아 총독을 지낸 로마인이다. 그의 총독 재임기에 인구 조사가 실제로 두 번 실시되었다. "모든 사람이 호적하러 각각 고향으로 돌아가매"라는 표현은 인구조사를 의미한다. 옥타비아누스란 이름을 가진 로마 황제 아우구스투스가 재위에 있을 때(기원전 27~14)에 예수가 출생하였다는 데에는 이견이 없다. 다만 로마의 인구조사에 맞춰 나사렛을 떠나 베들레헴으로 임신한 아내를 데리고 여행했다는 기술에는 상당한 이견이 존재한다. 베들레헴 탄생설을 의심하는 가장 큰 근거는, 로마의 인구조사가 있기는 있었지만 예수 출생시점에는 인구조사가 시행되지 않았다는 것이다. 베들레헴 탄생설을 지지하는 쪽에서 역으로 베들레헴 탄생을 뒷받침하는 '역사적' 근거 또한 당연히 제시하였다.

예수가 실제로 베들레헴에서 태어났는지 아닌지는 개인적으로 관심이 없다. 물론 사료에 근거하여 합리적으로 추론할 수는 있겠지만, 최선을 다한다고 하여도 그 추론이 현재 시점에 확보된 사료를 근거로 하기에 항상 잠정적 결론일 수밖에 없다. 예수 출생 후 너무 많은 시간이 흘렀다.

다만 나사렛과 베들레헴 사이가 너무 멀다는 점은 짚고 넘어갈 필요가 있다. 인터넷에서 잠깐만 검색해도 두 지점 사이의 거리에 대한 지대한 관심을 확인할 수 있다. 나사렛~베들레헴의 직선거리는 약 120km로, 지형과 당시 도로여건을 감안하면 요셉과 마리아 부부가 200Km 안팎을 여행했을 것으로 추정된다. 종교화에는 임신한 또는 만삭인 마리아가 나귀를 타고 이동하는 것으로 그려지지만 「누가복음」에는 교통수단이 언급되지 않았다. 그리하여 혹자는 걸어갔을 것이라고도 말한다.

결과적으로 예수를 낳기 위한 이 긴 여정을 어떤 기독교인들은 감동적인 풍경으로 받아들이지만 베들레헴 탄생설을 믿지 않는 이들은 믿지 못할 근거로 활용한다. 알고 지내는 몇몇 신학자는 대놓고 말하길 꺼려도 사적으로는 "아마도 베들레헴에서 태어나지 않았을 겁니다."라고 말한다. 아마도 베들레헴 탄생설을 철석같이 신봉하는 신학자 또한 많을 것이다.

둘 중의 하나를 고르라고 하면 나는 예수가 베들레헴에서 태어나지 않았다는 쪽이라고 할 수 있다. 베들레헴 탄생 여부가 나에게 크게 중요하진 않지만 베들레헴 탄생에 대한 약간의 심정적인 거부감은 있다. 예수는 그 천한 나사렛의 예수인데 실제로는 고귀한 베들레헴 태생이라는, 말하자면 반전이 나에게 너무나 세속적인 짜맞춤으로 느껴지기 때문이다. 갈릴리와 나사렛은 당시 유대인으로부터 천대받은 지역으로, "나사렛에서 무슨 선한 것이 날 수 있느냐"(「요한복음」 1장 46절)는 언급이 성서에 나올 정도다. 목수의 아들로 태어나 노동자의 삶을 산 나사렛 사람 예수가 알고 보니 베들레헴 태생이더라. 어쩐지 후대의 창작 같다는 느낌을 지울 수가 없으며, 오히려 예수에게서 예수를 지워버린 불경 같기도 하다.

이러나저러나, 즉 예수가 베들레헴에서 태어났든 나사렛에서 태어났든, 예수가 예수임에는 하등 영향을 미치지 않는다. 이 사람은 평강이 될 것이라!

이제 베들레헴 탄생설과 관련한 제3의 관점을 살펴보자. 예수 탄생지 베들레헴이 지금 알고 있는 팔레스타인의 베들레헴이 아닌 다른 장소일 가능성이다.

2012년 12월 24일 『더 타임스』 보도에 따르면 이스라엘 고고학자 아비람 오시리는 "예수가 탄생한 곳은 기존에 알려진 것처럼 팔레스타인에 있는 요르단강 서안지구의 베들레헴이 아니라 이스라엘 북쪽에 있는 갈릴리의 베들레헴일 가능성이 크다."라고 밝혔다. 오시리는 "갈릴리의 베들레헴에는 예수 탄생 당시 많은 유대인이 살았지만 팔레스타인의 베들레헴에는 1세기에 사람이 살았다는 흔적이 없다."라고 설명했다. 그는 "예수 탄생 당시 갈릴리의 베들레헴에서 유대교 의식들이 행해졌다는 증거가 발견됐다."라고 덧붙였다.

그는 "갈릴리의 베들레헴은 예수가 유년 시절을 보낸 나사렛에서 5마일 거리지만, 팔레스타인의 베들레헴은 100마일 넘게 떨어져 있다."라고 지적했다. 또한 "임신한 마리아가 나귀를 타고 100마일 넘게 이동했다는 것보다는 5마일 거리의 장소에서 출산했다는 것이 더 납득할 수 있지 않는가"라고 말했다.*

정리하면, 예수 탄생 후보지는 예루살렘에서 멀지 않은 예수탄생교회가 있는 팔레스타인의 베들레헴, 요셉·마리아와 예수의 고향 나사렛, 예루살렘에서 북쪽으로 멀리 떨어진 갈릴리 지방의 베들레헴의 3곳이다. 당연히 정설은 남쪽 베들레헴이다. 어디에서 났든 예수 탄생은, 탄생 자체만으로도 복음이다.

「마태복음」의 아쉬움

「누가복음」과 「마태복음」은 예수의 탄생을 각각 독특한 풍경으로 전하며 축하한다. 「누가복음」이 예수 탄생을 기록한 방식의 매력은 실증성과 함께 낮은 곳에 임한 예수를 그려냈다는 데서 찾아

---

* 심혜리, 「이스라엘 학자, "예수 탄생지 팔레스타인 베들레헴 아닌 듯」, 『경향신문』 2012년 12월 24일자.

진다. 「누가복음」에 나타난 이 실증성으로 인하여 복음서 저자 중에서 누가는 역사가로 불리게 된다. 실증성은 이미 살펴보았듯이 양날의 칼이다. 「누가복음」은 세계사에서 확인되는 로마의 연대기 안에서 주요 역사적 인물과 더불어 요셉과 마리아가 움직이고 거기서 예수가 태어난 것으로 기술하였기에, 예수(의 베들레헴) 탄생의 역사성을 부각할 수 있는 반면 역사 안에 비(非)역사적 이야기를 구겨 넣는 방식으로 역사를 이용했다는 비판을 동시에 받을 수 있다는 뜻이다. 예수는 역사적 예수였지만 동시에 역사를 넘어서 초(超)역사적 예수이다. 역사적 예수 당대의 조급함이 「누가복음」에 반영되었을 수 있겠다 싶기도 하다.

탄생 '축하'는 역사와 크게 관련되지 않은 성서의 독자적인 이야기이다.

그 지역에 목자들이 밤에 밖에서 자기 양 떼를 지키더니 주의 사자가 곁에 서고 주의 영광이 그들을 두루 비추매 크게 무서워하는지라. 천사가 이르되 "무서워하지 말라. 보라 내가 온 백성에게 미칠 큰 기쁨의 좋은 소식을 너희에게 전하노라. 오늘 다윗의 동네에 너희를 위하여 구주가 나셨으니 곧 그리스도 주시니라 너희가 가서 강보에 싸여 구유에 뉘어 있는 아기를 보리니 이것이 너희에게 표적이니라" 하더니 홀연히 수많은 천군이 그 천사들과 함께 하나님을 찬송하여 이르되 "지극히 높은 곳에서는 하나님께 영광이요 땅에서는 하나님이 기뻐하신 사람들 중에 평화로다" 하니라. 천사들이 떠나 하늘로 올라가니 목자가 서로 말하되 "이제 베들레헴으로 가서 주께서 우리에게 알리신 바 이 이루어진 일을 보자" 하고 빨리 가서 마리아와 요셉과 구유에 누인 아기를 찾아서 보고 천사가 자기들에게 이 아기에 대하여 말한 것을 전하니

「누가복음」 2장 8~17절

예수 탄생은 사건이자 그 자체로 복음인데, 탄생 직후 인간세상에서 이 사건을 가장 먼저 목격하고 체험한 이들은 당연히 마리아·요셉 부부이지만, 출산의 당사자가 아닌 이들 가운데서 복음을 가장 먼저 전달받은 이들이 「누가복음」에서 목자로 그려진다. 목자는 당시 사회의 대표적인 생산계급에 속했지만 유대교 체계에서 천대받은 하층계급이었다. 이런 하층계급에게 복음이 가장 먼저 전해졌으며 더구나 그 복음은 바로 그들을 위한 것이라고 주의 사자가 선포하였다. "온 백성에게 미칠 큰 기쁨의 좋은 소식"은 신약성서에 말하는 그 복음이다. 영어로 'Gospel'로 표기되는 '좋은 소식', 곧 복음은 앵글로색슨어의 'godspell'에서 유래한 말이며, 신약성서 상의 헬라어 '에우안겔리온(euangelion)'과 같은 의미이다. 부연하면 "너희를 위하여 구주가 나셨으니 곧 그리스도 주시니라"이다.

태어나자마자 예수에게 주어진 요람이 구유라는 점 또한 매우

상징적이다. 구유와 구유가 있는 장소에 대해 종교화나 성탄절 예배당에서 묘사한 것과 실제 사이에는 많은 차이가 있다는 주장이 있기는 하다. 구유가 아니라 그냥 객실에서 낳았다는 견해, 출산 장소가 베들레헴 외곽의 동굴이라는 견해, 성전 제사에 쓸 양떼를 돌보는 베들레헴 인근의 에델 망대(望臺)라는 견해 등 구유를 설명하는 다양한 연구가 있다. 어느 곳이든 탄생장소의 의미를 바꿀 정도는 아니다. 온 세상을 구하러 온 구세주가 동물과 함께하는 낮은 자리에 뉘어졌으며, 탄생소식이 목자들에게 가장 먼저 전해졌다는 전언에서 우리는 「누가복음」의 분명한 메시지를 파악하게 된다. 이미 살펴본 대로 예수 탄생 사건이 여성인 마리아를 중심으로 구현되었다는 것과 결부되어 「누가복음」은 예수 탄생의 정수를 가장 매혹적인 방식으로 전한다.

반면 「마태복음」에서 예수 탄생을 축하하는 방식은 매우 정치적이다. 별의 인도를 받은 동방박사들이 "유대인의 왕으로 나신 이"를 찾아오고 이 사실은 당시 유대 지배계급 내에서 소동을 일으킨다. 목자들로부터 탄생 축하를 받은 「누가복음」과 대조적으로 「마태복음」에서 갓 태어난 예수는 동방박사들로부터 경배를 받고, 탄생축하 예물로 황금과 유황과 몰약을 받는다. 이후 모세의 삶과 꼭 닮은 방식으로 전개된 어린 예수의 삶까지, 「마태복음」의 탄생 설화는 종교와 정치에서 "왕 또는 교주로 나신 이"를 묘사하는 전형적인 구조를 연상시킨다. "아브라함과 다윗의 자손 예수 그리스도"(1장 1절)임을 천명하고 시작한「마태복음」이 탄생 설화에서 "유대인의 왕으로 나신 이"란 표현을 쓴 것은 자연스러운 귀결이다. "아브라함과 다윗의 자손 예수 그리스도"는 신약성서의 첫 문장이기도 하다.

"하나님의 아들 예수 그리스도의 복음의 시작이라."(「마가복음」 1장 1절), "태초에 말씀이 계시니라 이 말씀이 하나님과 함께 계셨으니 이 말씀은 곧 하나님이시니라"(「요한복음」 1장 1절)와 비교하면 그 차이가 확연하다. 4복음서만이 신약성서의 정경에 포함되고 지금과 같은 순서로 배치된 배경에 엄밀한 기독교 정신이 자리 했다고 보기엔 개운치 않은 감이 있다. 기독교 초창기 교회정치의 흔적이 어른거린다. 그럼에도 우리에게 약간씩 다른 색조의 4권의 복음서라도 주어져서 예수의 복음을 그나마 입체적으로 파악할 기회가 사라지지 않는 것은 다행이다.

유대교가 아닌 기독교의 본격 경전인 신약성서의 시작을 유대인 족보와 함께 시작하도록 한 초기 기독교의 종교지도자들에겐 개인적으로 매우 아쉬운 마음을 지울 수 없다. 그럼에도 그들 또한 유대인이었고, 그들은 그들의 믿음이 기독교란 세계종교로 발전할 줄을 몰랐을 것이기에 불가피했다고 수긍할 수 있다.

「마태복음」의 산상수훈(또는 산상설교)은 "심령이 가난한 자는 복이 있나니 천국이 그들의 것임이요"로 시작하지만,「누가복음」 의 상응한 구절에서는 "너희 가난한 자"가 복이 있다고 하여 "심령"이란 수식어가 보이지 않는다. 이 차이는 어마어마하다. 8가지 복으로 알려진 팔복이 사람들에게 주어지는 것도 다르다. 「마태복음」이 하늘나라(천국)를 말한 반면 「누가복음」은 하나님의 나라를 말한다. 「마태복음」에선 그 복이 저 편에서 이뤄지는 것인 반면 「누가복음」에서는 하나님이 임재하는 한 이 편에서든 저 편에서든 모두 이루어진다. 새삼스러울 것도 없는 이 논의는 여기서 중단하도록 하자.

분명한 사실은 비록 「마태복음」이 과도한 유대(Judea)성과 세속주의를 드러내었지만, 그 불편함 가운데서도 예수의 탄생이 확고하게 선포되었으며, 「마태복음」은 마태의 복음이 아니라 마태가 전한 예수의 복음이라는 기본을 기억할 필요가 있다. 우리는 「마태복음」「누가복음」등 복음서가 전한 예수의 탄생을 지금은 없는 복음서 기자들과 함께 기뻐한다. 우리는 또한 예수의 선포를 그들과 함께 받아들인다. 그러나 예수의 탄생과 선포가 동시에 복음서 너머에도 존재하고 있음을 알고 있다. 예수는 태어났고, 말했다. 그는 여전히 태어나고 있으며 말하고 있다.

2부
———

모세

1. 출애굽이란 희망

성서는 신약과 구약으로 구성된다. 기독교(가톨릭과 개신교)에서 정경(正經)으로 인정한 기독교 문서만 성경이란 이름으로 불린다. 기독교의 경전을 일컫는 말로는 성서, 성경이란 표현이 모두 사용 가능하다. 성경은 정경(canon)의 '경'이란 글자가 내포한 정경성(正經性)을 강조한 표현이다. 정경이 아닌 중요한 기독교 문서에 대해서는 교파에 따라 외경, 위경 등으로 정경과 다른 등급을 부여한다. 성경의 '경'자는 그렇다 치고 '성'자에 대해서도 의문이 존재한다. 일각에서는 많은 종교 중에서 왜 기독교 경전만 성경이라고 부르며 성(聖)자를 독점하느냐고 지적한다. 예를 들어 불교의 경전을 불경(佛經)이라고 부르듯 성경 또한 기독경(基督經)이라고 불러야 하지 않느냐는 의견이다. 내용상으로 성경은 기독경(基督

經)과 같은 의미로, 기독교 혹은 가톨릭이 한때 중국어권에서 성교 (聖敎)로 표기된 사실이 성경이란 용어에도 영향을 미친 것으로 전 해진다.

가톨릭과 가톨릭에서 분가한 개신교 사이에는 각자가 규정한 정경에 약간의 차이를 보인다. 성경은 정경(canon)의 '경'이란 글 자가 내포한 정경성(正經性)을 강조한 표현이다. 신약성서는 크게 예수의 삶과 말씀을 기록한 복음서와 바울과 그의 제자들이 쓴 바 울서신서로 구성된다. 구약성서는 구약의 핵심으로 모세5경이라 고도 하는 율법서와 예언서, 성문서의 3개 영역으로 구성된다. 앞 의 5권, 즉 모세5경을 유대인들은 '토라(Torah)'라고 한다. 율법서 인 토라와 예언서인 '네비임(Nevi'im)', 성문서 '케투빔(Ketuvim)'의 맨 앞글자를 따서 구약성서 전체를 '타나크(Tanakh)'라고 부른다. 기독교의 구약성서에 해당하는 타나크는 신약성서를 인정하지 않 는 유대교의 경전으로 '히브리성경'인 셈이다.

토라에 모세5경 ─ 학자에 따라 모세'5'경의 5자에 이견이 존재 한다. 모세와 관련된 경전이 5권 이상일 수 있다는 생각이다 ─ 이 란 별칭이 있는 것에서 짐작할 수 있듯이 전통적으로 모세가 토라 의 저자로 간주되었다. 따라서 구약성서 속 핵심 부분의 저자이자 출애굽과 10계명의 주인공인 모세가 유대인 사이에서 높이 추앙 받은 건 당연했다. 「마태복음」의 기자가 예수 탄생을 모세와 연결 지으려고 한 동기 또한 이러한 배경에서 쉽게 짐작할 수 있다.

모세5경은 유대인의 경전으로, 그들의 정신과 삶을 지배한다. 동시에 이것은 기독교의 원류이기도 하다. 기독교, 그리스도교, 예수교 등의 명칭에서 드러나듯, 기독교는 예수의 가르침을 따르는 종교로, 예수가 하나님의 아들이자 하나님 자신이기에 기독교인에게는 구약성서(의 하나님)에 대한 심정적인 간접성 나아가 거리감이 종종 발견된다. 구약의 하나님과 신약의 하나님을 단절적으로 보려는 경향은 신약이 생겨난 이래 기독교인 사이에서 언제나 존재했다.

이러한 단절적 경향은 신약을 인정하지 않는, 즉 예수를 구세주가 아니라 선지자 중의 하나쯤으로 받아들이는 유대인에게도 두말할 필요 없이 확고하다. 단절적 경향은 기독교보다 유대인에게서 훨씬 더 강력하게 나타난다. 유대인에게 신약에 대한 거리를 운위할 수 없는 게 아예 신약 자체를 배척한다. 원칙적으로 또 교리상으로 신구약을 통합적으로 수용해야 하는 기독교인 중에도 어떤 이들은 구약의 하나님을 유대인의 신으로 격하하는 경향을 드러낸다. 기독교 가운데서 구약을 경원하는 유파와 신약을 인정하지 않는 유대교는 신약과 구약 사이에 넘을 수 없는 강을 만들어냈다. 전자의 신학자 중 대표적인 인물이 1~2세기에 활동한 마르키온이다. 그는 구약성서의 하나님과 신약성서의 하나님을 구분하여 사실상 신약성서의 하나님만 신으로 인정하였다. 이에 따라 정경 또한 달라진다. 마르키온의 성경에는 구약성서가 빠진 것은 물론이고 지금 우리가 보는 신약성서의 일부도 제외되었다. 마르키온과 그를 따르는 이들이 이단으로 정죄되었지만, 구약성서 (의 하나님)에 대한 거리감은 기독교인에게 어느 정도는, 근본적으로 또는 태생적으로 불가피해 보인다. 예수의 제자들과 유대인들 사이 기독교 출범기의 악연이 아마도 두고두고 영향을 미쳤을 것이다.

"히브리인의 하나님"

야웨라고 알려진 구약성서의 하나님을 이스라엘 민족과 이 세상에 공식적으로 소개한 이는 모세다. 공식적이라는 단서를 붙인 것은 아브라함, 이삭, 야곱 등 이른바 고대 팔레스타인의 족장들에게도 하나님이 출현하고 이들과 교류하였기 때문이다. 어떤 신학자들은, 구약성서 또는 유대교의 주장과 달리 아브라함, 이삭, 야곱의 신과 모세의 신을 같은 신이라고 보기 어렵다고 말한다. 구약성서의 신이 유대인의 신이라는 느낌을 주는 가장 큰 이유는 그신인 야웨가 모세에게 공식적으로 출현하여 이스라엘 민족과의 연관을 분명히 하였기 때문이다. 구약성서 「출애굽기」에서 모세는 그의 형 아론과 함께 이집트의 왕(파라오. 성서에는 '바로'로 표기된다)을 만나러 가서 야웨를 "히브리인의 하나님"(「출애굽기」 5장 3절)

이라고 부른다.

모세가 그의 장인 미디안 제사장 이드로의 양 떼를 치더니 그 떼를 광야 서쪽으로 인도하여 하나님의 산 호렙에 이르매 여호와의 사자가 떨기나무 가운데로부터 나오는 불꽃 안에서 그에게 나타나시니라 그가 보니 떨기나무에 불이 붙었으나 그 떨기나무가 사라지지 아니하는지라. 이에 모세가 이르되 "내가 돌이켜 가서 이 큰 광경을 보리라 떨기나무가 어찌하여 타지 아니하는고" 하니 그때에 여호와께서 그가 보려고 돌이켜 오는 것을 보신지라 하나님이 떨기나무 가운데서 그를 불러 이르시되 "모세야 모세야" 하시매 그가 이르되 "내가 여기 있나이다." 하나님이 이르시되 "이리로 가까이 오지 말라 네가 선 곳은 거룩한 땅이니 네 발에서 신을 벗으라." 또 이르시되 "나는 네 조상의 하나님이니 아브라함의 하나님, 이삭의 하나님, 야곱의 하나님이니라." 모세가 하나님 뵈옵기를 두려워하여 얼굴을 가리매 여호와께서 이르시되 "내가 애굽에 있는 내 백성의 고통을 분명히 보고 그들이 그들의 감독자로 말미암아 부르짖음을 듣고 그 근심을 알고 내가 내려가서 그들을 애굽인의 손에서 건져내고 그들을 그 땅에서 인도하여 아름답고 광대한 땅, 젖과 꿀이 흐르는 땅 곧 가나안 족속, 헷 족속, 아모리 족속, 브리스 족속, 히위 족속, 여부스 족속의 지방에 데려가려 하노라. 이제 가라 이스라엘 자손의 부르짖음이 내게 달하고 애굽 사람이 그들을 괴롭히는 학대도 내가 보았으니 이제 내가 너를 바로에게 보내어 너에게 내 백성 이스라엘 자손을 애굽에서 인도하여 내게 하리라." 모세가 하나님께 아뢰되 "내가 누구이기에 바로에게 가며 이스라엘 자손을 애굽에서 인도하여 내리이까." 하나님이 이르시되 "내가 반드시 너와 함께 있으리라 네가 그 백성을 애굽에서 인도하여 낸 후에 너희가 이 산에서 하나님을 섬기리니 이것이 내가 너를 보낸 증거니라." 모세가 하나님께 아뢰되 "내가 이스라엘 자손에게 가서 이르기를 너희의 조상의 하나님이 나를 너희에게 보내셨다 하면 그들이 내게 묻기를 그의 이름이 무엇이냐 하리니 내가 무엇이라고 그들에게 말하리이까." 하나님이 모세에게 이르시되 "나는 스스로 있는 자이니라." 또 이르시되 "너는 이스라엘 자손에게 이같이 이르기를 스스로 있는 자가 나를 너희에게 보내셨다 하라."

「출애굽기」 3장 1~14절

모세에 대해서는 너무 많이 알려져 있다. 구약성서의 주연이자 모세5경의 '저자'인 모세는 영화의 소재로 많이 다루어져 기독교인이 아니라고 하여도 모르기는 어렵다. 이집트에 사는 히브리 노예의 자식으로 태어났지만 파라오의 궁정에서 이집트 왕자로 성장하였으며 오랜 광야생활 끝에 야웨의 도움으로 노예 상태인 자기 민족을 이집트에서 구출해내는 역할을 맡았다. 히브리 민족을 출애굽(出埃及)*하여 40년의 광야 생활을 영도하고 마침내 팔레스타인에 들어가게끔 하고는, 팔레스타인에 들어가기 직전에 숨을 거둔 극적인 인생의 주인공이다. 인용한 「출애굽기」 3장은 하나님이 모세를 불러 사명을 부여하는 장면이다. 동시에 하나님은 자신이 누구인지를 밝힌다.

구약성서 「출애굽기」의 하나님은 모세와 대화하는 인격적인 신이다. 성서의 인물 중에 그 누구도 모세처럼 하나님과 대화를 많이 나눈 이가 없다. 다른 모든 것을 떠나서 이 사실 하나로 성서 속 모세의 존엄한 위상이 저절로 드러난다.

모세를 통하여 자신을 나타낸 하나님은 이 인용문에서 크게 두 가지 양상으로 표현된다. 하나님의 사자인지 하나님 자신인지 약간의 혼동이 있지만, 하나님은 '떨기나무와 불'이라는 구체적인 세상의 형상(形象)으로 나타난다. 신의 사자는 떨기나무 가운데로부터 나오는 불꽃 안에서 나타났고, 신은 떨기나무 가운데서 모세를

---

* '출애굽'의 애굽은 고대 그리스어 Aigyptos에서 온 말이다. 이와 관련한 말로 '이집트'와 '애급'이 있다. 이집트는 'Egypt'에 대한 한글 음역이며, 애급은 Egypt 혹은 고대 그리스 어 Aigyptos의 한자 음역어이다. 한글 음역어 '애굽'과 한자 음역어 '애급(埃及)'은 우리말에서 유의어로 보아야 한다. '애굽'은 주로 기독교의 성서에서 사용되고 국가나 지역으로서의 'Egypt'를 설명할 때는 주로 '이집트'와 '애급'을 사용한다. 따라서 한자 음역어 '애급'은 실제로 잘 쓰지 않는다.

부른다. 신적인 존재는 떨기나무와 불꽃 모두에서 나타나는 것으로 묘사되는데, "떨기나무에 불이 붙었으나 그 떨기나무가 사라지지 아니하였기에" 일어난 일이다.

하나님은 형상으로 나타나지만, 형상이 현현하는 방식은 세상의 물리법칙을 초월한다. 신이 현현한 장소가 떨기나무라는 설정이 너무 소박하긴 하지만, 동시(同時)에 존재할 수 없는 것을 동시에 존재케 함으로써 신적인 형상의 논리기반을 제시한다. 뉴튼적인 세계에서는 불과 떨기나무가 같은 시간에 함께 있을 수 없다. 불과 떨기나무가 공존을 시작하는 순간 떨기나무는 타들어가고 어느 순간 재로 변한다. 완전한 떨기나무와 완전한 불의 공존은 불가능하다. 만일 공존과 유사한 상황을 상상한다면 '타지 않은 잔여(殘餘) 떨기나무'와 '떨기나무라는 개념을 쓸 수 없게 된 재' 사이의 어느 지점에 불이 함께 있는 것을 의미하고 그것은 "떨기나무에 불이 붙었으나 그 떨기나무가 사라지지 아니하는" 성서적 형태가 아니다. 현실에서는 떨기나무에 불이 붙었으면 떨기나무가 사라져야 한다.

사고 실험을 통해 성서에서 모세가 체험한 상황을 만들려면 동시성(同時性) 조건을 피하면 된다. 그러므로 모세에게 나타난 그 형상은 동시성 조건하에선 물리법칙을 초월하고, 다른 두 시간에 각각 불과 떨기나무로 독립하여 존재하는 비동시성 조건에선 두 시간을 하나로 만드는 비(非)뉴튼적 세계의 설정이 필요하다. 모세에게 보인 하나님의 형상이 흔한 마술처럼 보이지만 그것은 신(神)의 형이상학에서 생성되어 세계에 전해진다.

하나님의 또 다른 양상은 개념이다. 모세가 하나님에게 묻는다. 신의 이름이 무엇이냐고. 또 모세 자신은 무엇이라고 설명해야 하느냐고. 여기서 그 유명한 '에고 에이미'(Ego eimi, 고대 그리스어 ἐγώ εἰμι), 즉 "나는 스스로 있는 자이니라"는 하나님의 자기 정의가 나타난다. 영어로 표현하면 "I AM WHO I AM"이다. 인과율에 기대 설명하면 자신을 설명하기 위해 더 다른 어떤 원인을 필요로 하지 않는, 세상의 최초 원인이다. 소급하면 모든 것이 이것에서 파생되었을 뿐 이것 이전에는 아무것도 없는 상황의 이것이다. 그래서 신은 설명되지 않는다. 신은 설명할 뿐이다.

모세에 대해선 스스로 있는 자가 보낸 자라고 말한다. 모세는 신의 부름을 받은 자이자 신이 세상으로 보낸 자가 된다. 모세의 정체성과 사명을 한꺼번에 해명한다. 이슬람으로 치면 모세는 거의 무함마드에 필적한다. 정체성과 사명의 일치는 인간 세상에선 지고의 존재에게만 나타난다. 구약성서를 통틀어 그 전범은 오직 모세에서나 완벽하게 실현될 뿐이다. 따라서 모세라는 고유명사는 그 유일무이한 고유성으로 인해 신이나 메시야처럼 오히려 보통명사처럼 보인다. 그리하여 그의 고유성을 설명하기 위한 인간적인 독특한 특질은 증발하고 신적인 상황에 걸쳐진 비(非)인간적인 존재가 불쑥 튀어나오게 마련이다. 다시 말하자면 모세는 염전이자 소금이다. 특정한 지역에서 밭의 형태로 가둬놓은 바닷물이 태양과 인간의 협력 아래 바싹한 소금 결정으로 변한다. 바닷물을 가둔 염전은 특정한 지역의 구체적인 공간일 수밖에 없지만, 소금이 산출되는 순간 그 소금은 공간과 무관하게 통용되고 소금만으로는 공간을 특정할 수 없게 된다. 신적인 존재에서는 특수성과 보편성이 동시에 실현되기 때문이다. 상응하여 모세가 실존 인물이었을까 하는 의구심이 커질 수밖에 없다. 만일 실존 인물이었다면 한 사람이었을까, 아니면 복수의 인물이었는데 그들의 이야기가 하나의 전승으로 만들어졌을까 하는 또 다른 의구심이 뒤따라온다.

정신분열적이고 폭력적인 유대인의 신?

'에고 에이미'의 형상과 개념으로서의 신은 초역사적·형이상학적 세계에 머물러 있는 보편의 신, 혹은 저편의 신이다. 그리하여 모세든 그 누구든 「출애굽기」의 기자가 이런 신에게서 추가적인 속성을 찾아내는 일이 시급하게 대두된다. 즉 구약성서는 '에고 에이미'의 형상과 개념으로 자기정립한 보편성의 신을, 이스라엘 민족의 특수성의 신으로 역사 안으로 소환하였다. 고통받는 이스라엘이 부르짖었고 그 부르짖음이 신에게 도달하여 그들을 고통으로부터 구해내기로 작정하고 모세를 보내 실제로 그들을 구원한 세계 이편의 신. 「출애굽기」가 그려낸 신은, 이처럼 세계 이편에서 그들에게 응답하는 신이었다.

이 응답을 매개로 신과 이스라엘 민족은 언약 혹은 계약을 맺는다. 하나님과의 언약은 구약성서를 관통하는 주제이다.

> "나는 너희 중에 행하여 너희의 하나님이 되고 너희는 내 백성이 될 것이니라."
>
> 「레위기」 26장 12절

하나님과 이스라엘 사이의 이 언약은 희망의 유일한 근거가 된다. 그것은 마르틴 부버가 말한 '나와 너(Ich und Du)'의 관계를 연상시킨다. 상호 호명에 근거한 거품 없는 직접성, 다른 누구 혹은 무엇의 개입을 허용하지 않는 배타적 연결을 뜻한다. 여기서 주목할 것은, 불순물을 허용하지 않는 직접성의 연결의 주체가 언제나 하나님이라는 사실이다. 신이 '너희의' 하나님이 되는 것이 먼저이다. '너희'가 신의 백성이 되는 것이 함께 일어나는 일이긴 하지만 "너희의 하나님이 되겠다."라는 신의 결단이 선행한다. 하나님이 항상 '나(Ich)'이다. 하나님이 '너(Du)'가 되는 일은 없다.

이것은 기독교 신앙의 기본 관점이다. 하나님과 나의 관계가 마르틴 부버가 말한 '나와 너'와 같은 것이어야 하며, 그렇게 불순물 없는 직접적인 연결 가운데서 잊지 말아야 할 것은 하나님이 항상 '나(Ich)'이어야 한다는 사실이다. 불순물 없는 직접적인 연결이지만 하나님을 '너(Du)'로 만들거나, 하나님이 '나(Ich)'이지만 불순물 없는 직접적인 연결이 되지 못하였다면, 신앙은 위기에 처한다. 이 자리에서는 하나님과 개인의 관계가 아니라 하나님과 민족의 관계를 다루고 있는 만큼 모세 이야기로 되돌아가자.

여기서 드는 의문은, 그렇다면 하나님은 왜 하고많은 민족과 백성 가운데서 이스라엘을 선택하였을까. 유대인들이 주장하듯 그것은 애초에 이스라엘만이 야웨로부터 선택받기로 예정된 혹은 결정된 민족이기 때문일까. 차차 그들의 주장을 살펴보긴 할 터인데, 만일 그렇다 하더라도 그들이 선택받은 이유는 그들에게서가 아니라 선택 그 자체에서 찾아진다는 점이 중요하다. 이스라엘이 선민(選民)이 된 유일한 이유는 하나님의 선택 말고는 없기에 이스라엘에서 그 이유를 찾을 수 없다는 이야기다. 하나님은 항상 '나'이다. 그렇다면 구약성서의 관점에서 하나님의 '너'가 되지 못한 유대인이 아닌 다른 백성 다른 민족은, 왜 하나님의 선택이 자신들이 아니고 하필 이스라엘에 머물렀는지를 파악할 수 있을까. 그것 역시 불가능하다. 하나님의 '너'가 왜 자신이 하나님의 '너'인지 알 수 없듯이, "하나님의 '너'가 아닌 이"들도 왜 자신들이 하나님의 '너'가 아닌지를 마찬가지로 알 수는 없을 것이다.

이 문제는 나중에 다시 살펴보기로 하고, 다만 유대인이 아니라면 하나님이 이스라엘 민족을 선택하였다는, 그리하여 이스라엘이 구약 세계에서 하나님을 독점하게 된 상황을 불편해하는 게 정상적 반응일 수는 있다는 점은 지적하고자 한다. 구약적인 불편함은 신약적인 불편으로 연장되기도 한다. 시쳇말로 이스라엘의 일개 부족신을 천지만물의 창조주이자 전우주의 섭리자로 받드는 데서 어색함을 느낀다고 말하는 사람이 없다고는 할 수 없다. 마르키온 같은 이가 구약성서를 배척한 이유에 이런 정황 또한 포함되었을 것이라고 쉽게 상상할 수 있다.

모세가 소개한 하나님에게서 느끼는 또 다른 불편함은 그 언약이 신학적인 또는 존재론적인 '나와 너'가 되어야 하는데, 성서의 문헌상 의미로는 그것이 인간세계의 계약관계나 다를 바 없이 느껴진다는 데에서 찾아진다. 얼핏 하나님과 이스라엘 사이의 언약은 중세 유럽의 영주와 봉신·농민 사이의 관계와 유사해 보인다. "나는 너희 중에 행하여 너희의 하나님이 되고 너희는 내 백성이 될 것이니라"라는 「레위기」 26장 12절 이후에 이어지는 율법, 즉 언약의 이행조건을 살펴보자.

나는 너희를 애굽 땅에서 인도해 내어 그들에게 종된 것을 면하게 한 너희의 하나님 여호와이니라. 내가 너희의 멍에의 빗장을 부수고 너희를 바로 서서 걷게 하였느니라. 그러나 너희가 내게 청종하지 아니하여 이 모든 명령을 준행하지 아니하며 내 규례를 멸시하며 마음에 내 법도를 싫어하여 내 모든 계명을 준행하지 아니하며 내 언약을 배반할진대 내가 이같이 너희에게 행하리니 곧 내가 너희에게 놀라운 재앙을 내려 폐병과 열병으로 눈이 어둡고 생명이 쇠약하게 할 것이요 너희가 파종한 것은 헛되리니 너희의 대적이 그것을 먹을 것임이며 내가 너희를 치리니 너희가 너희의 대적에게 패할 것이요 너희를 미워하는 자가 너희를 다스릴 것이며 너희는 쫓는 자가 없어도 도망하리라. 또 만일 너희가 그렇게까지 되어도 내게 청종하지 아니하면 너희의 죄로 말미암아 내가 너희를 일곱 배나 더 징벌하리라. … 내가 들짐승을 너희 중에 보내리니 그것들이 너희의 자녀를 움키고 너희 가축을 멸하며 너희의 수효를 줄이리니 너희의 길들이 황폐하리라. 이런 일을 당하여도 너희가 내게로 돌아오지 아니하고 내게 대항할진대 나 곧 나도 너희에게 대항하여 너희 죄로 말미암아 너희를 칠 배나 더 치리라. 내가 칼을 너희에게로 가져다가 언약을 어긴 원수를 갚을 것이며 너희가 성읍에 모일지라도 너희 중에 염병을 보내고 너희를 대적의 손에 넘길 것이며 … 너희가 아들의 살을 먹을 것이요 딸의 살을 먹을 것이며 … 내가 너희를 여러 민족 중에 흩을 것이요 … 그들이 나를 거스른 잘못으로 자기의 죄악과 그들의 조상의 죄악을 자복하고 또 그들이 내게 대항하므로 나도 그들에게 대항하여 내가 그들을 그들의 원수들의 땅으로 끌어 갔음을 깨닫고 그 할례 받지 아니한 그들의 마음이 낮아져서 그들의 죄악의 형벌을 기쁘게 받으면 내가 야곱과 맺은 내 언약과 이삭과 맺은 내 언약을 기억하며 아브라함과 맺은 내 언약을 기억하고 그 땅을 기억하리라. … 그들은 자기 죄악의 형벌을 기쁘게 받으리라. 그런즉 그들이 그들의 원수들의 땅에 있을 때에 내가 그들을 내버리지 아니하며 미워하지 아니하며 아주 멸하지 아니하고 그들과 맺은 내 언약을 폐하지 아니하리니 나는 여호와 그들의 하나님이 됨이니라. 내가 그들의 하나님이 되기 위하여 민족들이 보는 앞에서 애굽 땅으로부터 그들을 인도하여 낸 그들의 조상과의 언약을 그들을 위하여 기억하리라. 나는 여호와이니라. 이것은 여호와께서 시내 산에서 자기와 이스라엘 자손 사이에 모세를 통하여 세우신 규례와 법도와 율법이니라.

「레위기」 26장 13~46절 중 발췌

「레위기」 26장 13절부터 26장의 끝 46절까지에서 발췌한 이 인용문의 전반부는 12절 "나는 너희의 하나님이 되고 너희는 내 백성이 될 것"의 직접적 후속조치로, 언약을 맺은 이후에 이스라엘이 순종하지 않았을 때 그들이 받을 벌을 적시하였다. 기독교인이 아닌 사람이 이 부분을 읽으면 야웨 하나님에 대해 기겁을 하고 정나미가 떨어지지 싶다. 기독교인이라고 하여도 웬만큼 '독실'하지 않고서는 이 부분을 외면하고 싶지 않을까.

저주도 이런 저주가 없다. 차라리 언약을 맺지 않았으면 더 좋지 않았을까 싶을 정도다. 폐병과 열병으로 눈이 어둡고 생명이 쇠약하고, 들짐승을 보내 이스라엘의 자녀를 움키고 가축을 멸하고, 심지어 먹을 것이 없어서 아들과 딸의 살을 먹을 것이라고 예언을 통해 저주를 퍼붓는다. 이 인용문의 전반부는 둘로 나뉘는데, "만일 너희가 그렇게까지 되어도 내게 청종하지 아니하면"이란 문장을 경계로 전반부의 뒷부분이 시작된다. 처음에 제시된 저주는 순종하기를 바라고 내린 것이었고, 그런 경고에도 불구하고 이스라엘이 '불순종'에 계속 머물면 더 큰 저주를 내려 온갖 고통을 겪게 한 다음 결국엔 이스라엘을 여러 민족 중에 흩을 것이라는 추가적인 예언이 제시된다.

후반부는 '저주'의 전반부와 사뭇 다른 어조를 취한다. "그들이 죄악의 형벌을 기쁘게 받으면", 즉 불순종에서 순종으로 복귀하면 하나님은 자신의 언약을 기억하고 "그들을 내버리지 아니하며 미워하지 아니하며 아주 멸하지 아니하고 그들과 맺은 내 언약을 폐하지 아니하리라"고 말한다. 이렇게 말하는 하나님은 "여호와 그들의 하나님이 됨이니라"고 언약을 되살린다.

절대순종의 철칙 아래 불순종시 도저히 상상할 수 없는 온갖 재앙을 내리는 신. 이런 하나님을 어떻게 이해해야 할까. 혹시 하나님의 뜻이 실제 구약성서에 표현된 것과는 다른 것이 아니었을까. 하나님을 믿는다는 사람들이 하나님의 뜻이 아니라, 자신들이 이해한 하나님의 뜻을 표현했는데 결과적으로 하나님의 뜻을 곡해하게 된 것은 아니었을까. 그랬다면 이 곡해는 선한 의도에서 출발하였을까, 아니면 아예 악의를 가지고 시작되었을까. 예컨대 당시의 지배계급인 종교 지도자들이 자신들의 지배권과 기득권을 공고히 하기 위해 역사적 현상과 자연현상을 신과 연결 지어 신민의 자발적 복종을 끌어내는 이념적 도구로 신의 뜻을 악용한 것은 아니었을까. 가능한 의문이고 합리적 의심이긴 하다. 이러한 의심은 신에 대한 의심이라기보다는 신에 대한 신뢰를 지속하려는 자기보호기제일 수 있다. 즉 하나님이 그럴 리가 없다는 생각의 발로이다.

순종과 불순종을 구분하고 각각에 상응하는 대우를 정하되, 불순종에는 인간세상에서 상상할 수 있는 가장 극악한 처벌을 준비하는 하나님에 대해 이것이 계약의 내용으로 설정되었기에 의문을 가질 법도 하다. 인간의 입장에서 정상이 아닌 하나님이라고 비난하거나, 하나님의 뜻이 아닌 대리인의 과오라고 회피할 수 있다.

그러나 하나님이 비정상이라는 판단은 기독교인에게 원천 무효라는 데서 우리는 논의를 다시 시작해야 한다. 하나님의 정상/비정상은 인간이 판단할 수 있는 영역이 아니기 때문이다. 만일 인간에 의해 그러한 판단이 가능한 존재라면, 그 존재가 신일 가능성은 희박해진다. 그러므로 여기에는 하나님의 뜻을 전하는 사람(들)의 악의나 의도가 개입하였다고 판단하거나, 아니면 그러한 정신분열적이고 포악한 외양 이면에 하나님의 깊은 섭리가 숨어 있을 것이라고 추측해야 한다. 나의 신앙으로는 「레위기」 26장을 통해 아직 후자의 판단에 도달하긴 어렵고 전자의 판단에 기울어진다. 나의 하나님의 본의가 인간들에 의해 왜곡되어 나타났다고. 또는 어떤 인간들이 하나님의 본의를 왜곡하였다고.

이와 비슷하면서도 조금 진일보한, 성서학계에서 상대적으로 널리 받아들여지는 관점의 해석은 「레위기」와 「출애굽기」를 포함한 모세5경의 저자를 모세가 아닌 특정한 유대교 지도자 집단으로 받아들이는 것이다. 즉 모세5경 속 사건의 시점과 저술의 시점을 별개로 구분해서 이해하는 한편, 저술 또한 단일 필자(들)에 의한 단독 저술이라기보다 누대(累代)에 걸친 편집으로 받아들이는 관점이다. 그러한 관점을 취하면 정신분열적이고 가학적인 그리고 과도한 폭력성에 사로잡힌 신관(神觀)에서 벗어날 수 있다.

출애굽은 역사가 아닌 신앙?

모세5경을 누가 썼느냐에 대해서, 장 칼뱅이 『기독교 강요』에서 모세가 5경의 저자라는 것에 어떠한 의심도 없이 논의를 진행한 것에서 단적으로 드러나듯이 2천 년 이상 '모세 저술'이 인정되었다. 그러나 지금은 신학을 조금이라도 공부하거나 어느 정도 성서

교양을 쌓은 사람들 사이에서 '모세 저술'을 믿는 사람이 거의 없다. 기독교인 중에서도 맹목적인 신앙생활을 하는 부류, 무슨 이유에서인지는 모르겠으나 홍해 기적에 대한 믿음을 포기할 수 없는 목회자, 우연찮게 성서를 부분부분 접하고 어쩌다 모세5경이란 말을 들어본 비기독교인 등이 아마 모세 저술설을 고수할지도 모르겠다.

토라는 누군가 책상에 앉아서 한 번에 쓴 작품이 아니다. 먼저 현재의 토라에 정리되어 수록된 것과 비슷한 듯 다른 (원형)사건이 있었고, 그 사건이 관련 지역과 부족 단위로 오랜 시간에 걸쳐 전승되어 퍼져나갔다. 이후 어느 특정한 시점에 개별 사건이 어떤 의도를 가진 누군가에 의해 문서로 기록되었으며, 사건별로 전승별로 이러한 문서화가 진행되었다. 마침내 전해오는 여러 문서를 묶어서 전승은 전승대로 파악하여, 그러니까 어떤 주제 아래서 모으고 분류하고 뽑아내고 버리고 가필하는 등의 과정을 거친 경전이라고 부를 만한 것의 편집본이 출현한다. 최초의 토라 편집본의 출현에는 당연히 신학적 의도와 정치적 주체가 개입한다. 여기서 끝나지 않고, 이 편집본이 또는 복수의 편집본이 후대로 전해지며 다양한 의도와 여러 주체의 개입 아래 새로운 편집과 수정이 가해진다. 이러한 편집과 수정은 기원전 2~3세기까지 이루어졌다는 것이 성서학자들의 연구결과다. 따라서 경전이란 단번에 완성되는 것이 아니라 경전으로서 형성되기까지 구전 전승과 문서 전승을 통해서 '굴러가는 경전(rolling canon, 윌리엄 존스턴)'으로서 진화했다는 것이 학계의 정설이다.

1948년에 텔아비브를 수도로 하여 중동지역에서 건국된 이스라엘의 국기에는 '다윗의 별'이 들어간다. 다윗은 고대 유대 왕국의 2대 왕이지만 대체로 실질적인 창업자로 여겨진다. '다윗의 별'이란 말에는 다윗이 들어 있지만 실제 그 별은 다윗과는 무관하다. 구약성서에서 큰 비중을 차지하고 신약성서에서 예수의 조상으로 적시된 다윗 자체도 실존 인물인지 확실하진 않다. 현재도 고고학적 논쟁이 진행 중이다. 한반도에 세워진 최초의 국가인 고조선이 기원전 2333~기원전 108년에 존속했지만 우리가 고조선의 역사에 대해 아는 것이 별로 없다는 사실을 떠올리면, 기원전 1000년 무렵에 활약했을 다윗의 실재에 의문을 제기하는 태도가 이해할 만하다. 다만 성서적으로나 기독교 신앙의 차원에서나 다윗이 실존 인물인지 아닌지가 별로 중요하지 않다는 것이 내 생각이다.

아무튼 다윗이 세운 나라는 남북국으로 분열됐다가 북쪽 왕국이 기원전 722년 앗시리아에, 남쪽 왕국이 기원전 587년 바빌로니아에 의해 멸망한다. 유대인들이 기원전 1000년 무렵에 왕국이 성립한 것으로 보고 있기에 이스라엘이 왕국의 형태로 국가를 형성하여 유지한 기간은 500년에 못 미친다. 기원전 587년 유대 왕국 멸망 이후 많은 유대인이 바빌로니아에 포로로 붙잡혀갔다. 성서상으로, 그리고 이스라엘 역사에서 유명한 '바빌로니아 유수'이다. 종교의 다원성을 인정하는 페르시아 제국이 중동의 패권을 잡으면서 포로로 잡혀간 유대인들이 너무 오랜 시간이 지나기 전에 예루살렘 등지로 돌아올 수 있었던 것은 천우신조라 할 만하다. 가정하여 만일 페르시아 제국이 일어나지 않고 바빌로니아 제국이 오래 번성했다면 유대교나 유대인은 지구상에서 종적을 감췄을 수 있다. 만일 그랬다면 예수는 어떤 시점에 어떤 지역을 통해 출생하였을까. 부질없는 공상이다. 어쨌든 그들은 돌아왔다. 왕국을 잃었지만 대신 유대교를 지켰고 발전시켰다.

기원전 587년은 유대인 역사에서 전무후무한 전환점이 된다. 앞서 살펴본 「레위기」 26장 표현대로 유대 민족은 "여러 민족 중에 흩어진" 처지(디아스포라)가 되었다. 어렵사리 예루살렘 등 '고토'에 돌아와 살 수 있게 된 이들 또한 곤경을 피할 수는 없었다. 비록 '조상이 물려준 땅'에 살고는 있었지만, 여러 외세의 지배를 번갈아 받는 가운데 국가 없이 유대교란 민족종교를 중심으로 근근이 민족의 동질성과 정체성을 이어나가야 했기 때문이다.

이제 「레위기」 26장의 하나님에게로 되돌아가 보자. 사건의 성격이나 규모에 관한 논란은 추후 살펴보기로 하고, 모세가 출애굽과 이스라엘 민족의 광야 유랑을 인도한 시기를 대략 기원전 1300~1200년으로 추정할 수 있다면, 이 사건이 전승을 거쳐 문서로 만들어지기 시작한 시기는 기원전 587년 이후의 포로기에 해당한다는 것이 성서학자들의 추정이다. '굴러가는 경전'의 성격을 감안할 때 여러 편집본 가운데 어느 것이 현재 성서와 가장 흡사한 최종본이었는지를 확증할 도리는 없지만 적어도 핵심적인 내용이 포로기에 갖추어졌다는 사실에는 대체로 의견이 일치한다.

그렇다고 한다면 「레위기」 26장 인용문의 전반부는 예언이 아니라 역사기술이 된다. 이스라엘이 불순종하면 그 대가로 하나님으로부터 그렇게 끔찍한 벌을 받을 것이란 계약사항 혹은 예언이 아니라, 외세 침략으로 국가를 잃어버린 유대민족이 당한 참담한 고통과 끔찍한 곤경의 과거 기록이다. 편집자는 자기 민족이 역사에서 실제로 겪은 고통의 역사를 묘사하되, 다만 민족의 수난 전에 예언을 배치함으로써 유대 민족 비극의 원인을 하나님에 대한 불순종으로 돌릴 수 있게 된다. 실제로 과거 역사에서 이런 일이 일어났지만(it happened), 일어난 일 앞에다 '만일(if) 어쩌하면 어떤 상황이 될 것이다(will)'를 추가함으로써 일어난 일에 새로운 의미를 부여하였다.

영화 〈백투더퓨처(Back to the Future)〉(1985)를 떠올려보라. 만약 모세5경의 편집자가 〈백투더퓨처〉 주인공이 될 수 있었다면, 망설임 없이 영화처럼 과거로 돌아가 과거를 변경함으로써 자신들과 유대 민족의 현재와 미래를 바꾸었을 것이다. 그들은 실제로 〈백투더퓨처〉와 비슷한 무엇인가를 하였다. 물리적으로 일어난 사건을 (영화처럼) 바꿀 수가 없었기에 현재 하고 싶은 이야기(예언)를 과거에 발생한 사건 앞에 두는 문서작업을 통해 일어난 일을 예언된 일의 실현으로 바꾸었고, 그렇게 의미가 바뀐 현재에 옛 예언을 다시 부가함으로써 다가올 미래를 바꾸기를 원했다. 현재 직면한 민족 비극의 원인은 과거 하나님에 대한 불순종이며, 지금이라도 하나님에게 순종하면 앞으로는 비극에서 벗어날 수 있다는 논리가 생성된다. 이러한 역사기술은, 무엇보다 지배계층의 망국에 대한 책임을 전적이진 않지만 일부 덜어 주는 효과를 거둔다. 경감된 그 책임은 민족 전체가 나누어 짊어진다. 민중에게 국가경영의 책임을 물을 수는 없지만, 하나님에 대한 불순종의 책임을 물을 수는 있기 때문이다.

이러한 역사기술에서 의도적 책임회피의 가능성을 아예 배제할 수는 없고 당연히 불순한 의도의 개입이 검토되어야 하지만, 국가를 잃어버리고 산지사방으로 갈가리 찢겨나가고 있는 유대인 공동체를 어떻게든 얽어매어 종교를 중심으로 끌고 나가려고 한 우국충정 또한 발견된다. 망국과 망국에 따른 고통의 원인을 하나님에 대한 불순종으로 돌림으로써 유대민족 전체가 망국에 공동책임을 지게 되었고, 공동책임에 따라 얼떨결에 생겨난 연대의식은 공동체의 복원과, 순종에 복귀함에 따라 고토 회복이라는 하나님의 언약과 보상을 '다시' 상정할 수 있게 한다. 이 '다시'는 진짜 '다시'가 아니라 처음을 가능케 하기 위한 '다시'였다.

포로기 유대인들에게 출애굽은 과거 조상들의 사건이 아니라 바로 자신들의 사건이었다. 전승과 문헌을 통해 스토리의 기초를 잡은 이들은, 전승이 애초에 역사의 기록을 위해 생겨난 것이 아님을 처음부터 이해했다. 전승과 자료를 활용함에 있어, 예전(禮典) 용도를 최우선으로 고려하였을 것이며 예전의 반복을 통해 (실재하였든 실재하지 않았든) 구원 사건을 유대 공동체의 기억 속에서 재생할 뿐 아니라 애굽과 출애굽이 다른 장소와 다른 시간의 해방으로 다시금 재현할 수 있음을 암암리에 선포하였다. 이집트는 바빌로니아와 겹쳐지고 출애굽은 역사의 사건이자 구원의 사건이 된다. 포로기 유대인들이 사건을 취급하는 방식은 역사가 아니라 신학이고 정치가 된다. 동시에 정신분열적이고 가학적이며 폭력성에 사로잡혔다는 신(神)의 혐의 또한 벗겨진다. 신이 그런 신이었던 것이 아니라, 인간이 그런 인간이었던 것이다.

그때 이루어진 전승의 신학화·정치화를 불순한 것이라고 폄훼할 마음이 들지는 않는다. 어떠한 타개의 전망이 부재한 고통의 밑바닥에서 공동체의 '희망의 신학'과 '희망의 정치'를 발굴하고 확장한 모세5경의 기자·편집자들에게 공감했으면 공감했지 비난하게 되지는 않는다.

2019년 국내에 개봉된 영화 〈북간도의 십자가〉에서 그려내었듯, 나라를 잃은 조선 사람들이 이역 땅 만주에서 나라를 되찾겠다고 분투한 모습과 크게 다르지 않다. 윤동주의 고향 북간도의 조선인들은 기독교와 민족주의를 결합하여 해방의 미래를 일구었다. 일제강점기에 한국 교회 목사들은 종종 「출애굽기」를 인용하며 설교했다고 전해진다. 오래전 이집트의 상황이 히브리 노예들에게 아무런 소망을 허락하지 않았던 것처럼 바빌로니아나 북간도의 사람들이 처한 상황 또한 아무것도 허락하지 않은 것처럼 보였다. 그럼에도, 빛의 기미조차 없는 절대 어둠의 상황에서 어떻게든 빛의 소망을 끌어내야 하는 근거를 그들은 성서에서 발견하였다.

부르짖음이 신앙의 시작

그렇다면 미뤄둔 질문, 왜 구약의 하나님은 이스라엘의 하나님이 되었을까 하는 궁금증을 이제 풀어보자. 당사자의 한쪽이 하나님인 만큼 완전한 해석이 될지는 모르겠다.

우선 이스라엘의 하나님은 모세로부터, 즉 출애굽부터 시작한다는 점을 분명히 하는 게 좋겠다. 구약성서는 「창세기」「출애굽기」 순서로 수록돼 있고 이스라엘의 족보는 보통 모세 위로 아브라함, 이삭, 야곱까지를 포함한다. 아브라함은 믿음의 아버지이자 이스라엘의 시작점이라고 유대인들은 주장한다. 「마태복음」에서 예수를 아브라함과 다윗의 자손으로 명기한 데는 예수가 유대 정통성의 계승자임을 보여주려는 의도이다. 「출애굽기」에도 하나님이 모세와 대화하며 "나는 네 조상의 하나님이니 아브라함의 하나님, 이삭의 하나님, 야곱의 하나님이니라"(3장 6절)라고 말한다.

「출애굽기」기자는 모세와 아브라함-이삭-야곱 간의 연결을 강조한다. 흔히 족장 또는 성조(聖祖)라고 불리는 이 세 사람과 모세는 혈연관계로 추정되며 같은 하나님으로 연결된다. 기록된 족보를 따라가면 그렇다는 얘기다.

모세는 기원전 1200년대 사람, 아브라함은 기원전 1800년대~기원전 1600년대 사람으로 추정된다. 당연히 아브라함이나 모세의 생존시기가 정확하게 파악되지는 않는다. 생존하고 활동한 시기뿐 아니라, 다윗의 실재 여부를 두고 논쟁이 있듯이, 아브라함과 모세가 실존인물이었는지도 불확실하다. 기원전 1000년 무렵의 다윗의 시대에서 아브라함의 생존기까지는 600~800년을 거슬러 올라가야 한다.

중국의 고대 왕국은 보통 요순시대 다음의 하(夏)·상(商, 은(殷)나라라고도 한다)·주(周)의 3대를 말하는데, 하나라는 기원전 2070~1600년에 존속한 것으로 전해진다. 하왕조(夏王朝)의 시조는 우왕(禹王)이고 마지막은 폭군으로 유명한 걸(桀)이다. 둘 다 우리에게 비교적 익숙한 이름이다.

아브라함과 걸왕이 지역적으로는 멀리 떨어져 있기는 했지만 같은 시기에 생존했을 가능성이 있다. 상상해보면 그 시점에 메소포타미아와 황허(黃河) 사이에 교류는 전무하였을 것이다. 어쨌든 모든 것이 상상 아니면 가능성이다. 아브라함이든 걸왕이든 우리가 그들의 실체와 생존 시기를 정확하게 알아낼 수는 없다. 3600여 년 전 사람들의 실체를 정확하게 파악하는 건 사실상 불가능하다. 아브라함과 결왕은 3600년에 걸친 후대 기억에 의해 끊임없지 재구성되었기에, 재구성된 즉 살아남은 역사에 의해 정체성을 부여받는다. 아브라함은 이슬람에서도 추앙하는 성자이다. 아브라함은 기독교 이슬람교 유대교 등 이른바 아브라함계 종교에서 공통으로 추앙하는 인물인 만큼 꼭 아브라함과 동일한 이름이 아니었어도 또 꼭 그런 삶을 산 것이 아니었어도 오랜 과거에 그런 전승의 모델이 된 원(原)인물이 존재하였을 것이라고 받아들이는 게 현실적이다. 또한 이삭과 야곱, 그리고 모세도 전해진 기록 그대로는 아닐지라도 그 전승을 가능케 한 원(原)인물이 있었을 것이라는 추측 또한 가능해 보인다. 그러나 원(原)인물의 실상은 부차적인 문제다. 수천 년 전 특정시점 특정인물의 파악될 수 없는 현존보다 수천 년에 걸친 인류의 공동기억과 기억의 재생을 통해 생생하게 살아 있는, 역사를 넘어선 존재가 더 의미 있다.

문제는, 그런 입장을 수용한다고 하더라도 아브라함·이삭·야곱이 한 혈통으로 엮인 한 가문이라기보다는 각각 별개 전승의 주인공으로 파악된다는 데에서 발생한다. 성서학자들은 야곱 전승이 주로 중부 팔레스타인 성지(벧엘, 브니엘)에서 기원한 반면 이삭과 아브라함 전승은 남부 팔레스타인(브엘세바, 마므레)과 결부된다는 사실을 밝혀냈다. 아브라함-이삭-야곱은 하나의 족보로 꿸 수 있는 인물이 아니라는 이야기다. 게다가 믿음의 아버지 아브라함을 비롯하여 성서에 언급된 족장들이 신(神)을 알았지만, 그 신이 야웨인지는 불분명하다. 즉 모세의 하나님과 아브라함·이삭·야곱의 하나님이 같은 하나님인지 확실하지 않다는 뜻이다.

모세의 하나님과 아브라함·이삭·야곱의 하나님을 등치한 성서 구절은 대체로 후대에 아브라함·이삭·야곱의 하나님을 추가한 것으로 분석된다. 「창세기」가 모세5경 중에 가장 늦게 저술되었다는 사실도 아이러니다. 사실 모세5경에서 「창세기」는 유대교에 필수적인 내용은 아니다. 유대교의 근간은 모세의 출애굽이다. 그러나 포로기의 유대인들은 모세의 조상들을 발굴하고 천지창조의 하나님까지 찾아낸다. '이 보잘것없고 망해버린 백성의 하나님이 온누리의 창조자요 주(主)'라는 확신이 절실히 필요했다고 할 수 있다.

포로기 이후의 성서 편찬 작업을 통해, 그리고 그들의 고통과 고통 극복 과정을 통해, 추락한 민족의 위상을 심정적으로라도 회복해야 한다는 여망을 통해, 무엇보다 저 높은 곳을 향한 욕망을 통해 유대인은 보편적인 신과 부족의 신을 함께 세상에 드러내었다. 유대교는 구약성서를 통해 유대민족의 신을 찾아내고 그 뜻을 드러내었다고 생각할지 모르지만, 내 생각에 하나님은 유대교의 작업을 통해 인류 모두의 신인 자신의 위상을 표출하였다. 이 계시는 예수를 통해서 다시 명확해지는데, 『신약성서』의 예수는『구약성서』의 계시를 신약과 꿰어 전체로서 인류 모두의 구세주란 신(神)의 상을 명시적으로 제시하여 온세상 사람이 알게 하였다.

문득 하나님이 자신을 계시하는 이러한 방법 자체가 하나님의 섭리라는 생각을 하게 된다. 물론 우리는 예수만으로 충분하고 넘치지만,『신약성서』에 이르러 완전해진 계시의『구약성서』상의 예표(豫表)에도 감사하게 된다. 유대인은 그들에게만 유일신이 모습을 드러냈다고 믿을지 모르지만 그들이 파악한 신은, 세계에 충만한 신을 유대 방식으로 부분적으로 이해한 결과가 아니었을까. 그럼에도 이 부분적 이해에 신의 그림자가 깃들었음을 부인할 수 없으며, 이것이 예표(豫表)로 전해짐에 따라 우리는 예수를 맞을 채비를 하게 된다.

하나님이 하고많은 민족과 백성 가운데서 이스라엘을 선택한 이유가 이처럼 특수성의 계시 속에서 보편성의 계시를 묶어서 표출하기 위한, 인류를 위한 특별한 패키지였다면, 이 선택에서 또 다른 시사점은 없을까. 나는 하나님과 이스라엘의 관계가 '나와 너'의 구조임을 기억하고자 한다. 거듭 강조하여 핵심은, 이것이 상호호명에 근거하여 거품 없는 직접성을 실현하는 연결이자 다른 누구의 개입을 허용하지 않는 배타적 연결이어야 하며, 더불어 이 연결의 주체가 언제나 하나님이라는 사실이다. 하나님이 항상 '나'이다. '나와 너'의 구조에서 '나'는 유일하지만 유일한 '나'와 관계 맺는 '너'는 유일하지 않다. 세상사의 '나와 너'의 구조는 많은 '나'와 많은 '너'가 번갈아 (신과 인간 사이의 '나와 너'와 비교할 수 없는, 유사) '나와 너'의 관계를 형성하는 것이지만, 하나님과 인간·집단·민족·백성 간의 관계에서는 하나님이 '너'가 되는 일이 일어나지 않는다. 하나님은 시종 '나'로 고정된다.

하나님과 모세, 하나님과 아브라함, 하나님과 야곱 등 하나님은 '나'로서 많은 '너'들과 '나와 너'의 관계를 맺었다고 나는 확신한다. 성서에서 표현되지 않은 많은 '너'들을 하나님은 불러서 기꺼이 그 '너'들의 하나님이 되기를 자임하지 않았을까. 한 분인 하나님을 '너'들은 각자 그들만의 하나님으로 받아들여 별개라고 주장하지 않았을까. 또는 별개로 주장된 다른 '너'들의 하나님을 필요에 따라 자신의 하나님과 연결 지어 같은 하나님이라고 선포하기도 하였을 것이다. 이러한 행위는 하나님의 동일성을 확인하려는 신앙의 신실함에서 비롯하였다기보다는 (원래 하나이지만 별개로 파악한) 하나님 사이에 연결고리를 만들어냄으로써 지상의 영향력을 확대하려고 한 정치적이고 세속적인 야심에서 비롯하였다고 보아야 한다.

이스라엘이 선민이란 주장은 유대인이 『구약성서』를 작성한 연유로, 즉 예수 이전 시대에 하나님의 흔적에 관한 아마도 유일한 기록을 남겼다는 이유로 인해 이스라엘 외의 다른 '너'들이 주목받지 못한 상황이라고 생각할 법도 하다. 그리하여 『신약성서』에 이르면 '나와 너'의 구조는 마침내 하나님과 인류 전체 간에 성립하는 것으로 분명하게 선포된다. 게다가 내가 생각하기에 이제 우리가 하나님을 만나는 방식은 진정한 '나와 너'로 바뀌었다. 더는 우리에게 모세가 필요 없고, 선택받은 민족도 필요 없다. 나는 예수를 통해서 직접 하나님과 만나고 대화한다. 유랑하는 부족이 하나님을 만나는 방식은, 고독하지만 독자적이고 존엄하기를 원하는 개인이 하나님을 만나는 방식으로 바뀌었다. 이 개인은 부족민이 아니라 세계시민이다. 선민(選民)은 종국에 선민이 무용함을 증언하는 용도로 선택을 받은 것이 아닐까. 결론적으로 하나님이 이스라엘을 통해서 자신을 드러냈다는 견해는 어느 정도는 맞고 어느 정도는 틀리다고 하겠다.

한 가지 더 짚고 넘어갈 것은 하나님이 이스라엘 민족의 여망에 부응한 형태로도 자신을 드러내었지만, 그 과정에 유대인들에 의한 하나님의 왜곡이 일어났지만, 그럼에도 무엇보다 고통받는 집단의 부르짖음을 하나님이 모른 체하지 않았다는 데에서 우리는 그의 본성에 대해 숙고할 기회를 얻게 된다.

이스라엘 자손은 고된 노동으로 말미암아 탄식하며 부르짖으니 그 고된 노동으로 말미암아 부르짖는 소리가 하나님께 상달된지라. 하나님이 그들의 고통 소리를 들으시고

「출애굽기」 2장 23~24절

누군가의 고통의 부르짖음을 듣는 하나님. 인간의 입장에서 '들으시는 하나님'만큼 좋은 하나님이 있을 수 없다는 게 내 생각이다. 고통에서 구해낼 수 있는가는 부차적이다. 엄밀하게 말해 신의 역할은 고통의 소리를 듣는 데까지이다. 마음을 다해, 같이 고통스러워하며 들으시는 신이야말로 이 세계에서 존재할 수 있는 최고의 신이다.

아니다. 고통에서 건져내어 주는 신이 더 나은 신이라는 생각이 더 합리적이지 않은가. 듣기만 하고 움직이지 않는 신만큼 무책임한 신이 어디 있느냐는 강력한 반론이 예상된다. 그러나 나의 생각에, 그런 신은 전능의 신이 아니다. 누군가를 고통에서 건져내게 되면, 누군가를 고통에 빠뜨린 주체에 대한 의문이 생긴다. 누군가가 고통에 빠져드는 것이 자신의 능력 밖이고 오직 선별적으로 구해낼 수만 있다면 전능성의 개념이 무너진다. 흔히 말하듯이, 만일 하나님 자신의 의지로 고통에 빠뜨리고 하나님 자신의 의지로 고통에서 건져낸다면, 인간의 용어로 정신착란에 빠진 것이고 형이상학적으로는 세계 설계의 미숙을 시인하는 게 된다. 마찬가지로 전능성의 개념은 깨진다. 물론 고통 또한 하나님의 섭리이기 때문에 무조건 좋고 하나님의 뜻으로 받아들이면서 거기에 숨겨진 뜻을 찾으려고 애써야 한다는 생각도 있다. 나는 그런 게으르고 애완견 같은 신앙에 반대한다. 하나님이 자신의 형상과 닮은 존재로서 우리를 만들었다는 이야기를 나는 믿는다.

그렇다면 고통에 동참하여 그 소리를 들으시고 어루만져주는 신 말고 우리가 상정할 수 있는 어떠한 전능의 신도 없어 보인다. 유대인은 그들의 신이 그들을 그들의 고통에서 건져내어 주셨다고 말한다. 그러나 신이 그들을 민족적 수난과 고통에서 건져낼 길은 없으며 실제로도 그들은 고통 속에 수천 년 세계를 유랑하였다.

내 조상은 방랑하는 아람사람으로서 애굽에 내려가 거기에서 소수로 거류하였더니 거기에서 크고 강하고 번성한 민족이 되었는데, 애굽 사람이 우리를 학대하며 우리를 괴롭히며 우리에게 중노동을 시키므로 우리가 우리 조상의 하나님 여호와께 부르짖었더니 여호와께서 우리 음성을 들으시고 우리의 고통과 신고와 압제를 보시고 여호와께서 강한 손과 편 팔과 큰 위업과 이적과 기사로 우리를 애굽에서 인도하여 내시고 이곳으로 인도하사 이 땅 곧 젖과 꿀이 흐르는 땅을 주셨나이다.

「신명기」 26장 5절

유대인의 이 신앙고백은 그들이 겪은 고난을 생각할 때 애틋하기 그지없다. 그러나 우호적인 관점을 유지한 채 그래도 정확히 하자면 하나님이 젖과 꿀이 흐르는 가나안 복지(福地)를 '유대인에게 주셨다'기보다는 '유대인으로 하여금 잠시 머물게 하였다'이겠다. 20세기에 이스라엘은 아주 오랜 과거에 잠시 체류한 기억을 바탕으로 팔레스타인 땅에 다시 들어가 고토라고 주장하며 원주민을 내쫓았다. 내 생각에 하나님이 이스라엘을 인도하여 젖과 꿀이 흐르는 땅을 주었다는 그들의 주장은 하나님의 본의를 왜곡한 것이다. 어느 민족에게서 땅을 빼앗아 다른 민족에게 주는 그런 신을 어떻게 공의로운 신으로 상상할 수 있단 말인가. 유대인들의 이 아름다운 고백에서 우리가 새겨들을 대목은 "우리가 우리 조상의 하나님 여호와께 부르짖었더니 여호와께서 우리 음성을 들으시고 우리의 고통과 신고와 압제를 보시고" 정도일 것이다. 이 부르짖음에서 출애굽이 시작된다.

2. 모세는 유대인이 아니었다?

「출애굽기」는 이른바 모세5경의 두 번째 책으로 이스라엘 민족의 탄생을 다뤘다. 가톨릭에서는 「탈출기」(Exodus), 개신교에선 「출애굽기」(出埃及記)로 표기한다. 개인적으로는, 탈출한 장소인 이집트를 명기한 개신교의 작명보다 탈출 자체만을 강조한 가톨릭의 작명이 낫다는 생각이다. 「출애굽기」가 '~부터'를 강조하여 이집트 고착이 확연한 반면, 탈출기는 '탈출'이라는 말에 기본적으로 '~부터'가 지시되어 있기는 하지만 구체적인 '~'를 자제함으로써 '~부터(from)'와 '~로(to)'를 모두 함축할 수 있게 된다. '이집트 고착'은 선과 악의 대결을 분명히 하였다는 점에서 이원론적 세계관과 대치의 자세를 상대적으로 더 뾰족하게 제시한 셈인데, 히브리 성서나 라틴어 성서 등에서는 '이집트'가 명기되지 않았다는 점에서 과도한 작명으로도 볼 수 있다. 이미 살펴본 대로 「출애굽기」에서 '이집트'는 역사적으로나 신학적으로 별반 의미가 없는데도 굳이 이집트를 제목에서 유지하는 데서 한국 기독교의 속성을 일부 엿볼 수 있다.

모세5경에서 제일 먼저 「창세기」를 두고 이어 「출애굽기」를 배치한 것이 말하자면 편집의 묘이다. 시조 가문의 탄생을 극적으로 서술한 데 이어, 가족사를 더 극적인 민족의 탄생 이야기로 자연스럽게 연결 지어 우주적인 섭리와 세계사의 흐름 속에서 이스라엘의 선민성(選民性)이 드러나도록 하였다. 앞서 살펴보았듯 족장들의 이야기가 이스라엘과 무관할 것이란 혐의가 짙은데도 가문의 역사를 창안하고 그것을 민족사의 젖줄로 삼은 유기적 접합은 모세5경의 힘이다.

신앙의 주제로서 출애굽과 홍해 기적은 언제나 논쟁의 대상이다. 신앙의 맥락 안에서는 그 사건을 (현실 역사와 무관한) 믿음의 사건으로 수용하면 그만이다. 그러나 믿음의 사건을 넘어서서 그것을 역사적 사실로도 확증하고자 덤비면 심각한 어려움에 봉착한다. 실제로 인터넷을 잠깐만 훑어봐도 홍해 기적의 역사적 증거랍시고 모세 시대 이집트 병거의 바퀴라는 설명을 붙여 바닷속 사진을 보여주는 예 같은 것을 쉽사리 찾아볼 수 있다. 맹종과 과욕은 신앙 자체에 위해를 가할 수 있다.

출애굽이 역사에서 실제로 일어난 사건인지 아니면 유대인의 기억 속에서 민족적이고 신앙적인 공통의 자산으로 생성되고 축적되었는지 가운데서 택일하자고 들면 답이 잘 안 나온다. 홍해 기적은 논외로 하고 만일 출애굽이 실제로 일어났다면, 즉 그 사건이 허위가 아니라면, 성서에서 묘사한 그대로인지 아니면 상당한 과장이 이루어졌는지, 여러 번 혹은 오랜 시간에 걸쳐서 일어난 일을 하나의 사건으로 표상한 것은 아니었는지 또한 종종 제기된 의문이다. 추가적인 질문은, 터무니없이 과장했거나 분산된 사건들을 모아서 하나의 사건이라고 주장했다면 이것을 진실로 보아야 하나 허위로 보아야 하나 하는 것이겠다.

모세는 포로기 성서 편집자들에게 영감의 원천이었을 것이다. 반대로 급박한 필요성에 의해 번듯하고 '제대로' 된 성서를 편찬하여 자기 민족에게 선보이고자 하는 포로기 이스라엘 엘리트 집단에겐 영감의 원천이 필요했고, 그러한 욕망이 모세를 찾아내게 하였을 수도 있다. 즉 모세가 영감을 불러일으켰는지, 아니면 영감이 모세를 찾아냈는지 불분명하다. 『신약성서』에서 예수의 권위를 드러내기 위해 어떤 예수의 제자들이 모세를 끌어온 것에도 분명한 정치적 의도가 개입하였겠지만, 그 절박함에 있어서는 모세 자체를 소환한 포로기 유대인 엘리트집단에 미치지 못한다.

모세5경의 저자가 모세가 아니라고 한다면 그다음에 저절로 일어나는 의문은 모세가 실존인물이었는가 하는 것이지 않을까.

이 대목에서 모세5경의 저자는 확실히 모세이고, 모세가 아닌 다른 사람(들)이 저자라는 주장은 일고의 가치가 없다고 믿고 있는 독자가 있어 문제를 제기한다면 함께 이야기를 진척시키기는 어렵지 않을까 싶다. 모세5경의 저자가 모세가 아님은 신학계에서 사실상 상식에 속하기에 상식을 증명하기 위해 지면을 낭비하고 싶지는 않으며, 그것은 이 책의 주제를 한참 벗어나기도 한다. 모세5경의 저자가 모세라고 믿는 사람은, 모세가 일으킨 홍해의 기적 또한 역사적 사실로 문자 그대로 받아들이면 되고,「창세기」에서 묘사한 그대로 하나님이 이 우주를 창조하셨으며, 빅뱅 이후 우리 우주의 나이가 138억 년이란 현대 천체물리학의 성과를 다 거짓말이라고 생각하며 살아가면 된다. 그런 유형의 사람들에게 '성경' 외에 군이 읽어야 할 책이 있지는 않을 것이다. '성경' 말고는 읽을 책이 없다고 확신하는 사람을 기독교인이라고 판단하고 싶은 마음이 나에게는 전혀 들지 않는다.

21세기 한국을 살아가는 이러한 유형의 '기독교인'과 거의 비슷하게, 유대인은 모세를 그 어떤 인물도 범접하지 못할 높은 존재로 추앙하였다. 당연히 유대인만큼이 아니겠지만 다른 민족 사이에서도 모세의 존재감은 뚜렷하다. 모세의 흔적 또한 유대인 밖에서 사라지지 않고 아직 이어지고 있다. 예컨대 모세와 적대한 파라오의 나라 이집트엔 '모세고기'라 불리는 가자미 비슷한 물고기가 있다. 가자미와 비슷한 '모세고기'의 모양엔 홍해의 기적 전설이 개입하는데, 모세가 홍해 바다를 가르면서 가르는 선에 있던 물고기가 반으로 갈라져 오늘날의 모세고기가 되었다는 민담 비슷한 것이 전해진다. 시나이반도 남쪽 길에는 '모세의 샘'이라 불리는 샘이 있다. 또 성서에 등장하는 만나의 증거로서 베두인족이 사막에서 먹는 나무 열매 '마나'가 제시되기도 한다. 시나이반도의 성 카타리나 성당에는 심지어 모세에게 하나님이 현현한 '떨기나무'까지 성물로 보전되어 있다. 기독교 다큐멘터리에서 가끔 모습을 드러내는 성 카타리나 성당의 '떨기나무' 옆에 소화기가 비치되어 있는 장면이 기독교인 입장에서는 약간 당혹스럽고, 중립적인 입장에선 여러모로 시사적이긴 하지만 현실 역사와 무관하게 그곳이 '모세의 장소'임은 분명하다. 또한 그러한 맥락에선 '모세' 또한 실존인물이라고 불러도 무방하겠다.

이제 근본적인 질문을 던져보자. 모세는 유대인인가. 유대인은 고대 로마에서 팔레스타인 일대를 가리키던 명칭인 '유대(Judaea)' 땅의 거주민 또는 민족이라는 뜻이다. 고대 사회의 국제어인 그리스어나 라틴어 표기에서 유래하였고, 예수 시대에도 사용되어 현재까지 국제적으로 통용되고 있다. 예수가 십자가에 못 박혀 죽을 때 함께 걸린 죄패에 '유대인의 왕'이란 표현이 들어 있었던 것을 기억하자.

'유대인'이란 용어가 자기규정인지는 확언하기 힘들다. 「출애굽기」에서는 '이스라엘'과 '히브리'란 말이 함께 쓰인다. '이스라엘'은 「창세기」 야곱의 설화에 근거한 이름이다. 모세의 출애굽이 성공하고 시간이 흘러 팔레스타인에 이스라엘인들의 왕국이 세워지는데, 이 왕국은 곧바로 분열되어 북왕국 이스라엘과 남왕국 유다가 성립한다. 역사에서 북왕국이 먼저 멸망한 후 이스라엘보다 150년가량 더 존속한 남왕국(유다)이 유대인 혹은 유대교의 대표성을 행사하게 된다. 유다는 이스라엘 12지파의 한 지파를 대표할 뿐이었지만 국제적으로도 '유대(Judaea)'라는 말이 자리를 잡으면서 이 민족은 유대인이 된다.

 이스라엘이란 이름은 조상에게서 비롯한 정통성을 갖는 반면 유대라는 이름은 이 민족의 주류인 남왕국을 계승하면서 민족 내부의 대표성과 국제적인 통용성을 함께 확보한다. 20세기에 팔레스타인에 나라를 세울 때 이들이 이스라엘이라는 국호를 선택했지만 전 세계에 퍼진 이 민족을 부르는 명칭은 오래전부터 유대인이다. 히브리어에서 '엘'은 하나님을 뜻하는데, 민족 내부에서 스스로 국호를 정할 때는 '지역'에 초점을 두기보다는 그들의 하나님을 드러내는 쪽으로 의견이 모였을 것이라고 상상할 수 있다.

 만일 모세가 역사에서 실존한 물리적인 한 인간이었다면 그는 자신을 유대인이라고 생각하지 않았을 것이다. 「출애굽기」엔 이스라엘과 히브리라는 말이 함께 사용된다. '히브리 노예'라는 말이

익숙하게 들리듯이 히브리는 당시 유대인을 부르는 보통명사로 추정된다.

이스라엘은 '하나님과 겨루어 이김'이란 뜻으로 족장 야곱이 얍복 나루에서 하나님의 천사와 겨루어 이긴 후 받은 축복의 새 이름이다. 야곱 즉 이스라엘의 자손이 이집트로 이주한 것으로 「창세기」는 끝난다. 모세5경 저자·편자들의 정치적 의도의 개입이 의심되기에 「창세기」의 족장들과 「출애굽기」 모세 사이의 혈연상의 연결이 확실하다고는 할 수 없다. 모세에게 이스라엘 자손이란 자각이 있었을지도 회의적이다. 또 그의 생존 시기를 감안할 때 후대와의 관계에서 당연히 유대인이란 말을 몰랐을 것이기에 유대인이란 인식도 부재했을 터이다. 모세가 실존인물이고, 성서적 상황을 액면 그대로의 현실로 받아들인다는 가정 아래 검토한다면, 그래도 모세에게는 모종의 소속감과 공동체 의식이 자리 잡고 있었던 것으로 보인다. 그가 어떤 공동체의 일원으로 소속감을 느꼈다면 아마 스스로를 히브리인으로 인식하지 않았을까.

히브리는 '가로지르다', '건너가다'는 뜻에서 유래한 말로 아브라함이 우르에서 유프라테스강을 건너 이주하였다는 성서의 사건과 연관 짓는 견해와 '강을 건너온 자'를 가리키는 '하비루'라는 말이 변형된 것이란 견해 등이 존재한다. 영어로는 'Hebrew'로 서양 문명의 양대 원류, 즉 헬레니즘과 헤브라이즘을 말할 때의 그 히브리이다.

요는 유대인 또는 유대교란 정체성이 확립된 이후, 또는 확립하는 과정에 있는 '히브리' 후손들이 모세를 유대화함으로써 전체 유대화 작업의 초석으로 삼은 것이 아닐까 하는 생각이다. 꼭 같은 유비가 성립하지 않지만 우리 역사에서 고구려와 큰 상관이 없는 고려가 국호를 통해 융성한 고대 왕국과 연결고리를 만든 것과 비슷하지 않을까. 조선은 아예 같은 국호를 써버렸다. 조선의 예에서 파생한 문제는, 왕족만으로는 여진족 왕조를 수립하면서 국호를 통째로 가져다 쓴 바람에 과거에 존재한 조선이 고조선이 돼버렸다는 점이다.

장 폴 사르트르는 총칭 유대인(the Jew)은 타인에 의해 유대인으로(a Jew) 간주되고 규정되는 사람이라고 '실존주의적'으로 유대인을 해석한 적이 있다. 외부성을 기준으로 유대인을 정의하는 방법으로, '던져진' 존재로서 유대인의 비극을 함축한다. 타자에 의해 식별되고 규정된 'a Jew'가 'the Jew'를 구성한다는 말을 요약하면, 'a Jew'→'the Jew'이다. 유대인인 한나 아렌트는 사르트르의 이 같은 해석에 반대한다. 그렇다면 아렌트의 해석은 불가피하게 내부성을 가정하지 않을 수 없는데, 사르트르의 용어로 되치기를 한다면, 유대인임과 유대인성(the Jew)을 스스로 자각하고 받아들인 사람이 현실의 유대인(a Jew)이 되는 피드백 또한 작동한다고 보는 듯하다. 요약하면 'the Jew'→'a Jew'이다.

물론 아렌트는 'a Jew'→'the Jew'의 논리체계 및 현실화 기제를 잘 이해했지만 'a Jew'→'the Jew'라는 사르트르의 도식만으로는 유대인성을 제대로 설명할 수 없으며(또는 일면적인 설명이 되며) 'a Jew'→'the Jew'와 'the Jew'→'a Jew'를 동시에 고려함으로써 긍정적이든 부정적이든 유대인성을 해명할 수 있다고 생각했다.

아렌트의 생각을 준용하면 예수는 'the Jew'일 수가 없고 오직 'a Jew'로만 세상을 살다 갔는데, 그가 산 세상은 로마적이면서 동시에 'the Jew'적인 세상이었다. 따라서 이런 맥락에서도 예수와 세상 간의 불화는 피할 수 없었다. 서로마제국의 몰락기에 알렉산드리아에서 활동한 여성 수학자이자 천체물리학자 히파티아의 삶을 그린 영화 〈아고라〉(2009)에는 유대교도와 기독교도 사이의 극렬한 대립이 그려진다. 예수 시대와 달리 400년 무렵 알렉산드리아에서 공격자는 기독교였고 유대교가 핍박을 받는다. 영화에서 유대교도 중의 누군가가 기독교 무리를 향해 "예수는 유대인이었다."라고 외친 장면이 기억에 남는다. 그때 그들이 외친 문장 속의 유대인은 'the Jew'였을 것이다.

구약성서 「에스라」 5장 8절에는 "왕께 아뢰옵나이다 우리가 유다 도에 가서 지극히 크신 하나님의 성전에 나아가 본즉 성전을 큰 돌로 세우며 벽에 나무를 얹고 부지런히 일하므로 공사가 그 손에서 형통하옵기에"라고 돼 있다. 이 왕은 페르시아의 통치자 다리오를 말하며 '바벨론 유수'에서 유대민족을 풀어준 유대민족의 은인 고레스 왕의 과거 칙령을 확인하고는 성전 재건을 지속할 수 있도록 후원한 인물이다. '유다 도'는 페르시아(성서엔 '바사'로 표기) 제국의 한 관할구이자 행정구역으로서 요단강 서쪽의 남부 지역을 나타낸다. 바빌로니아에 잡혀간 이들이 거의 유다 왕국 사람들이었기에 포로생활에서 돌아온 자의 대부분이 또한 유다 지파에 속할 수밖에 없었다. 그들은 자연스럽게 '유대인'이라 불리고 포로 신분에서 생환하여 그들이 거주한 땅 또한 페르시아의 행정구역과 맞물려 '유대'로 칭해지며 이후 헬라문명과 로마제국 시기에까지 통용된다.

역사적 상황과 성서적 상황을 종합하면, 'a Jew'와 'the Jew'의 생성과 상호작용과 발전을 엿볼 수 있는데, 아마도 포로기와 귀향기 사이에 그들은 바빌로니아 제국이나 페르시아 제국이란 외부 요인에 의해 'a Jew'로 규정되었으리라고 추측된다. 그들은 곧 'the Jew' 없는 'a Jew'가 존속할 수 없음을 깨닫고 'the Jew'를 확립하기 위해 애를 쓰게 된다. 성전복원 성서편찬 등의 작업은 이러한 작업의 일환이며, 왕국의 지배체제에서 그렇게 요긴하지 않았던 'the Jew'가 국가 없는 지역 종교공동체에선 'a Jew'들의 구심점 역할을 하게 된다. 이 공동체가 무너져 새로운 디아스포라로 세계 전역을 떠돌게 될 때까지 'a Jew'와 'the Jew'는 말하자면 변증법적으로 통합된다. 그러나 예수 사건에서 보았듯, 그 변증법적 통합이란 게 그다지 긍정적이진 않았던 것 같다.

이제 모세로 돌아와서, 모세는 'a Jew'이었을까, 'the Jew'이었을까. 당연히 둘 다 아니다. 모세는 후대의 'the Jew'에 의해, 또는 'the Jew'를 위해 소환되어 'a Jew'이기를 강요받은 미지의 존재이다.

3. 출애굽은 있었나. 만일 있었다면 언제인가?

비옥한 초승달 지대, 혹은 메소포타미아에서 발흥한 수메르 문명은 인류 최초의 문명으로 알려져 있다. 아브라함의 윗대가 살던 곳이 그곳으로 추정된다.

구약성서에는 아브라함이 원거주지 우르를 떠나 하란을 거쳐 팔레스타인에 정착한 것으로 기록(그림1)돼 있다. 우르는 대표적인 수메르 문명 지역이다. 많은 도시국가·제국이 명멸한 수메르 문명지역을 떠나 아브라함이 팔레스타인으로 이주를 결심한 이유가 성서에서는 하나님의 부르심과 아브라함의 복종으로 그려진다.

수메르 문명은 관개농법까지 갖춘 고도의 농업사회로, 생산력의 증대로 점점 더 번성하였지만 번성의 원인이 동시에 쇠퇴의 원인이 되었다고 인류학자들은 분석한다. 관개농업의 도입은 한동

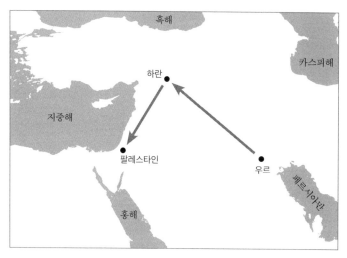

그림1

안 농업생산량을 늘려 수메르 문명의 기틀을 다지는 데 이바지하
였지만 바로 그 관개농업 때문에 장기적으로 농경지의 염도가 높
아져 농업생산량이 떨어지게 되고, 결국 수메르 문명은 쇠락의 길
에 접어든다. 아브라함의 이주에 이러한 시대상이 어떤 영향을 미
쳤는지는 확인되지 않는다. 다만 앞서 살펴보았듯 '히브리'란 말의
어원의 하나로 '강을 건너온 자'를 가리키는 '하비루'가 제시되었
는데, 어원과 무관하게 아브라함이 역사에서 알려진 최초의 도강
자(渡江者) 즉 첫 '하비루'였음은 분명하다. 그러나 그렇다고 아브
라함이 히브리 민족의 조상임을 확증하는 것은 아니다.

　아무튼 (후대에 의해) 유대민족과 유대교의 창시자로 간주되는 히브리 사람 모세 또한 물과 깊이 관련을 맺는다. 모세는 물에다 버린 아이에서 물에서 건져낸 아이로 바뀌며, 버릴 때와 건져낼 때의 신분이 노예에서 왕자로 바뀐다. 모세는 히브리어로 '건져내 다'는 뜻이기에 사건과 이름을 연관 지으면 '물에서 건져낸 자'가 된다. 성서는 물에서 건져낸 자가 다시 자기 백성을 건져내는 순환구조를 취한다.

'물에서 건져낸 자' 모세가 자기 백성을 구하는 이야기가 「출애 굽기」이다. 「출애굽기」를 둘러싼 많은 논란 중에 모세가 과연 실존인물이었는지가 포함된 것은 역설적이다. 실존인물이 아니라고 주장하는 쪽에서 많은 논거를 대는데, 그중 대표적인 것이 '물에서 건져낸' 모세의 탄생 설화가 메소포타미아 지역에서 아카드 제국을 이룬 사르곤 왕과 판박이라는 점이다. 여기서 사르곤 왕의 출생 이야기를 따로 살펴볼 필요가 없는 게, 약간의 세부사항을 빼고는 누가 봐도 모세의 출생과 같은 이야기이다. 「출애굽기」 저술 시점이 유대인들이 바빌로니아에 포로로 잡혀간 이후로 추정된다고 할 때 포로기에 메소포타미아의 다양한 전승을 접한 이스라엘 혹은 유대교 지도자들이 그것을 자기 민족의 역사로 둔갑시켜 다른 전승과 결합하는 방식으로 토라를 산출했다는 추측이 영 억지 같지는 않다. 이러한 견해에 따르면 공동체의 궤멸 위기에 처한 이스라엘의 지배집단이 가공인물을 내세워 가공의 역사를 작성한 이데올로기 작업의 결실이 토라이다. 모세가 가공인물이라면 「출애굽기」의 진위를 논할 필요성은 급격히 떨어지는 셈이다.

개인적으로는 이러한 견해가 사실이라고 해도 기독교인 입장에서 크게 실망할 일은 아니지 싶다. 설령 출애굽이 가상의 이야기라 하여도 고난받은 이스라엘 공동체가 중동 일대 여러 민족의 다양한 전승을 모아 토라 안에 집대성한 행위가, 나에게는 성서 속에서 히브리 노예가 하나님에게 부르짖는 행위와 사실상 동일한 것으로 느껴진다. 전승과 신화의 도둑질이란 비판적인 관점이 가능한가 하면 전승과 신화의 집대성을 통한 인류 정신자산의 보전과 예전(禮典)적 기능의 수행이란 다소 우호적인 관점도 가능하다. 난 후자의 관점이 맞는다고 본다.

당연히 성서의 일점일획이 모두 역사적 사실일 수 없지만 어떤 방식을 취하든 그것이 하나님의 계시일 수는 있다. 예상할 수 있는 방식으로 주어지는 계시가 있는가 하면 전혀 상상할 수 없는 방식으로 주어지는 계시도 있다. 소위 '독실한' 기독교 일각에선 모세가 사르곤을 베낀 게 아니라 반대로 사르곤이 모세를 베꼈다고 주장하기도 하는데, 상식에 입각하면 굳이 논쟁할 사안은 아니지 않을까 싶다. 역사주의나 실증주의로 하나님의 계시를 증명하려는 시도는, 그 의의를 부정할 수는 없지만 특히 기독교 근본주의자의 욕망과 기이한 형태로 결합하여 발현하게 될 때 하나님의 계시를 가리는 뜻밖의 결과를 낳을 수 있다.

출애굽과 모세가 모두 '창작'이라는 극단적 회의론에서 조금 벗어나 출애굽은 실제로 일어났지만 모세가 가상의 인물인 상황을 상상해 보자. 모세5경의 저자가 모세라고 철석같이 믿는 이들에겐 이 상상 또한 극단적 회의론이자 더 정확하게는 신성모독으로까지 받아들여지겠지만, 아무튼 1)모세가 영도한 성서의 방식과 완전히 다른 방식으로 모세(와 같은 존재) 없이 출애굽이 이루어졌다, 2)출애굽이 모세가 영도한 성서의 방식과 완전히 다른 방식으로 이루어졌고 성서에 묘사된 것과 동일한 모세라는 인물이 존재하지는 않았지만 그 기능을 수행한 다른 인물이 있어 다른 유형의 역할을 수행했다, 3)출애굽이 성서의 이야기와 흡사하게 이루어졌지만 모세(와 같은 존재) 없이 이루어졌다, 등의 세 가지 경우 수가 가능하다.

출애굽이 성서의 이야기와 흡사하게 이루어졌고 성서에서 묘사한 것과 같은 그 모세는 없었지만 비슷한 존재가 있었다는 4번의 가정은 경우의 수에서 뺐다. 60만 가구의 탈출, 홍해의 기적 등 성서 출애굽의 기본골격을 유지하는 상황이라면 모세 대역이 그 비슷한 역할을 수행하는 한 성서와 다른 이야기라고 할 수는 없기 때문이다. 4번을 논외로 한다면 1, 2, 3번 중에 어느 것이 역사적 상황에 부합할까. 결론적으로, 따질 필요가 없고 따진다고 답을 얻을 수 있는 문제도 아니다. 사실(史實)의 문제가 아니라 믿음 혹은 신학의 문제라면 주어진 성서 내에서 답을 찾도록 노력해야 할 터이고, 혹여 성서를 역사서로 증명하고 싶다고 하여도 3천 년이 더 지난 사건의 진위를 100% 확인할 가능성은 전무하다. 후자에선 진실일 가능성이 더 크다, 또는 허위일 가능성이 더 크다 수준의 토론만이 가능하다.

합리적인 시각으론, 출애굽이 사실이고 모세 또는 반드시 모세란 이름으로 불리지 않았어도 모세와 비슷한 존재가 실존하였으며 다만 꼭 성서대로 사건이 전개되지는 않았을 것이라는 2번과 3번을 섞은 견해가 3천 년이 더 지난 성서의 사건을 진실에 부합하게 설명할 개연성이 가장 크다. 성서학자 중에서 이러한 견해를 지지하는 이들이 제법 되는 것으로 알고 있다.

여기서는 출애굽 사건이 '어느 정도' 사실이고 모세이든 모세와 유사한 존재이든 아무튼 탈출의 지도자가 있었으며, 이것이 팔레스타인 지역에서 어떤 형태로든 전승되다가, 포로기 유대인 공동체의 절체절명의 필요 때문에 유대인의 집합적 기억으로 전치(轉置·displacement)되었다고 가정하고 성서 본문을 훑어가도록 하자.

먼저 "3천 년이 더 지났다."라고 전술(前述)한 출애굽의 정확한 시기. 앞서 살펴본 「신명기」 26장은 "내 조상은 방랑하는 아람사람으로서 애굽에 내려가 거기에서 소수로 거류하였더니 거기에서 크고 강하고 번성한 민족이 되었다."라는 상황설명에 이어 "애굽 사람이 우리를 괴롭히므로 우리가 우리 조상의 하나님 여호와께 부르짖었더니 여호와께서 우리 음성을 들으시고 우리를 애굽에서 인도하여 내시고 이곳으로 인도하사 이 땅 곧 젖과 꿀이 흐르는 땅을 주셨다."라고 출애굽 사건의 본질을 전한다. 이 아람사람의 후손이 유랑 끝에 이집트에서 히브리 민족을 이루고, 하나님의 도움으로 압제를 피해 광야로 탈출하였다가 40년 뒤에 팔레스타인 땅을 정복한 사건은 유대인 역사의 본령을 이룬다. (만일 일어났다면) 출애굽 사건이 일어난 시기는 대략 기원전 13세기로, 이에 따라 그때 이집트의 파라오는 람세스2세로 추정된다. 기원전 13세기가 출애굽 발생 시기에 관한 주류 의견이다. 그리하여 출애굽을 다룬 많은 영화에서 모세와 다투는 이집트 파라오는 거의 람세스2세이다.

과학적 추론에 근거한 다른 주장은 기원전 15세기설이다. 기원전 15세기 출애굽 설의 배경 중의 하나는 에게해의 화산섬 산토리니(Santorini)의 대폭발이다. 인류 문명이 시작된 이래 가장 큰 폭발로 알려진 지중해 산토리니 섬의 테라(Thera) 화산 폭발로 그때 산토리니에 기반을 둔 미노아 문명이 붕괴하였다. 당시 대형폭발로 분출한 화산재가 굳어 50m 이상의 응회암(凝灰岩)층을 형성한 것이 아직도 섬에서 관찰된다. 산토리니섬의 대폭발은 구약성서의 출애굽을 과학적으로 설명하는 유력한 방법의 하나다.

출애굽이 한 번 일어난 것이 아니라 여러 차례 일어났다는 제3의 견해가 있다. 이 견해는 '기원전 13세기설' 및 '기원전 15세기

설'과 시기를 같이할 수도 달리할 뿐 수도 있지만 출애굽의 내용은 달라진다. 발생 시기는 기원전 15세기와 기원전 13세기의 특정시점에 각각 몰려서 일어났을 수도 있고, 기원전 15세기~기원전 13세기 사이에 지속해서 일어났을 수도 있다. 또는 가능성은 작지만 전혀 다른 시기 등을 상정할 수 있다. 이때의 출애굽의 내용은 완전히 새롭게 상정되어야 하며, 경우 수가 꽤 많아진다.

출애굽 시점은 대체로 독립변수라기보다는 출애굽의 내용에 따라 달라지는 종속변수에 가깝다. 예를 들어 홍해 기적을 쓰나미라는 자연현상과 결부시키면 그 시기가 조금 더 위로 올라가게 된다. 그러므로 출애굽을 기원전 15세기~기원전 13세기 사이에 한 번 혹은 여러 차례 일어난 사건으로 폭넓게 바라보며 이제 사건의 세부 내용 파악에 들어가자.

출애굽은 '탈출'을 의미하기에 단어 상의 의미는 이집트를 나오는 물리적 사건에 초점이 맞춰진다. 모세를 중심으로 기술된 성서는 히브리 민족의 부르짖음과 하나님의 들으심, 하나님의 모세 호출과 모세의 순종, 모세와 파라오 사이의 싸움 등 본격적인 출애굽에 앞서 사전 이야기를 배치해 두었다.

4. 첫 번째 유월절에 관한 의문

출애굽의 사전(事前) 이야기 또한 분명 넓게 보아 출애굽 사건을 구성한다고 하겠지만, 10개 재앙과 유월절의 유래 등 파라오가 모세에게 출애굽을 허락하기까지의 이야기를 다루기엔 내용이 너무 방대하다. 다만 10개 재앙의 마지막이자 가장 충격적인 재앙과 관련된 유월절은 유대 전통에서 큰 의미를 갖는데, 이것이 출애굽에서 유래하였음을, 또는 출애굽으로 의미가 부여 되었음을 기억할 필요는 있다. 유대교의 유월절이 예수의 죽음을 통해 시기적으로 기독교의 부활절과 겹쳐지게 된 것 또한 매우 공교롭기에 유월절의 유래가 된 사건을 한번 살펴보고 넘어가자.

유대인의 최대명절인 유월절(逾越節)은 영어표기 'Passover'를 통해 더 쉽게 이해된다. 유월절은 모세가 경고한 재앙이 이집트인에게는 닥쳤으나, 모세의 지시에 따라 미리 준비한 히브리인에게는 재앙이 닥치지 않고 '넘어간 것(Passover)'을 기념한 절기이다. 성서 본문을 보자.

너희 각자가 어린 양을 취할지니 각 가족대로 그 식구를 위하여 어린 양을 취하되 그 어린 양에 대하여 식구가 너무 적으면 그 집의 이웃과 함께 사람 수를 따라서 하나를 취하고 각 사람이 먹을 수 있는 분량에 따라서 너희 어린 양을 계산할 것이며 … 그 피를 양을 먹을 집 좌우 문설주와 인방에 바르고 그 밤에 그 고기를 불에 구워 무교병과 쓴 나물과 아울러 먹되 날것으로나 물에 삶아서 먹지 말고 머리와 다리와 내장을 다 불에 구워 먹고 아침까지 남겨두지 말며 아침까지 남은 것은 곧 불사르라 너희는 그것을 이렇게 먹을지니 허리에 띠를 띠고 발에 신을 신고 손에 지팡이를 잡고 급히 먹으라. 이것이 여호와의 유월절이니라. 내가 그 밤에 애굽 땅에 두루 다니며 사람이나 짐승을 막론하고 애굽 땅에 있는 모든 처음 난 것을 다 치고 애굽의 모든 신을 내가 심판하리라. 나는 여호와라. 내가 애굽 땅을 칠 때에 그 피가 너희가 사는 집에 있어서 너희를 위하여 표적이 될지라. 내가 피를 볼 때에 너희를 넘어가리니 재앙이 너희에게 내려 멸하지 아니하리라. 너희는 이 날을 기념하여 여호와의 절기를 삼아 영원한 규례로 대대로 지킬지니라.

「출애굽기」 12장 3~14절 중 발췌

인용문의 전반부는 유월절에 관한 설명이다. 개인적으로 나는 이 대목에서도 「출애굽기」가 포로기 이후의 시점에 작성되었음을 확인한다. 이집트에 재앙이 9번이나 닥치고 모세와 파라오가, 이스라엘과 이집트가 건곤일척의 대결을 벌이고 있는 판에 명절 예법을 세세하게 설명한다는 게 말이 되지 않는다. 당시에 모세가 했을 법한 말을 상상하면 "모든 히브리인 가정에서 양을 잡아 문설주에 그 피를 바르라."라는 한 마디였을 것이다. 뒤에 살펴보겠지만 60만 가구에 빠지지 않고 이 말을 전달해야 하는 급박한 상황이었으니 명료한 한 가지 행동지침을 전했을 것이라고 상상하는 게 타당하다. 어린 양의 피로 문설주에 피를 바르는 것만으로도 경황이 없는데 한가하게 고기를 잡아 나눠 먹는 이야기를 했을까. 뒤에도 후대에서 작성했을 것이란 추정이 드는 문장들이 눈에 띈다.

인용문의 후반부는 이집트에 내리는 10개 재앙의 완결편이자 가장 끔찍한 재앙의 내용을 설명한다. 현대의 과학자들은 10개 재앙의 대부분을 설명해냈다. 「출애굽기」에서 설명한 것과 비슷한 사례를 찾아내는 데에도 성공했다. 독성 미생물 등에 의한 환경오염이 「출애굽기」에 묘사된 것과 같은 재앙을 연쇄적으로 야기할 수 있다는 설명이다. 여기서는 과학자들과 성서자구(字句) 추종자들 사이에 입장이 바뀐다.

성서자구 맹종자들은 재앙에 관한 과학적 설명을 불편해한다. 하나님이 모세를 통해 전하고 실현한 재앙은 합리적인 설명이 아니어야만 더 신실한 상황이 된다고 느끼기 때문이다. 그 재앙은 신적인 재앙이어야 하지, 자연적인 재앙이어서는 안 된다. 만일 자연적인 재앙에 신(神)의 선언(宣言)을 얹었다면 그때 모세는 사기꾼이 될 수밖에 없다. 신이 사기 칠 수는 없는 노릇이 아닌가. 사실 신이 인간사에 들어와서 사기를 칠 일은 없고 어떠한 이유도 발견되지 않으며, 있다면 오직 신의 대리인을 자처하는 이들에 의해서 신과 무관하게 일어날 뿐이다.

이집트의 장자만을 죽게 한 10번째 재앙은 합리적인 설명이 전혀 쉽지 않기에 그러므로 모세를 과학적 설명에서 구해낼 수 있는 마지막이자 강력한 카드이다. 하나님은 "너희는 무교절을 지키라 이 날에 내가 너희 군대를 애굽 땅에서 인도하여 내었음이니라 그러므로 너희가 영원한 규례로 삼아 대대로 이 날을 지킬지니라."(「출애굽기」 12장 17절)는 절기 준수 권유에 이어 예고한 대로 마침내 사건이 일어나게 한다.

모세가 이스라엘 모든 장로를 불러서 그들에게 이르되 "너희는 나가서 너희의 가족대로 어린 양을 택하여 유월절 양으로 잡고 우슬초 묶음을 가져다가 그릇에 담은 피에 적셔서 그 피를 문 인방과 좌우 설주에 뿌리고 아침까지 한 사람도 자기 집 문 밖에 나가지 말라. 여호와께서 애굽 사람들에게 재앙을 내리려고 지나가실 때에 문 인방과 좌우 문설주의 피를 보시면 여호와께서 그 문을 넘으시고 멸하는 자에게 너희 집에 들어가서 너희를 치지 못하게 하실 것임이니라. 너희는 이 일을 규례로 삼아 너희와 너희 자손이 영원히 지킬 것이니 너희는 여호와께서 허락하신 대로 너희에게 주시는 땅에 이를 때에 이 예식을 지킬 것이라. 이 후에 너희의 자녀가 묻기를 '이 예식이 무슨 뜻이냐' 하거든 너희는 이르기를 '이는 여호와의 유월절 제사라 여호와께서 애굽 사람에게 재앙을 내리실 때에 애굽에 있는 이스라엘 자손의 집을 넘으사 우리의 집을 구원하셨느니라.' 하라" 하매 백성이 머리 숙여 경배하니라. 이스라엘 자손이 물러가서 그대로 행하되 여호와께서 모세와 아론에게 명령하신 대로 행하니라. 밤중에 여호와께서 애굽 땅에서 모든 처음 난 것 곧 왕위에 앉은 바로의 장자로부터 옥에 갇힌 사람의 장자까지와 가축의 처음 난 것을 다 치시매 그 밤에 바로와 그 모든 신하와 모든 애굽 사람이 일어나고 애굽에 큰 부르짖음이 있었으니 이는 그 나라에 죽임을 당하지 아니한 집이 하나도 없었음이었더라. 밤에 바로가 모세와 아론을 불러서 이르되 "너희와 이스라엘 자손은 일어나 내 백성 가운데에서 떠나 너희의 말대로 가서 여호와를 섬기며 너희가 말한 대로 너희 양과 너희 소도 몰아가고 나를 위하여 축복하라." 하며 애굽 사람들은 말하기를 "우리가 다 죽은 자가 되도다." 하고 그 백성을 재촉하여 그 땅에서 속히 내보내려 하므로 … 이스라엘 자손이 애굽에 거주한 지 사백삼십 년이라 … 바로 그 날에 여호와께서 이스라엘 자손을 그 무리대로 애굽 땅에서 인도하여 내셨더라.

「출애굽기」 12장 21~51절 중 발췌

흥미로운 사건이긴 하지만 문득 몇 가지 궁금증이 생긴다. 왜 하나님은 굳이 어린 양의 피로 문에다 표시를 하라고 했을까. 그냥 알아서 자기 백성인 히브리인의 집을 피해 가면 되지 않았을까. 문설주에다 피를 바르는 행위를 주체적 신앙고백 방식의 하나로 볼 수 있을까. 만약에 자기 집의 문에다 어린 양의 피를 칠하지 못한 히브리인이 있다면 그 집안의 장자는 죽임을 당했을까. 즉 60만 가구 중에 유월(逾越)의 행동지침을 미처 전달받지 못한 히브리인이나 너무 가난해서 잡을 어린 양이 없는 히브리인이 있었다면 이들의 집에 어떤 일이 일어났을까 하는 궁금증이다. 어린 양이 아니라 기준보다 더 늙거나 더 어린 양을 잡아서 피를 뿌렸다면 사신(死神)은 그 집 앞에서 어떤 판단을 하게 될까. 앞서 논한 것과 같은 첫 번째 유월절의 다급한 정황에서 모세가 그런 지시를 내렸다고 믿어지지는 않지만 아무튼 유월절 어린 양은 "흠 없고 일 년 된 수컷으로 하되 양이나 염소 중에서"(12장 5절) 취하라고 돼 있다. 흠 없고 일 년 된 수컷 양이나 염소가 마침 주인이 너무나 사랑하는 것이어서 일 년이 넘거나 못 된 것을 제물로 사용해도 될까. 또는 자신은 일 년 된 양이나 염소라고 생각했지만 양이나 염소가 산 날을 계산함에 착오를 일으켰으면 어떻게 되는 것인가.

판단하기 어려운 상황은 또 있다. 예컨대 우연히 이 이야기를 듣거나, 어느 히브리인의 선의로 듣게 된 이집트인이 어린 양을 택하여 희생제물로 잡고 우슬초 묶음을 가져다가 그릇에 담은 피에 적셔서 그 피를 문 인방과 좌우 설주에 뿌리고 아침까지 가족의 한 사람도 자기 집 문 밖에 나가지 못하게 했다면 그 집안 장자의 생사는 어떻게 판가름 났을까.

이러한 의문을 명쾌하게 해소할 수 있는 길은 없을까. 먼저 이런 의문이 들어야 하고 의문이 든 다음에는 해소하고 싶다는 의욕이 있어야 하겠지만 말이다. 상식적으로 납득할 수 있는 설명은 사건보다 사건의 기념이 먼저 있었다는 것이지 싶다. 유월절이란 절기를 위해 유월의 사건이 만들어졌거나 혹은 발굴되었을 것이며, 이도 저도 아니면 전해온 앙상한 뼈대에 후대에서 풍성한 살을 붙였을 수도 있다. 사건, 전승, 기록 사이의 시간의 간격 혹은 불일치로 인해 사건의 해석을 위한 또 다른 사건의 존재가 가능할 수 있다는 뜻이다. 더러 사건보다 해석이 먼저 일어나기도 한다.

만족스럽지는 않지만 나름대로 합리적이고 과학적인 설명을 내

놓는 사람들이 있다. 이집트인의 장자 사망을 재앙의 연쇄 속에서 파악하면서, 독성물질 혹은 미생물에 식량이 오염된 상황을 가정하면 이해를 위해 약간은 비빌 언덕이 생긴 듯한 느낌이 든다. 유례없는 일련의 재앙에서 10번째의 결정타가 찾아왔는데, 성서에서 보고된 것과 같은 계속된 재앙 속에서 앞선 재앙 또한 원인이 되어 치명적 독성 곰팡이가 발생하고 급격하게 퍼져나가면서 이집트인과 히브리인을 포함한 노예 계급의 식량이 심각하게 오염된다. 극심한 식량난을 야기하였을 최악의 재난 상황에서 사람들은 오염된 식량을 폐기하지 못하고 먹을 수밖에 없었을 터이고, 이것이 최악 중에서 최악의 재앙으로 이어지게 된다.

이제 설명이 필요한 대목이다. 히브리인 또한 재난 상황에 처했을 텐데 왜 이집트인에게 피해가 집중됐는가. 완벽한 설명이 불가능하지만 같은 지역에 살면서도 히브리인이 상대적으로 오염 피해를 적게 입은 이유로는, 주기적으로 창고를 깨끗하게 청소하는 히브리인의 생활습관과 집안에 있는 누룩을 탈탈 털어 없애버리는 무교절 관행*이 제시된다. 이것이 쥐와 쥐벼룩, 기타 유해 독성

---

* 이스라엘 국가의 랍비청은 매년 새롭게 등장하거나 기존 제품에 대한 누룩 포함 판정을 내리는데, 2005년에는 그동안 누룩이 든 음식으로 판정되어 판매 및 식용이 금지된 비아그라가 그해 금지에서 풀려났다. 비아그라 애용 국가 중 하나로 꼽히는 이스라엘에서 비아그라가 유월절 금지 품목에 오른 이유는, 알약으로 된 비아그라의 표면에 코팅한 재료에 발효한 밀가루 성분이 들

균 등 전달 매개체의 서식환경 조성을 원천적으로 줄여 히브리인의 피해가 상대적으로 적었던 반면 히브리인과 다른 생활풍습을 가진 이집트인은 재난을 피해갈 수 없었다는 분석이다. 여기에다 사태를 악화한 추가적 요인으론, 흉년이 드는 등 어려운 상황에 처하면 다른 아이들보다 장자에게 먹을 것을 두 배로 주는 당시 이집트인의 습속이 거론된다. 먹거리 공급이 줄어드는 등 생존환경이 나빠질 때 다른 생명종도 이런 생태를 보인다. 생존가능성이 높은 개체에게 집중투자하는 동물세계의 행태와 이집트인의 장자 우대는 닮은꼴이다. 그러나 종의 번식과 관련하여 일반적으로 합리적이라고 할 이러한 전략이 이번에는 실패로 귀결한다. 결과적으로 독을 두 배로 준 셈이기 때문이다. 물론 그럴듯한 이러한 설명 또한 이해하려는 노력의 하나일 뿐이다.

성서에서 묘사된 것과 같이 만일 하루아침에 그런 상황이 빚어졌다면 독성물질이나 미생물에 의한 급성감염이, 정말로 갑자기 걷잡지 못할 수준으로 퍼졌다고 상상할 수 있다. 장자 사망에 국한하였다기보다는 식량이 부족하고 전염병이 창궐한 상황에서 생

었기 때문이었다. 비아그라 제조사인 미국 화이자는 밀가루 성분의 코팅 대신 비아그라 분말을 캡슐에 담아 유월절 금지에서 풀려났다. 랍비청은 밀가루 성분으로 코팅된 비아그라을 먹으면 안 되지만 캡슐에 넣은 제품은 복용하여도 된다고 유권해석을 새로 내렸다. 유대인의 유월절 누룩 강박을 보여준 대표적 사례이다.

존력이 급격히 저하한 상태에 처한 유아들이 급성감염이란 추가적인 한 방이 더해지자 마구잡이로 죽어 나갔으며 이 사태가 집단의 기억에 각인돼 다른 종교적 전승과 결부돼 이야기로 완성되었을 가능성을 배제하지 못한다. 히브리인들이 그 시기에 이 같은 최악의 상황에서 이집트를 탈출했다면, 탈출의 동기를 조금 다르게 해석할 수도 있어 보인다. 처참한 고통이 일상이 된 노예의 삶에서 벗어나야 한다는 나름의 '인간적인' 욕구, 또는 존엄의 욕구는 사치스러운 것으로 치부된다. 먹을 것은 없고 전염병이 창궐한 특급 재난지역에서 최대한 빨리 무조건 달아나야 한다는, 절박한 생물학적 생존 욕구의 발로가 출애굽이라는 해석이 가능하다. 그렇다면 이집트의 국가시스템이 상당 수준 마비 또는 붕괴 차원에 접어들었을 것이기에 탈출 자체는 훨씬 용이하였으리라고 추측할 수 있다.

모세에서 비롯한 괴멸적 사건과 결부된 첫 번째 유월절이, 유월절이란 절기의 도입 혹은 시작 시점과 동시에 무교절과 합체한 배경은 무엇일까. 무교절과 유월절은 각각 농경문화, 유목문화와 연결된다. 각기 다른 문화적인 배경을 갖는 두 절기가 어느 날 갑자기 이집트에서 사실상 하나가 된 이유로 출애굽, 특히 장자 사망 사건 자체를 드는 것은 논리적 과속이다. 첫 번째 유월절을 설명한 「출애굽기」 12장은, 첫 번째 유월절의 성립과정을 보여주면서 자연스럽게 무교절의 전통까지 결합하여 제시한다. 그렇다면 첫 번째 유월절의 그 날에 무교절 전통이 이미 존재했다고 봐야 할까. 히브리인이 장자사망의 재앙을 피할 수 있도록 모세가 독특한 희생의식을 선포하면서 슬그머니 무교절 전통까지 끌어들인 것은 왜일까.

만일 후대의 어느 시점으로 시기를 늦추면 유대인이 절기의 유래에 관한 명확한 이해 없이 유월절과 무교절을 각각 혹은 결합하여 지키고 있었는데, 어느 날 유대인 공동체의 결속을 강화하기 위해 이 절기에 의미를 부여할 필요성을 강력하게 또 절박하게 느낀 누군가가 유래를 찾아내지 않았을까. 모세의 출애굽 사건에서 유월절이 비롯하였다고 보기보다는 이렇게 이해하는 게 더 받아들이기는 쉽다. 즉 역사 속에서 사건 자체가 모호한 가운데 사건의 기념을 절박하게 필요로 하는 상황논리가 사건을 역사 안에 정초했다는 설명이다. 이 상황논리가 맞는지를 확언할 수는 없지만 사건 자체의 실종은 유대인 역사에서 확인된다.

구약성서에 따르면, 후대에 유월절 절기 준수를 요청한 「출애굽기」 등의 반복된 기록에도 불구하고 이렇게 중요한 사건은 유대 민족에게 오랫동안 잊힌다. 먼 옛날 이집트에서 엄청난 사건을 매개로 시작된 유월절이 첫 번째 절기만이 대대적으로 준수된 이후 구약 시대에서 대체로 망각된 것은 조금은 납득하기 어려워 보인다.

구약 시대 유월절에 관한 기록은 히스기야 왕(재위 기원전 725~697)

과 요시야 왕(재위 기원전 639~609) 재위기에 나타난다. 두 왕은, 기원전 722년 북왕국(이스라엘)을 패망케 한 앗시리아 제국의 남하에 맞서 남왕국 유다를 지켜내야했던 시기의 3대 현군으로 꼽힌다. 나머지 한 사람은 여호사밧 왕이다. 특히 종교개혁을 단행한 것으로 유명한 요시야는 지방 성소의 제사행위를 없애고 예루살렘 성전에서 드리는 예배만을 인정하는 유대교의 중앙집권화를 공식화하였다.

여기서 역사적으로 유월절을 국가적 행사로 되살린 히스기야와 요시야 왕의 재위기가 북왕국 이스라엘 패망 이후 유대 민족의 대표국가가 된 남왕국의 위기 국면이라는 점을 주목할 필요가 있다. 또한 「출애굽기」가 편집되어 경전화한 시기가 남왕국 유다마저 망해 유다 백성이 바빌로니아 제국에 포로로 끌려간 시기임을 유념해야 한다. 유월절과 출애굽 또한 "하나님에 불순종한" 유대 민족의 재앙과 위기, 그리고 순종을 통한 위기의 극복이란 큰 맥락에서 이해되어야 한다.

"도덕과 종교가 내세우는 원인은 모두 공상적 원인이다. 도덕과 종교는 내가 겪고 있는 불행과 불쾌감의 원인을 신이나 도덕에 대한 불경에서 찾는다. 그리고 그 불행과 불쾌를 벌로 해석한다."라는 니체의 말이 이 대목에선 어느 정도 적용되는 셈이다.

먼저 히스기야 왕 시기의 기록을 살펴보자.

히스기야가 온 이스라엘과 유다에 사람을 보내고 또 에브라임과 므낫세에 편지를 보내어 예루살렘 여호와의 전에 와서 이스라엘 하나님 여호와를 위하여 유월절을 지키라 하니라. … 드디어 왕이 명령을 내려 브엘세바에서부터 단까지 온 이스라엘에 공포하여 "일제히 예루살렘으로 와서 이스라엘 하나님 여호와의 유월절을 지키라" 하니 이는 기록한 규례대로 오랫동안 지키지 못하였음이더라. 보발꾼들이 왕과 방백들의 편지를 받아 가지고 왕의 명령을 따라 온 이스라엘과 유다에 두루 다니며 전하니 일렀으되 "이스라엘 자손들아 너희는 아브라함과 이삭과 이스라엘의 하나님 여호와께로 돌아오라. 그리하면 그가 너희 남은 자 곧 앗수르 왕의 손에서 벗어난 자에게로 돌아오시리라. 너희 조상들과 너희 형제 같이 하지 말라. 그들은 그의 조상들의 하나님 여호와께 범죄하였으므로 여호와께서 멸망하도록 버려 두신 것을 너희가 똑똑히 보는 바니라. 그런즉 너희 조상들 같이 목을 곧게 하지 말고 여호와께 돌아와 영원히 거룩하게 하신 전에 들어가서 너희 하나님 여호와를 섬겨 그의 진노가 너희에게서 떠나게 하라. 너희가 만일 여호와께 돌아오면 너희 형제들과 너희 자녀가 사로잡은 자들에게서 자비를 입어 다시 이 땅으로 돌아오리라. 너희 하나님 여호와는 은혜로우시고 자비하신지라 너희가 그에게로 돌아오면 그의 얼굴을 너희에게서 돌이키지 아니하시리라" 하였더라. 보발꾼이 에브라임과 므낫세 지방 각 성읍으로 두루 다녀서 스불론까지 이르렀으나 사람들이 그들을 조롱하며 비웃었더라. 그러나 아셀과 므낫세와 스불론 중에서 몇 사람이 스스로 겸손한 마음으로 예루살렘에 이르렀고 하나님의 손이 또한 유다 사람들을 감동시키사 그들에게 왕과 방백들이 여호와의 말씀대로 전한 명령을 한 마음으로 준행하게 하셨더라. 둘째 달에 백성이 무교절을 지키려 하여 예루살렘에 많이 모이니 매우 큰 모임이라. 둘째 달 열넷째 날에 유월절 양을 잡으니 … 규례대로 각각 자기들의 처소에 서고 하나님의 사람 모세의 율법을 따라 제사장들이 레위 사람의 손에서 피를 받아 뿌리니라.

「역대하」 30장 1~16절 중 발췌

히스기야 왕은 재위 중에 북왕국이 앗시리아에 멸망 당한 것을 목격하였다. 신정일치 국가에서 히스기야는 북왕국의 패망원인으로 여호와에 대한 그들의 불순종을 들었고, 국가적 위기 상황에서 북왕국을 반면교사 삼아 유대민족의 신앙을 새롭게 하고자 하였다. "하나님 여호와께로 돌아오라. 그리하면 그가 너희 남은 자 곧 앗수르 왕의 손에서 벗어난 자에게로 돌아오시리라."라는 인용문은 히스기야의 신앙관이자 위기를 대처하는 방법론이라고 할 수 있다. 왕에게는 여호와 신앙 안에서 민족이 한마음으로 똘똘 뭉칠 필요가 절실하였다.

그러나 유월절을 국가적인 행사로 대대적으로 거행함으로써 신앙을 중심으로 민족 공동체를 단결케 하려고 한 히스기야의 계획이 전폭적으로 환영받은 것은 아닌듯 하다. "보발꾼이 각 성읍으로 두루 다녔으나 사람들이 그들을 조롱하며 비웃었더라."라는 표현에서 단적으로 드러난다. 무교절과 유월절의 혼합 또한 목격되는데, 문맥상으로는 무교절이 더 큰 절기로 보인다.

요시야 왕 시기엔 대대적인 종교개혁이 일어났다. 「역대하」 35장 1절은 "요시야가 예루살렘에서 여호와께 유월절을 지켜 첫째 달 열넷째 날에 유월절 어린 양을 잡으니라"라고 요시아 왕이 유월절을 지킨 것을 적시하였다.

(요시야가 말하기를,) 스스로 성결하게 하고 유월절 어린 양을 잡아 너희 형제들을 위하여 준비하되 여호와께서 모세를 통하여 전하신 말씀을 따라 행할지니라. 요시야가 그 모인 모든 이를 위하여 백성들에게 자기의 소유 양 떼 중에서 어린 양과 어린 염소 삼만 마리와 수소 삼천 마리를 내어 유월절 제물로 주매 방백들도 즐거이 희생을 드려 백성과 제사장들과 레위 사람들에게 주었고 하나님의 전을 주장하는 자 힐기야와 스가랴와 여히엘은 제사장들에게 양 이천육백 마리와 수소 삼백 마리를 유월절 제물로 주었고 또 레위 사람들의 우두머리들 곧 고나냐와 그의 형제 스마야와 느다넬과 또 하사뱌와 여이엘과 요사밧은 양 오천 마리와 수소 오백 마리를 레위 사람들에게 유월절 제물로 주었더라. 이와 같이 섬길 일이 구비되매 왕의 명령을 따라 제사장들은 그들의 처소에 서고

레위 사람들은 그들의 반열대로 서고 유월절 양을 잡으니 제사장들은 그들의 손에서 피를 받아 뿌리고 또 레위 사람들은 잡은 짐승의 가죽을 벗기고 그 번제물을 옮겨 족속의 서열대로 모든 백성에게 나누어 모세의 책에 기록된 대로 여호와께 드리게 하고 소도 그와 같이 하고 이에 규례대로 유월절 양을 불에 굽고 그 나머지 성물은 솥과 가마와 냄비에 삶아 모든 백성들에게 속히 분배하고 ··· 이와 같이 당일에 여호와를 섬길 일이 다 준비되매 요시야 왕의 명령대로 유월절을 지키며 번제를 여호와의 제단에 드렸으며 그 때에 모인 이스라엘 자손이 유월절을 지키고 이어서 무교절을 칠일 동안 지켰으니 <u>선지자 사무엘 이후로 이스라엘 가운데서 유월절을 이같이 지키지 못하였고</u> 이스라엘 모든 왕들도 요시야가 제사장들과 레위 사람들과 모인 온 유다와 이스라엘 무리와 예루살렘 주민과 함께 지킨 것처럼은 유월절을 지키지 못하였더라. 요시야가 왕위에 있은 지 열여덟째 해에 이 유월절을 지켰더라.

「역대하」 35장 6~19절 중 발췌

인용문 중 밑줄 친 부분에서, '이같이'란 단서가 있어 어떤 상황인지 정확하게 파악되지 않지만 유월절과 관련하여 예외적 상황이 요시야 왕 시기에 벌어졌음은 알 수 있다. 또한 요시야의 유월절은 대대적인 국가적 행사로 거행되어, 집집마다 문설주에 어린양의 피를 바르고 재앙이 지나가기를 바란 모세의 첫 번째 유월절

과도 확연한 차이를 보인다. 요시야 종교개혁의 본질이 가정 중심의 명절이었던 유월절을 중앙 성소 중심의 공동체 전체의 절기로 만든 것인지는 내가 이야기할 범위를 벗어난다. 아마도 예루살렘 중심의 국가적인 종교제도가 정착하였음을 보여주는 증거의 하나로 제시될 수 있겠지만, '첫 번째 유월절' 이후 그때까지 개개 유대인 가정에서 어떻게 유월절을 지켰는지를 확인할 방도가 있을지는 개인적으로 회의적이다.

"요시야가 왕위에 있은 지 열여덟째 해에 이 유월절을 지켰더라"라는 언급에서 우리는 이 행사가 일상적인 것이 아니라 특별한 행사였음을 짐작할 수 있다. 기록만으론 히스기야 왕 시기의 유월절과 미묘한 차이를 드러내는데, 히스기야 시기엔 무교절이 먼저 언급되고 이어 어린 양을 잡은 반면 요시야 시기엔 유월절을 위해 모여 어린 양을 잡은 연후에 "이어서" 무교절을 지킨다. 유월절과 무교절의 연속성과 결합은 공통적이다. 종교 행사를 국가 차원에서 거행한 것이나, 지역별 제의를 중앙집권화한 것의 의미는 당시 정치·사회·문화적 맥락 안에서 찾아지겠지만 유월절의 상징성이 큰 것은 부인되지 않는다. 배경 스토리나 제의적인 연출 효과에서 유월절은 확실히 매력적이며 특히 정치적 활용을 염두에 둔다면 더욱 그러하다 하겠다.

요시야는 '여호와께서 고쳐주신다', '여호와께서 주소서', '여호와께서 지지하신다'는 뜻으로, 유다 16대 왕으로 국제정치의 격변기에 여호와 신앙을 중심으로 민족을 단결시켜 어떻게든 왕국을 지켜보려고 애썼지만 전쟁에서 치명상을 입고 기원전 609년 39살의 젊은 나이에 사망한다. 신앙을 기준으론 3대 현군으로 꼽혔는지 모르지만 결과론으로 그는 당시 국제정세를 오판하였고, 그의 왕국은 그의 전사 후 20여 년이 지나 패망한다. 그의 민족은 뿔뿔이 흩어져 유대민족의 숙명인 디아스포라가, 왕국을 통해 잠시 유예된 디아스포라가 본격화한다.

5. 또 다른 출애굽, 또 다른 모세, 그리고 예수

(모세의 출애굽으로) 하나의 민족을 이루고 고대 왕국을 성립한 유대인들은 기원전 587년 유다왕국의 멸망과 함께 출애굽 이전 시점으로 돌아간다. 그들 앞에는 조상들이 이집트에서 겪은 것과 비슷한 억압과 질곡이 기다렸다. 그들이 또 다른 출애굽의 기획을 절실하게 소망하게 되었음은 불문가지이다. 다시 한번 출애굽이 성취되기를, 다시 한번 모세 같은 영도자가 나타나 그들을 인도해주기를 염원하였을 것이다. 또는 간절한 염원과 소망이 역으로 출애굽과 모세를 불러내었을 수 있다. 정신분석학적으로 모세의 출애굽은 포로기 유대인들이 꾸는 꿈이었다고 말할 수 있다. 그 시기에 프로이트처럼 탁월한 유대인들이 있어, 꿈을 해석하고 사건을 소환하지 않았을까. 개인으로 존재하는 근대인의 꿈의 전치를 프

로이트가 설명하였다면, 포로기 그의 조상들은 피압박 민족의 꿈의 전치를 기록하였다. 그것이 「출애굽기」이다.

모세를 보낸 것이나 출애굽을 성공시킨 것, 즉 '구원'은 야웨가 작정하였기에 가능하였고, 그 작정은 고통 받은 이스라엘의 부르짖음이 야웨에게 전하여졌기에 가능했다. 나라를 잃고 이민족의 지배를 받게 된 유대민족에게 출애굽의 옛 경험은 새로운 출애굽의 자산이자 근거가 된다. 그리하여 그들은, 왕국이 위기에 처하였을 때 유월절을 불러내었듯, 왕국을 잃은 다음에는 유월절을 포함한 출애굽이란 원형 경험 전체를 소환한다.

그러나 앞서 살펴보았듯이 그 원형 경험이란 것이 실재하였는지, 그것이 유대 민족에 전유된 것인지는 확인되지 않는다. 왕국의 패망으로 민족 와해의 위기에 처한 유대인 엘리트집단에게 원형 경험의 실재나 전유는 중요하지 않았을 것으로 추측할 수 있다. 과거에 무엇이 실재하였는지와 무관하게 그것은 실재해야만하는 사건이었다. 사건은 실증성을 필요로 하지 않는다. 특히 민족과 종교의 합체(合體)가 뚜렷한 유대에게 민족적 욕망과 종교적 욕망은 동일한 욕망으로 충분히 수렴될 수 있었기에 마침내 사실이 아니라 소환이 역사성의 전면에 나선다. 역사성의 전망 아래서 사실은 소환에 수반된다. 그러므로 유대교는 불가불 역사성의 종교이지만 동시에 비역사성의 종교이기도 하다. 비역사성과 역사성은 동전의 앞뒷면처럼 결합하며 서로를 구속한다. 만일 이 결합이 느슨해지거나 끊어지면 유대(Judea)성의 소멸 가능성이 대두된다. 비역사성이 역사성의 구속을 뚫고 나오고 새로운 역사적 지평에서 비역사성의 큰 희망이 쏘아 올려졌을 때 기독교의 씨앗이 뿌려졌다.

예수가 태어나고 사역한 시기의 모습이다. 과거 포로기 유대인들의 생각과 혼동하지 말아야 할 것은 예수가 완전히 새로운 지평위에 서 있었다는 점이다. 이집트·앗시리아·바빌로니아와 로마사이에 본질적인 차이가 없고 따라서 유대인이 살아가는 억압의환경 또한 동일했다고 할 수 있지만, 예수 시기 유대 내부의 환경은 판이하게 달라졌다. 유대인들이 역사적 욕망과 비역사적 욕망을 교직(交織)하며 종교와 정치를 결합한 새로운 생존 공동체를 만들어내는 데에 성공한 이후 시대에 예수는 태어났다. 유대교를 현실 세계에 안착시킨 사람들은 아브라함·이삭·야곱과 모세를 현재 토라의 형태로 유대인 공동기억 안에 주조(鑄造)하느라 혼신의힘을 다했고, 그 결과 어디로 갈지 어떤 모습으로 굳을지 짐작할수 없던 끓어오른 용암 같은 액체성의 역사는 하나의 경로로 고체화하여 예수와 그의 동시대인 앞에 지반(地盤)으로 놓였다.

아무 때고 역사성을 훌쩍 뛰어넘을 수 있는 종교의 관점을 배제한 채 철저히 세속화의 관점을 취하는 이들에게는 그것이 유대인들에 의한 역사의 날조처럼 보일 터이다. 내 생각은 다르다. 그것은 날조된 역사가 아니라 주조된 역사이다. 분명 진짜 역사가 아닐 가능성이 크지만 진짜 역사를 영원히 알 수 없기에 진짜로 믿어진 또는 더 정확하게 진짜로 주조된 역사 말고는 어떤 역사도 진짜 역사로 주어질 수 없다. 주조 과정에서 거품을 빼지 못해 형태의 결함을 노출할 수는 있겠지만 형태만은 결함 없는 '진짜'인 셈이다. 주조 행위와 주조 틀을 통하여 산출된 고유한 형태는 부인할 수 없는 역사이며 그것이 새로운 역사의 무대를 구성한다.

역사 중에는 오랜 기간에 걸쳐 정직하게 쌓여 쌓인 무게로 다져가며 바위가 되는 퇴적암 같은 유형이 있는가 하면, 강력한 마그마의 분출로 퇴적층을 한 번에 덮여버려 새로운 지형을 만들어낸 화산암 같은 유형이 있다. 메소포타미아에서 팔레스타인·이집트에 걸쳐진 오랜 아람인의 역사를 비교적 단기간에 유대인의 역사로 덮었다는 측면에서 보면 예수는 화산암 유형의 역사 시기에 태어났다. 혹은 예수는 그런 시기를 택하여 태어났다. 예수의 역사적 활동이 이루어진 무대는 그런 곳이었다. 모세는 달랐다.

모세는 히브리인으로 태어났지만 예수는 유대인으로 태어났다. 태어난 지 8일에 할례를 받은 것에 상징적으로 드러나듯 예수가 유대인의 역사에 맞닿은 한 명의 유대인으로 태어났고(반면 모세는 할례를 받지 않은 것으로 보인다), 그 시기의 역사적 지평 위에서 육화하였다는 사실은 매우 중요한 의미가 있다. 그러나 유대인 예수는 유대 전통과 다른 방식으로 역사성과 비역사성을 조화하며 신의 이야기와 신의 구원을 선포한다. 딛고 선 역사적 지평이 다른 유대인과 다르다고 할 수는 없었겠지만, 비(非)역사성이라기보다는 완전히 역사를 넘어선 초(超)역사성을 역사 안에서 실현하고자 한 뫼비우스의 띠 같은 예수의 구상을 동시대 유대인은 결코 이해할 수 없었을 것이다. 예컨대 유대교의 비역사성을 사실상 폐기하고 역사성만을 추구한 '젤롯'으로 불린 열심당원 같은 부류에게 예수는 역사의식이 부재한 몽상가일 따름이었다고 말할 수 있다.

한데 역사성과 비역사성을 통합한 통시적(通時的) 지평에서 모세와 예수의 필연적 만남이 성취될 것이란 전망은 유대인들로서는 전혀 상상하지 못한 일이었을 것이다. 더구나 그 만남을 유대인이 매개한 것은 역사의 아이러니가 아닐 수 없다. '예수 살해자'로 몰려 부당하게도 혹독한 대가를 치른 유대인이 정작 예수 그리스도를 완성한 매개체였다.

모세가 만든 유월절에 예수는 최초의 인간 제물로 바쳐진다. 예수가 유월절의 희생양이었다는 관점은 신약성서에서 종종 제시된다. 바울이 "너희는 누룩 없는 자인데 새 덩어리가 되기 위하여 묵은 누룩을 내버리라. 우리의 유월절 양 곧 그리스도께서 희생되셨느니라."(「고린도전서」 5장 7절)라고 말하였고, "오직 흠 없고 점 없는 어린 양 같은 그리스도의 보배로운 피로 된 것이니라."(베드로전서 1장 19절), "보라 세상 죄를 지고 가는 하나님의 어린 양이로다."(「요한복음」 1장 29절) 등 신약성서 도처에서 이러한 관점의 구절이 발견된다.

예수가 당시의 복잡한 정치 상황에서 불가피하게 '인간 제물'이 될 수밖에 없었다는 인식은 대체로 유대교인도 받아들인다. 유대인의 간략한 입장은 자신들의 공동체를 지켜내기 위해 안타깝지만 예수를 인신(人身)공양할 수밖에 없었다는 정도이지 싶다. 반면 기독교인은 정치 상황에 의해 인간 제물로 희생된 예수가 동시에 신이라는 입장이다. 두 입장 사이의 간극은 매우 크다. 2천 년의 역사에서 보았듯 이 간극은 양측에게 모두 절대 좁혀질 수 없는 것으로 받아들여졌다.

기독교인 입장에서 유대인은 기독교의 하나님을 못 박은 끔찍한 죄악을 저질렀다. 동시에 유대인의 그러한 죄악을 통해서만 어린 양 예수의 희생제사가 완성될 수 있었기에 기독교에 있어 그 죄악은 꼭 필요한 죄악이었다는 역설이 초래된다. 기독교의 그러한 관점에서도 유대인은 일종의 선민(選民)이 아니면 안 된다. 저주받은 선민.

유대인은 거꾸로 기독교인이 자신들을 희생제물로 쓰고 있다고 비난할 법도 하다. 예수를 신으로 인정하지 않는 유대교의 견지에서, 예수교를 중심으로 한 사회의 전반적인 통치체제를 만들고 작동시키기 위한 상시적인 희생제물이 유대인인 셈이었다. 서구 기독교 세계에서 반유대주의는 체제 유지를 위한 중요한 동력의 하나였다. 꼭 유대인 관점을 취해야만 성립하는 이야기는 아닐 것이다.

예수의 죽음은 모세의 유월절과 긴밀하게 연결된다. 유대인은 역사성과 비역사성을 혼합하여 민족적이고 종교적인 구원의 플랫폼을 만드는 데 성공하였는데, 그러려면 사실이든 아니든 혹은 부분적 사실이든 그 무엇이든 반드시 출애굽과 모세를 소환하여야 했고 실제로 소환하였다. 예수의 시기에 그 플랫폼은 확고한 종교적·민족적·정치적 체계로서 공고해진 상태였다. 유대교의 작업은 너무 성공적이었다. 이에 따라 그 성공의 그늘 또한 짙게 드리운다. 기차가 떠날 수 있는 플랫폼을 만들어 놓고 자신들을 데려갈 기차를 기다리며 신실한 삶을 살아가야 하는 원래의 구상 대신 이제 그들은 플랫폼 자체를 신앙의 대상으로 승격시키는 일탈을 저지른다. 구원할 기차를 기다리며 플랫폼을 만들었지만 준비에 준비를 거듭하는 동안 플랫폼이 기차를 대체하게 되었고 기차가 망각되고 어느 순간 플랫폼에 더 기차가 들어올 수 없는 현실이 만들어져서 고착되고 만다. 이 화려한 플랫폼에서 가상의 인물일 수도 있고 실존한 역사적 인물일 수도 있는 모세는 슬그머니 히브리인이기를 그만두고 유대인으로 살아간다.

그러나 예수에게 모세는 여전히 히브리인이었다. 복음서에는 유대교 지도자들이 신성모독이라며 예수에게 분노하는 장면이 나온다. 유대인들이 더 분노한 것은 예수의 신성 자임보다도, 내 생각에 모세를 유대인 아닌 히브리인으로 받아들이는 예수의 가치관이었다. 유대인이 보기에 그것은 로마가 아니라 유대에 대한 반란이었고 유대교에서 예수보다 더 싫어하는 바울에서는 그러한 경향이 더 뚜렷했다. 그 경향을 반(反)유대주의로 평가하기도 하고 아니기도 하지만 유대인이 보기에 반란임은 분명하였다.

가상이든 실존이든 역사적 현존으로서 모세는 예수라는 구원 열차가 승객을 실으러 들어올 수 있는, 당시에 사용하기에 가장 편리하고 유력한, 무엇보다 실제로 존재하는 플랫폼이었다. 앞서 여러 차례 생각해 보았듯 '히브리인'은 유대인의 원형이 아니다. '히브리인'은 그저 인간이다. 고통받는 인간, 하나님께 구원을 요청하는 인간, 그리고 억압에서 탈출하는 인간이다. 예수가 유대인으로 태어났고 유대인으로 성장했지만 인간 예수가 끝내 유대인이 아니었던 것이나 마찬가지가 아닐까. 마르크스가 헤겔의 변증법을 뒤집어서 바로 세웠듯, 예수는 유대교의 모세를 인류 구원을 설명할 유력한 수단으로 합당하게 또 마찬가지로 뒤집어서 사용하였다.

신약성서가 유월절을 매개로 예수의 사역을 설명한 것은 지금이나 그때나 매우 합리적이자 직관적이며, 더욱이 감동적이다. 성서를 액면 그대로 읽으면 예수 제자들의 이러한 접근법이 유대적이어서 거부감이 들 법도 하다. 그러나 예수의 도래와 죽음, 부활에 이르는 일련의 기독교 사건은 모세의 사건을 탈(脫)유대적으로 해석하는 것에서부터 가능해진다고 할 때 이 접근법 또한 확고하게 탈(脫)유대적이다. 계시는 더러 익숙한 구조에서 새로운 의미를 부여하는 방식으로 이뤄지곤 한다. 모세와 예수의 탈(脫)유대가 기독교 정신의 정수임은 분명하다. 그러나 기독교인을 자처하는 이들이 모두 이 정수를 이해하는 것은 아니다.

하나님 예수는 유대인을 통하여 조성된 기반에서 모세를 활용함으로써 전체 인류를 위한 새로운 출애굽을 기획하고 선포하였으며 여전히 이끌고 있다. 「마태복음」의 기자가 예수에게서 불분명하게 이해했던 모세의 데자뷰는 기독교의 초석이 놓이는 방식을 의미한다. 4복음서의 유월절 풍경이 각 권의 마지막 부분에 위치한 것은 사건의 발생 순서상으로나 의미상으로나 불가피했다. 예수의 고난과 죽음, 부활을 설명하는 핵심 무대는 인간 예수가 마지막 시간을 보낸 1세기 예루살렘의 어느 유월절이었다.

무교절의 첫날에 제자들이 예수께 나아와서 이르되 유월절 음식 잡수실 것을 우리가 어디서 준비하기를 원하시나이까. (예수께서) 이르시되 "성안 아무에게 가서 이르되 선생님 말씀이 '내 때가 가까이 왔으니 내 제자들과 함께 유월절을 네 집에서 지키겠다 하시더라.' 하라." 하시니 제자들이 예수께서 시키신 대로 하여 유월절을 준비하였더라.

「마태복음」 26장 17~19절

이렇게 유대 풍습에 따라, 또는 모세를 소환하며 예수는 유월절을 지켰다. 성만찬의 유래가 된 사건도 이때 기록된다. "예수께서 그들이 먹을 때에 예수께서 떡을 가지사 축복하시고 떼어 제자들에게 주시며 이르시되 '받아서 먹으라. 이것은 내 몸이니라' 하시고 또 잔을 가지사 감사 기도 하시고 그들에게 주시며 이르시되 '너희가 다 이것을 마시라. 이것은 죄 사함을 얻게 하려고 많은 사람을 위하여 흘리는 바 나의 피 곧 언약의 피니라.'(「마태복음」 26장 26~28절) 성만찬은 실제 사건의 종교적 반복이라기보다는, 후대에 정착된 기독교 예전(禮典)을 통하여 예수의 마지막 밤을 기념하는 신앙행위일 텐데 여기서 핵심은 누가 봐도 "언약의 피"이다. 「히브리서」는 예수가 세운 새 언약을 조금 더 자세히 설명한다. 예수의 피, 희생의식, 모세 등이 교리상으로 연결됨을 확인할 수 있다.

염소와 송아지의 피로 하지 아니하고 오직 자기의 피로 영원한 속죄를 이루사 단번에 성소에 들어가셨느니라. 염소와 황소의 피와 및 암송아지의 재를 부정한 자에게 뿌려 그 육체를 정결하게 하여 거룩하게 하거든 하물며 영원하신 성령으로 말미암아 흠 없는 자기를 하나님께 드린 그리스도의 피가 어찌 너희 양심을 죽은 행실에서 깨끗하게 하고 살아 계신 하나님을 섬기게 하지 못하겠느냐. 이로 말미암아 그는 새 언약의 중보자시니 이는 첫 언약 때에 범한 죄에서 속량하려고 죽으사 부르심을 입은 자로 하여금 영원한 기업의 약속을 얻게 하려 하심이라. … 이러므로 첫 언약도 피 없이 세운 것이 아니니 모세가 율법대로 모든 계명을 온 백성에게 말한 후에 송아지와 염소의 피 및 물과 붉은 양털과 우슬초를 취하여 그 두루마리와 온 백성에게 뿌리며 이르되 "이는 하나님이 너희에게 명하신 언약의 피라" 하고 또한 이와 같이 피를 장막과 섬기는 일에 쓰는 모든 그릇에 뿌렸느니라. 율법을 따라 거의 모든 물건이 피로써 정결하게 되나니 피흘림이 없은즉 사함이 없느니라. … 바로 그 하늘에 들어가사 이제 우리를 위하여 하나님 앞에 나타나시고 … 이제 자기를 단번에 제물로 드려 죄를 없이 하시려고 세상 끝에 나타나셨느니라. … 이와 같이 그리스도도 많은 사람의 죄를 담당하시려고 단번에 드리신 바 되셨고 구원에 이르게 하기 위하여 죄와 상관 없이 자기를 바라는 자들에게 두 번째 나타나시리라.

「히브리서」 9장 12~28절 중 발췌

모세와 출애굽이 선행하지 않았다고 하여도 예수의 탄생과 죽음 그리고 부활의 의미는 반감되지 않는다. 그러나 내가 생각하는 기독교에선 구약성서의 사건이 필요하다. 다른 종교와 비교하여 기독교 가르침의 가장 심오한 부분은 신이 인간이 되었다는 것이고 육화(肉化)한 그 신인(神人)이 인간에 의해 죽임을 당했다는 데에서 발견된다. 당연히 신은 죽지 않았다. 성서에서 보여주듯 신은 부활했다.

그러나 부활은 나중 문제이다. 나에게 감동을 준 사건은 신이 몸소 인간이 되기로 결심했다는 것이다. 육화한 신은 무엇보다 포유류의 일원인 인간이 되어야 하는데, 다른 포유류와 달리 인간이 특정하게 주어진 역사 속에서 사회적이고 개인적인 삶을 살아가야 한다고 할 때 예수 또한 '역사적 예수'로서 우리에게 주어진다. 그 예수가 종국엔 초역사적 임무, 또는 인간 역사를 완성할 테지만, '역사적 예수' 시점에는 말 그대로 육화한 인간 안에서 역사성을 체화해야만 한다. 신이 육화한다는 말은 포유류의 일원인 생물학적 인간이 된다는 것에 그치지 않는다. 신은 역사적이고 정치적이고 사회적인, 그리고 실존적인 개인으로 육화한다. 동시대 인간과 동일한 역사성을 껴안겠지만 동시에 초역사적 전망을 실현할 때, 그때 예수에게 모세는 요긴하다. 모세는 예수에 의해 완전히 새롭게 호명된다.

6. 출애굽의 장면들

① 탈출인원에 관한 논란

앞서 우리는 출애굽을 기원전 15세기~기원전 13세기 사이에 한 번 혹은 여러 차례 일어난 사건으로 폭넓게 정의했다. 이제 사건의 세부 내용을 하나씩 살펴보자. 우선 탈출 인원. 성서는 남자만 60만 명이 이집트를 탈출했다고 기술하였다. 대부분 이 숫자가 과장됐다고 생각하지만 당연히 액면 그대로 60만 명이라고 받아들이는 이들도 있다. 남자만 60만 명이라는 말은 여자, 아이, 노인을 포함하면 전체 탈출인원이 대략 200만 명 이상이라는 추론으로 이어진다. 엑소더스를 그린 많은 영화에서, 탈출 행렬에 남녀노소가 모두 포함된 이 정도 규모의 인원을 상정한다.

상식적으로 이 인원이 이집트를 일사불란하게 탈출하여 광야에서 40년을 머물다가 팔레스타인을 정복하였다는 이야기는 이야기로만 가능하다. '남자 60만 명 설'이 불가능하다고 믿는 연구자들은 이들과 식솔을 포함한 전체 탈출 규모가 무엇보다 당시 이집트 전 백성에 필적하거나 능가한다고 지적한다. 인구 200만 명이면 지금도 지구상 작은 나라의 전 국민에 해당한다. 더구나 이집트 군대 규모가 당시 몇만 명에 불과하였기에 장정 60만 명이면 무력으로 즉각 이집트를 접수할 수 있었다. 이집트를 히브리인의 나라로 만들면 더 손쉬운 것을 그 숫자로 힘들게 이집트에서 도망칠 이유가 있었을까. 또 만일 이집트에서 온순하게 이집트 밖으로 나왔다고 하여도 그 정도 장정이면 팔레스타인이든 어디든 즉각 점령하여 히브리 나라를 수립할 수 있었을 터이다.

200만 명 이상을 이집트에서 탈출시키고 40년 동안 광야에서 먹여 살린 모세의 역량은 신을 능가한다. 그러므로 걸핏하면 100만 군사를 동원한 것으로 중국식 과장법을 선보인 중국의 삼국지 시대가 기원후 사건임을 감안할 때 3천 년도 더 전에 일어난 성서의 출애굽 사건의 탈출인원은 과장해도 지나치게 과장한 측면이 있다.

이러한 과장과 관련하여 60만이란 숫자가 실제 60만이 아니라, 「출애굽기」를 기록한 히브리어 글자 하나를 잘못 해석하여 이런 숫자가 튀어나왔다는 의견이 존재한다. 잘못 해석했다기보다는 여러 가지 가능한 해석 중의 하나이지만 가장 설득력이 떨어지는 선택을 했다는 주장이다. 이 의견을 받아들이면, 실제 탈출 인원은 몇천 명에서 몇만 명으로 줄어든다. 이 숫자면 성서에 제시된 상황과 맞아떨어진다. 단적으로 모세가 이끄는 60만 명의 히브리 장정이 파라오가 끌고 오는 600대의 병거를 두려워했다는 게 우습지 않은가.

탈출인원과 관련한 논란은 자구 해석에 이어 산수(算數) 영역에서도 일어난다. 모세의 조상인 야곱 일가가 이집트에 정착할 때 인구가 70명이고, 출애굽 시점까지 430년을 살았다고 기록되어 있다. 대략 3천 년 이전 시기 삶의 조건에서 70명의 인간이 430년이 지나면 몇 명이 될 수 있을까. 복잡하진 않지만 다양한 산수를 동원하여 갑론을박이 벌어진다. 60만 장정과 200만 명의 인구가 모두 가능했다는 강력한 주장 또한 많다.

이미 우리는 성서를 해석할 때 성서의 바탕이 된 전승들과 그것들의 문서화와 누대에 걸친 편집이 있었음을 참작해야 함을 살펴보았다. 또한 그 과정에 다양한 욕망과 복잡한 의도가 개입하였음을 알고 있다. 이 같은 성서의 형성사에 비추어 '장정 60만'은 거의 불가능한 숫자다. 만일 비슷한 사건이 있었다 하더라도 1천 년가량 주로 구전으로 전승되다가 특정한 의도에 의해 경전화한 성서를 엄밀한 역사서로 읽는다는 것은 난센스다. 출애굽과 관련하여 제시되는 공통된 의견 중에, 성서에서 말한 것과 같은 대대적인 탈출이 이집트 기록에선 나타나지 않는다는 것 또한 참고하여야 한다.

그렇다면 출애굽 인원을 얼마쯤으로 생각해야 할까. 정답이야 있을까만은 적어도 60만 장정이 아닌 것은 확실하다고 보아야 하고, 대신 소규모 인원이 여러 시기에 걸쳐 여러 경로로 이집트에 들어갔다가 팔레스타인 등지로 되돌아갔을 확률은 매우 높아 보인다. 그 숫자가 10명일지 1만 명일지 알 수는 없지만, 또 60만 장정이 아니라고 사료되지만, 아무튼 출애굽은 있었을 것이다. 이집트 병사들에게 쫓긴 이야기, 얕은 바다를 건넌 이야기 등 여러 유형의 탈출기 혹은 이동기가 팔레스타인 지역에서 전해졌을 것이며 이 전승들이 유대 문화에도 수용되었을 것이라고 쉽사리 추측할 수 있다. 유대 민족의 저력은 메소포타미아 이집트 터키 등을 포괄한 넓은 중동지역의 전승과 설화를 자신의 문화로 소화하여 성서를 포함한 인류 공통의 기록을 만들어냈다는 데에서도 발견된다. 그들이 예의 선민이라면 고대에 이러한 역할을 수행한 것에서 찾는 방법이 있겠다고 생각해 본다.

외지인의 이집트 이주와 관련하여 이집트의 힉소스 족 지배 시기에 주목하는 견해가 있다. 자신도 외부세력인 힉소스인들이 아람인 등 이주인들에게 우호적이어서 당시 많은 외지인의 이집트 이주가 있었는데, 힉소스인들이 남쪽으로 쫓겨나면서 외지인들의 처지가 악화하였고 그중의 한 무리가 히브리인이었다는 설명이다. 이들의 처우가 달라져서 이집트의 노예가 되어 성서에서 묘사된 대로 왕가의 건축물을 만드는 데 동원되었다는 것이다.

설(說)의 하나로 모세가 장군이었다는 이야기가 있다. 히브리 또는 하비루로 불리는 무리가 용병이었으며 용병대장이 모세라는 견해다. 이들은 노예로 노동에 시달린 게 아니라 국경에서 외적의 침입에 맞서 싸우는 일을 했다. 그러다가 성서에서 나타난 것과 같은 재앙에 직면했거나, 아니면 단순히 대우에 불만을 품었고, 탈출을 결행하였다. 「출애굽기」 12장 35~36절에 "이스라엘 자손이 모세의 말대로 하여 애굽 사람에게 은금 패물과 의복을 구하매 여호와께서 애굽 사람들에게 이스라엘 백성에게 은혜를 입히게 하사 그들이 구하는 대로 주게 하시므로 그들이 애굽 사람의 물품을 취하였더라."라는 탈출 장면이 있는데, 주석에는 "취하였더라"에 '약탈'의 뜻이 있음이 명기돼 있다. 고대에 싸움에 능한 용병부대가 무장하고 이집트를 탈출하면서 보석 등 귀중품을 약탈하지 않았다면 그것이 더 이상하다. 물론 출애굽의 주체가 용병부대일 때 성립하는 이야기이다.

결론적으로 우리가 출애굽의 인원을 결코 알 수 없고 따라서 성서 「출애굽기」를 포함한 모든 추정이 정확하지 않으며 무엇보다 이러한 숫자 싸움이 중요하지 않다는 데에 동의해야 한다고 말하고 싶다. 인류의 고대문명이 생겨난 핵심 지역인 중동에서 아직 민족이라기 부르기 어려운 여러 행태의 무리가 생존을 위해 이동하고 이주하고, 더러는 자신들의 배타적 거주지를 만들어 지배권을 행사하였을 것이라고 충분히 짐작할 수 있다. 유대인이 이 무리 중에서 널리 알려진 몇몇 무리를 자신의 조상으로 편입하였을 것이며, 이러한 편입작업이 유대교의 성립과 긴밀하게 연결되었을 것이란 추측이 얼마든지 가능하다.

살펴본 대로 만일 성서에서 그린 것과 비슷한 출애굽이 있었다면 아마도 그 시기는 청동기·철기 시대가 겹쳐진 기원전 1280~1230년이라는 게 다수설이며, 당시 파라오는 널리 인정받은 람세스 2세 외에 상황에 따라 세티, 메르넵타 등이 후보로 거론된다. 유대인에게 진실이고 이집트인에게는 허구에 가까운 출애굽 사건은, 종교적 믿음을 증명하고 정치적 결속을 강화하려는 목적 아래 만들어진 약간의 역사적 징후를 가진 이야기라는 것이 아마도 주류 의견이지 싶다. 주류 의견이란 표현은 '역사적 징후'에 관한 것이지, 역사학이나 사회과학에 근거해서는 성서의 사건을 사실로 판정할 수 없다. 사실로 믿고 싶으면 믿어도 그 자체로 무해하지만, 출애굽에 대해 '역사적 증거의 한계를 확인하고, 이스라엘의 제의적 상상력을 위해 설화가 가진 힘도 확인하면서 패러다임의 역사로 이해하는 방식(에릭 푀겔린)'이 개인적으론 바람직하다고 판단한다.

유대 민족의 기여는 의도하지 않은 가운데 기독교로 가는 길의 포석을 차곡차곡 깔았다는 데에서, 인류 전체로는 억압과 해방이란 보편 서사를, 자청하여 혹은 이미 살펴본 대로 절박한 필요성에 따라 써 내려갔다는 데에서 발견된다.「출애굽기」에서 바로(파라오)는 특정한 역사적 인물의 이름으로 적시되지 않고 그저 바로, 즉 지배체계의 대표자로 표기된다. 고유명사가 아닌 보통명사를 통한 기록이고, 편찬 시기를 함께 고려할 때 '바로'가 바빌로니아의 통치자 느부갓네살을 지시한다는 판단도 얼마든지 가능하다.

'야웨 대 바로'는 특정한 압제와 특정한 구원을 전형적 대면의 양식으로 말한 것일 수 있고 나아가 '다시 말하기'일 수도 있다. '다시 말하기'에서 사건의 특정성은 사라지지만 '다시 말하기'를 수행하는 주체는 언제나 특정한 공동체일 수밖에 없다. 수많은 세대를 거치고 정치·경제·사회·문화적 환경의 변화 속에서 더불어 변화하는 특정 공동체는 거듭해서 출애굽 설화의 '다시 말하기'를 수행하면서 '말하기'의 기능을 강력하게 열어놓고 이해했다. 그렇다면 재삼 강조하거니와 숫자는 무용하며 '최초의 말하기' 또한 상대적으로 덜 중요하다. 희미한 역사적 징후에 기대어 끊임없이 '다시 말하기'를 수행한 데서 출애굽 사건은 태어나고 의의를 갖게 된다.

'출애굽'은 중동의 현대사에서도 나타난다. 유대인들은 기원전 587년에 상실한 '고토'에 대한 연고권을 내세워 2500년 만에 그곳에서 이스라엘이란 나라를 세웠다. 미국 영국 등 서구 열강의 도움으로 1948년에 건국된 이스라엘은 팔레스타인인과 공존을 희망한 국제사회의 여망을 외면하고 여러 차례 전쟁을 불사하며 영토를 확장했다. 아랍과 팔레스타인 처지에서 보면 기원전 587년 유다 왕국에서 일어난 일이 거꾸로 20세기 팔레스타인 땅에서 일어난 셈이다. 이집트 앗시리아 바빌로니아의 압제로 도망치거나 잡혀가거나 뿔뿔이 흩어져야 했던 유대 민족이 20세기에 들어서는 반대로 자신이 이집트 앗시리아 바빌로니아가 되어 버렸다.

이스라엘의 점령지 확대는 수십만 명의 팔레스타인 난민을 발생시켰으며 이들은 이스라엘을 탈출해 인접 국가에 불청객으로 유입되고 있다. 지금도 이러한 엑소더스가 진행되고 있다. 이스라엘을 탈출하여 다른 곳에 정착한 팔레스타인인은 이스라엘의 압제와 만행, 탈출 과정의 곤경과 모험을 팔레스타인 후손에게 전하고 있을 것이다. 한 3천 년쯤 지나 현대판 엑소더스가 잘 전승되어 어떤 형태로든 완성된 내러티브가 살아남아 있다면, 3천 년 전과 달리 현재 공식·비공식의 다양한 기록 수단과 기술이 존재함에도 그 내러티브는 20~21세기에 실제로 일어난 사건과는 달라도 아주 다를 것이라고 상상할 수 있다.

무엇보다 3천 년 후에 그 내러티브가 존재할 가능성을 확신할 수가 없다고 할 때 3천 년 전에 일어난 출애굽 사건이 참으로 천우신조로 현대인에게까지 전승된 현시점에서 그 사건의 세부적 진실에 관해 토론하는 것이 얼마나 어리석은지를 우리는 직관적으로 알 수 있지 않은가. 이러한 비유를 통해 드는 또 다른 생각은 3천 년 이상 이 사건이 어쨌든 전승되도록 한 어떤 민족에게 어떤 식으로든 감사하지 않을 수 없다는 것이다. 이러한 측면에선 감사 받아 마땅한 그 민족 공동체가 3천 년 만에 새로운 엑소더스의 촉 발자가 된 것은 아이러니이다. 3천 년 후에 전승된 새로운 엑소더 스는 탈출인원을 몇 명으로 기록하게 될까. 3천만 명?

② 출애굽과 홍해

갈대바다를 홍해로 표현한 오역

「출애굽기」 14장에 기록된 홍해의 기적, 즉 모세가 지팡이로 바 다를 내리쳐 갈랐다는 이야기는 구약성서의 가장 유명한 장면으 로 오랫동안 첨예한 논쟁을 불러일으켰다. 홍해는 '갈대바다(Yam Suph)'의 오역이라는 것이 정설이기 때문에 '모세고기'를 만들어 낸 것과 같은 두부모 자르듯 일도양단으로 바다를 가른 사건은 일 어나지 않았다고 보아야 한다. '다시 말하기'의 전승 과정에서 이 야기에 살이 붙었겠지만, '얌숩(Yam Suph)'은 '다시 말하기'에서 붙어난 자연스러운 살집이 아니라 '다시 쓰기'에서 비롯한 결정적 실수이기 때문에 바로잡는 게 맞다. 즉 기원전 3세기 중엽에 히브리어로 된 구약성서를 헬라어로 번역하는 과정에서 '갈대바다'라는 뜻을 갖는 암숩을 '홍해'로 잘못 번역했고, 이 번역이 오랫동안 구약성서의 표준처럼 활용되면서 '갈대바다' 대신 '홍해'가 굳어져버렸다. 이 번역본을 '70인역 성서'라고 한다.

한글성서에 아직 '홍해'라고 표기하고 있듯이, 오역을 전통으로 받아들이는 기독교인이 꽤 많다. '갈대바다'가 직접 홍해를 의미하지는 않지만 여러 가지 해설을 덧붙여 간접적으로 또는 내용상 홍해를 의미한다고 주장하는 나름 진일보한 관점의 오역 옹호자들도 있다. 찰톤 헤스톤이 모세로 나오는 영화 〈십계〉의 장면처럼 꽤 깊은 바다가 쩍 하고 갈라져야 성서적이라고 믿는 이들이 적지 않은데, 이들의 믿음을 폄훼할 마음은 없으나 '쩍 갈라짐'에 집착하는 성향이 초물리적 증거에 집착하는 말하자면 '자연주의 신앙' 일 가능성이 있다는 점은 지적하고자 한다. 신약성서에서 예수는 "악하고 음란한 세대가 표적을 구한다"(「마태복음」 12장 39절)라고 말한다.

오역의 발견에도 불구하고 출애굽은 크게 보아 '갈대바다'(홍해가 아닌 말 그대로 갈대바다)를 통과했다는 설과 홍해를 건넜다는 설로 나뉜다. 대체로 전자가 진보적 신학과 신앙, 후자가 보수적 신학 및 신앙과 연결된다. 사실 신앙·신학적 입장과 오역 옹호는 별개의 사안이어야 하는데, 입장에 따라 오역까지 사수(死守)하는 사정이 당혹스럽긴 하다. 성서 본문에도, 이러한 기적의 장소에 관한 대립과는 다른, 기적의 방법에 관한 두 가지 전승이 섞여서 존재한다. 바다가 갈라짐에 있어서 한 번에 쩍 갈라치는 방법 외에 서서히 바닷물을 바람으로 말리는 방법이 병행하여 제시된다. 먼저 「출애굽기」 14장 15~20절을 읽어보자.

여호와께서 모세에게 이르시되 "너는 어찌하여 내게 부르짖느냐 이스라엘 자손에게 명령하여 앞으로 나아가게 하고 지팡이를 들고 손을 바다 위로 내밀어 그것이 갈라지게 하라 이스라엘 자손이 바다 가운데서 마른 땅으로 행하리라. 내가 애굽 사람들의 마음을 완악하게 할 것인즉 그들이 그 뒤를 따라 들어갈 것이라. 내가 바로와 그의 모든 군대와 그의 병거와 마병으로 말미암아 영광을 얻으리니 내가 바로와 그의 병거와 마병으로 말미암아 영광을 얻을 때에야 애굽 사람들이 나를 여호와인 줄 알리라." 하시더니 이스라엘 진 앞에 가던 하나님의 사자가 그들의 뒤로 옮겨 가매 구름 기둥도 앞에서 그 뒤로 옮겨 애굽 진과 이스라엘 진 사이에 이르러서니 저쪽에는 구름과 흑암이 있고 이쪽에는 밤이 밝으므로 밤새도록 저쪽이 이쪽에 가까이 못하였더라.

「출애굽기」 14장 15~20절

활로를 찾지 못해 좌절한 모세에게 하나님이 길을 열어주겠다고 설명하는 대목이다. 그런데 성서는 이어지는 「출애굽기」 14장

21절에서 전혀 다른 사건을 보여준다. 21절은 '쩍 갈라짐'과 다른 양상의 기적이 제시하는데, 밤새 바람이 불게 해서 바닥이 드러나게 하였다는 설명이다. 영화 〈십계〉와는 다른 전개이다.

> 모세가 바다 위로 손을 내밀매 여호와께서 큰 동풍이 밤새도록 바닷물을 물러가게 하시니 물이 갈라져 바다가 마른 땅이 된지라
>
> 「출애굽기」 14장 21절

21절의 상황은 지형 및 기후조건에 따라 지금도 실현될 수 있는 상황이다. 문제는 바람의 출처이다. 아마도 수심이 얕은 곳일, 모세 앞의 바다의 바닥을 드러낼 동풍을 하나님이 보내주었을 수 있지만, 이 이야기에선 감동이 반감된다. 삼국지의 유명한 적벽대전에서 제갈량이 기도를 통해 동남풍을 일으켰다는 고사와 다를 것이 하나도 없기 때문이다. 동풍의 도움으로 마른 땅이 된 바다를 건넜다는 21절은 덜 극적이지만 합리적인 관점을 취하는 사람들로부터는 가능한 일이란 평가를 받는다. '쩍 갈라짐'설과 '동풍 도움'설에서 모세의 액션이 각각 다르게 표현된 것도 소소한 흥밋거리다. 전자에선 지팡이를 썼는데 후자에선 손을 사용했기 때문이다. '쩍 갈라짐'은 21절의 단절을 넘어 22절로 이어진다.

> 이스라엘 자손이 바다 가운데를 육지로 걸어가고 물은 그들의 좌

우에 벽이 되니 애굽 사람들과 바로의 말들, 병거들과 그 마병들이 다 그들의 뒤를 추격하여 바다 가운데로 들어오는지라. 새벽에 여호와께서 불과 구름 기둥 가운데서 애굽 군대를 보시고 애굽 군대를 어지럽게 하시며 그들의 병거 바퀴를 벗겨서 달리기가 어렵게 하시니 애굽 사람들이 이르되 "이스라엘 앞에서 우리가 도망하자. 여호와가 그들을 위하여 싸워 애굽 사람들을 치는도다." 여호와께서 모세에게 이르시되 "네 손을 바다 위로 내밀어 물이 애굽 사람들과 그들의 병거들과 마병들 위에 다시 흐르게 하라" 하시니 모세가 곧 손을 바다 위로 내밀매 새벽이 되어 바다의 힘이 회복된지라 애굽 사람들이 물을 거슬러 도망하나 여호와께서 애굽 사람들을 바다 가운데 엎으시니 물이 다시 흘러 병거들과 기병들을 덮되 그들의 뒤를 따라 바다에 들어간 바로의 군대를 다 덮으니 하나도 남지 아니하였더라.

「출애굽기」 14장 22~28절

"새벽이 되어 바다의 힘이 회복된지라"에는 다른 해석의 여지가 있지만 아무튼 14장의 이 성서 본문은 '쩍 갈라짐'설의 최종 근거이다. '쩍 갈라짐'이 불가능한 '갈대바다' 통과설에 맞서 이 설을 지지하는 사람들은 이런저런 논증을 하다가도 마지막엔 "성서본문에 그렇게 돼 있다."라는 말로 최종 근거를 제시하곤 한다.

출애굽 경로는 크게 북쪽, 중앙, 남쪽의 세 가지로 나뉘며, 이후 경로는 더 세분된다. 예를 들어 북쪽 경로로 출애굽이 이루어졌다 하여도 오래된 육로와 해안길을 선택할 수 있고 이어서 팔레스타인으로 직접 들어가는 북동 행로와 광야로 꺾어지는 남쪽 행로 중에서도 선택해야 한다.

중앙경로는 현재의 수에즈 운하의 물길을 따라 존재한 팀사 호수와 비터 호수를 통과하는 길을 생각할 수 있고 호수를 통과한 다음에 동진하여 광야로 가는 길과 남진하여 수에즈만의 바다, 즉 홍해를 건너는 길이 있다. 팀사 호수와 비터 호수를 지나 동진하여 광야로 갔다면 이 두 호수 중 하나가 갈대바다가 된다. 중앙 경로의 동진 행로에선 '쩍 갈라짐'이 일어날 수 없다. 그 정도의 기적을 일으킬 만한 규모의 바다가 존재하지 않기 때문이다. '쩍 갈라짐'은 팀사 호수와 비터 호수를 모두 거치거나 그중 한 곳만을 거친 다음 남하하여 육로가 아니라 수에즈만의 바다를 갈라쳐 시나이반도로 들어갈 때 일어날 수 있다. 그렇다면 현재 수에즈 운하의 남쪽 입구 바다가 홍해 기적의 장소이자 파라오 군대의 무덤이다.

남쪽 경로는 두 곳 호수를 우회했는지 거쳤는지는 알 수 없지만 아무튼 출애굽하여 두 곳 호수 부근에서 동진하지 않고 남하하여 이미 중앙경로에서 설명한 수에즈만 통과설과, 수에즈만의 바다를 갈라쳤든 아니면 우회하였든 시나이반도로 들어간 다음 더 남하하여 아카바만의 바다를 건너는 아카바만 통과설로 구분할 수

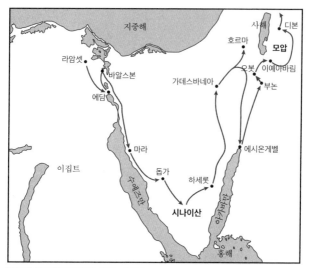

그림2

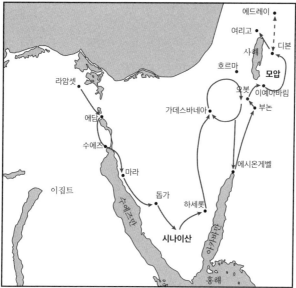

그림3

그림4

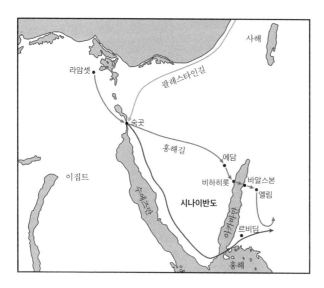

있다. '작은 남하'와 '큰 남하'인 셈이다. 남쪽 경로에서 '바다를 우회할 수 없는' 길이 없는 것은 아니지만 '쩍 갈라짐'의 기적을 찾아야 한다면 수에즈만과 아카바만 말고는 없다. '큰 남하'에서는 아카바만에서 한 번, 혹은 수에즈만과 아카바만에서 각각 한 번 해서 모두 두 번의 '쩍 갈라짐'이 나타나는 비슷하지만 다른 두 가지 길이 가능하다.

　(출애굽 경로는 위 그림2, 그림3, 그림4 참조.)

출애굽에 숨겨진 유대인 신학

출애굽 경로에 따라 성서에 등장한 지명의 위치가 달라지는 것은 피할 수 없다. 야곱이 이집트에 도착하여 정착한 고센이나 출애굽 시작점인 라암셋의 위치에는 별다른 이견이 없지만 성서 속 '숙곳' '바알스본' '비하히롯' 등의 위치는 지지하는 출애굽 경로에 따라 이리저리 옮겨 다니게 된다.

「출애굽기」 14장에서 '홍해 기적'이 일어나는 장소는 "바알스본 맞은편 바닷가"이다. 거기에서 히브리인들이 장막을 쳤고, 그 위치는 외통수임을 짐작할 수 있다. 왜냐하면 14장 3절에서 파라오가 "이스라엘 자손에 대하여 말하기를 그들이 그 땅에서 멀리 떠나 광야에 갇힌 바 되었다 하리라"라고 말하고 있기 때문이다. 그러나 바알스본에 관한 오랜 연구에도 불구하고 아직 그곳이 어디인지 일치된 견해를 찾을 수 없다. 비근한 예로 개역개정 한글성경의 두 판본을 비교한 결과 한 판본은 수록된 부록의 지도에서 바알스본을 지중해 연안으로 표시했는가 하면 다른 판본의 지도에서는 비터 호수 근처로 표기해놓고 '?'를 붙였다.

아카바만 통과설을 지지하는 입장에서는 바알스본을 시나이반도 동쪽 끝의 건너편, 즉 아라비아 반도의 서쪽 끝 어디쯤으로 추정할 수밖에 없다. 아카바만에서도 어느 지점에서 바다를 건넜느냐에 따라 바알스본의 위치가 바뀌게 된다. 아카바만 통과설에서는 부수적으로 시내산의 위치가 바뀐다. 호렙산이라고도 하는 시나이산 후보지의 숫자는 출애굽 경로에 관한 복잡한 논의를 방증한다. 유명한 성 카타리나 성당 뒤편의 산을 비롯하여 현재 20곳이 넘는 곳이 시나이산 후보지로 지목되고 있다.

여기서 바알스본을 출애굽의 추정 경로와 연관 지어 지리학적으로 설명하지 않고 언어학적으로 설명하는 전혀 다른 관점의 접근법을 잠시 살펴보자. 바알스본에 포함된 '바알'은 풍요와 다산을 관장하는 고대 팔레스타인의 농경 신으로 '주인,' '임자'를 뜻하며, 아랍어 동사로 '(첩을) 소유하다,' 에티오피아(성서에서는 '구스'로 표기된다) 말로는 '부유하게 되다'를 뜻하고 남편과 상급자를 지칭하기도 한다. 고대 팔레스타인 사회에서 바알은 최고의 신이었기에 이처럼 다양한 의미를 지녔다. 유대 신앙과 관련해서는 바알이 이스라엘의 하나님 야웨의 대표적 경쟁자이자 적대자라는 점을 특기할 수 있다. 야웨 하나님의 도움으로 출애굽에 성공하고 가나안 복지에 도착한 이스라엘 민족이 바알에 현혹되어 야웨 하나님을 배신하는 장면이 실제로 구약성서 곳곳에서 목격된다.

히브리어 '스본'은 동사로 '숨기다, 보관하다' 등 여러 뜻이 있지만 간단히 '본거지'로 해석할 수도 있다. 즉 바알스본은 '바알의 본거지'로 받아들여질 수 있다.

여기서 다시 한번 상기할 것은 '홍해' 이야기를 포함한 출애굽 사건이 다양한 집단에서 여러 형태의 전승으로 후대에 전해졌으며 특히 포로기를 거치며 현재의 모습으로 편집되었다는 사실이다. 따라서 출애굽은 절망과 좌절에 빠진 포로기 이스라엘 공동체의 존속과 결속, 그리고 미래를 모색하기 위한 힘겨운 작업의 소산일 가능성이 매우 크다는 점은 이미 우리가 살펴본 대로다. 출애굽 기자가, 포로가 된 이스라엘 민족에게 출애굽의 과거 전승을 의미 있고 생생하게 되살리되(혹은 만들어내되) 곳곳에 신학적 교훈을 심어 두었을 것으로 추측할 수 있다. 이러한 맥락에서, "종 되었던 집" 이집트를 탈출한 「출애굽기」의 이스라엘 앞에 또 다른 높은 산, 즉 이스라엘 신앙의 가장 큰 적인 바알이 떡 하고 버티고 있도록 의도하였을 가능성을 배제하지 못한다.

성서에서 야웨는, 출애굽의 여정을 시작한 이스라엘 민족을 바알스본 맞은편으로 돌이키도록 한다. 「출애굽기」 기자가 심어놓은 야웨의 의도는 무엇이었을까. 출애굽에 대해 부단한 분투의 과정으로서, 가나안 복지에 도달하려면 끊임없이 야웨신앙을 자각하고 그 적대자들의 위협을 각성하며 무엇보다 이러한 과정을 통해 야웨의 법 안에 머물러 벗어나지 말아야 함을 강조한 것이 아니었을까. 천신만고 끝에 이집트의 압제에서 벗어난 히브리인들은 바알스본 맞은편 바닷가에서 백척간두의 위기에 처한다. 뒤에서는 마음을 바꾼 파라오의 군대가 그들을 진멸하려 무섭게 달려오고 있으며 그들이 달아나려고 하여도 앞에는 바다가 있어서 진퇴양난의 상황이었다. 이때 하나님은 모세를 통해 바닷길을 열었다고 성서는 기록한다. '쩍 갈라짐'이든, 동풍에 의해 바닷물이 물러나며 드러난 해저 길이든, 혹은 제3의 방법론에 의거하였듯 하나님은 이집트 군대의 칼날에서 히브리 노예들을 구해준다. 그러나 히브리인들이 건너간 맞은편은 '바알의 본거지', 바알스본이었다.

「출애굽기」 기자들이 숨겨놓은 신학적 의도는 교묘하다. 바닷길을 열어 히브리 노예들을 구한 하나님은 곧 바닷길을 닫는다. 그러한 하나님의 행위로 성서는 파라오의 군대가 전멸한 것으로 기록하지만, 동시에 그러한 행위로 히브리인들의 퇴로가 막힌 것을 언급하지는 않는다. 당장의 위기에서 벗어났지만 그들은 퇴로 없이 바알의 본거지와 정면으로 맞닥뜨리게 된다. 앞서 생각해 본 대로 부단한 분투의 과정이란 출애굽은, 동시에 배수진을 치고 시계(視界) 제로의 앞길을 뚫고 나가는 행위여야 한다는 신앙의 비유로 해석될 수 있다. 분석적으로는 이집트의 압제가 정치적 과제를 의미하였다면 바알은 종교적 과제를 상징한다고도 볼 수 있다. 유대는 정치와 종교의 혼합 공동체이기 때문에 유대인들은 생존과 번영을 위해 이 두 가지 과제를 안고 씨름했으며, 그 분투는 20세기에 이스라엘이란 국가가 세워진 다음에도 동일하게 이어지고 있다.

이러한 관점에 서면 출애굽의 바알스본이 실제 어느 곳이었는지, 홍해를 정말로 건넜는지, 어떤 방법으로 건넜는지는 부차적인 문제가 된다. 그럼에도 "처녀가 잉태하여 아들을 낳을 것이요 그의 이름을 임마누엘이라 하리라"의 '처녀'와 함께 성서 오역의 대표 격인 '얌숩'만은 조금 더 검토해 보고 넘어가도록 하자.

얌숩, 즉 갈대바다는 갈대 비슷한 식물이 자라는 수심이 낮은 내륙습지 아니면 연안(沿岸)습지였을 것으로 추정된다. 갈대 자체의 의미에 초점을 맞추면 유력하게 제기되는 얌숩의 후보지가 '파트쥬프(Pa-tijuf)'이다. 이곳은 이집트 나일 삼각주 동북부의 파피루스 생산지로, 갈대를 파피루스로 보고 추정한 후보지이다.

다른 얌숩의 후보지로는 지금은 수에즈 운하의 일부가 되어 버린 비터 호수와 팀사 호수, 그리고 지금은 형태가 완전히 사라진 발라 호수가 꼽힌다. 발라 호수는 지금과는 지형이 다른 3천 년 전에 팀사 호수 북쪽에 존재한 호수이다. 히브리인들이 발라 호수를 통과했다면 이후 북쪽 경로를 택할 확률이 높아진다. 북쪽 경로엔 이집트와 팔레스타인을 연결하는 오래된 교통로가 존재하였는데, 「출애굽기」에 "블레셋 사람의 땅의 길은 가까울지라도"(13장 17절)라는 구절 속에서 이 길이 언급된다.

이집트와 팔레스타인을 연결하는 가장 빠른 길이긴 하였으나 「출애굽기」에 따르면 이 길은 출애굽에 이용되지 않았다. "하나님이 그들을 그 길로 인도하지 아니하셨으니 이는 하나님이 말씀하시기를 이 백성이 전쟁을 하게 되면 마음을 돌이켜 애굽으로 돌아갈까 하셨음이라"(「출애굽기」 13장 17절)란 성서 구절을 참고할 때 이 길로 이동하면 팔레스타인의 기존 거류민에게 쉽사리 노출되어 불가피하게 전쟁이 일어나는 상황을 히브리인들이 우려한 듯하다.

발라 호수나 '파트쥬프' 쪽으로 행로를 잡되, '블레셋 사람의 땅의 길'을 피하는 방법이 있다. 모래톱 등으로 이루어진 해안길이다. 해안길로는 끝까지 팔레스타인에 갈 수는 없고 남하하여 광야로 가는 길을 택하였을 것이다. 물론 아주 소수라면 조심스럽게 '블레셋 사람의 땅의 길'을 이용하여 눈에 띄지 않게 이동할 수 있었을 터이고, 일정 규모 이상이라면 교전을 피하기 위해 광야로 우회하는 방편이 더 안전했을 것이라고 추측된다. 장정 60만 명을 포함하여 200만 명이 이동하였다면 눈에 띄지 않게 이동할 수 있는 방법은 없다. 다양한 규모의 인원이 여러 차례 출애굽을 단행했다면 당연히 거론된 모든 길이 활용되었을 터이다.

얌숩을 여전히 홍해로 믿어 생각을 바꿀 마음이 없는 '독실한' 기독교인들이 주장하는 출애굽 경로는 남쪽이다. '작은 남하'와 '큰 남하'의 과정에서 일어나는 '쩍 갈라짐'의 기적의 무대는 살펴본 대로 수에즈만과 아카바만이며, 수에즈만에서 바다를 건넜을 경로가 쉽게 추정되는 반면 아카바만의 후보지는 여러 곳이다.

홍해의 '쩍 갈라짐'과 쓰나미의 기억

지금까지가 출애굽의 기적을 설명하는 비교적 전통적인 견해이며 과학지식을 배경으로 홍해 기적을 다르게 설명하는 방법이 존재한다. 출애굽을 과학적으로 설명하기 위해 가장 널리 동원되는 사건은 문헌상으로 인류가 경험한 가장 큰 화산 폭발인 에게해의 산토리니 섬의 분화이다. 폭발 자체는 지질학적으로 확인이 되며 분화 시기가 넓게 추정되기에 기원전 15세기 출애굽과 연결 짓는 이들이 있다.

산토리니 분화는 널리 인정되는 지질학적 사건이자 미노아 문명의 몰락과도 연관된 문명사적 사건이란 측면에서 출애굽의 과학성의 근거로 유용하게 활용된다. 사상 유례를 찾아보기 힘들 정도로 강력한 폭발은 지중해를 비롯하여 세계 전역에 흔적을 남겼는데, 인접한 이집트에도 영향을 미쳤다고 보는 게 매우 타당하다. 출애굽의 10개 재앙을 화산 폭발과 관련지으면 상당 부분 쉽게 이해되기는 한다.

우리 주제와 관련하여 산토리니 섬의 폭발은 다른 방식으로 바다의 '쩍 갈라짐'을 설명한다. 「출애굽기」에서 기적을 설명한 두 가지 방법, 즉 한 번에 물을 가르는 방법과 마른 땅을 드러내는 방법은 쓰나미에 기대면 하나로 통합되어 이해될 수도 있다. 미증유의 화산 폭발은 연이어 지금까지 인간이 경험한 것 중에서 가장 강력한 쓰나미를 일으켰다. 쓰나미가 일어나기 전에는 물빠짐 현상이 목격되는데, 홍해 기적은 산토리니 섬의 폭발을 통해, 즉 화산 폭발에 이은 쓰나미의 발생과 쓰나미가 해안에 밀어닥치기 전의 물빠짐으로 설명된다. 그렇다면 기가 막히게 짧은 그 물빠짐의 순간에 히브리 노예들이 드러난 바다의 바닥으로 건너편 바알스본으로 이동하고, 히브리 노예들을 쫓아온 이집트 군대는 쓰나미가 몰고 오는 어마어마한 규모의 파도에 전멸하고 만다. 불기둥과 구름기둥도 화산 폭발과 어느 정도 연관하여 설명할 수 있는 듯하다.

산토리니 폭발에 맞춘 이러한 이동은 자연현상에 의지하였다는 측면에서만 합리적이고 과학적일 뿐 시간맞춤의 확률을 계산한다면 가히 초자연적이어서 기적이라고 할 만하다. 자연현상을 이 정도로 예측해서 이용하려면 사실상 신의 영역에 속해야 할 것이다. 말 그대로 귀신같은 확률로 바다를 건넜다는 이러한 추정은, 과학에 기댄 또 하나의 신화여서 차라리 '모세의 지팡이'가 더 과학적으로 느껴질 정도다.

다만 이런 상상은 가능하지 않을까. 인류문명이 경험한 가장 강력한 화산 폭발, 이어진 상상을 불허할 수준의 쓰나미는 고대인의 뇌리에 강력하게 각인되어 수다한 형태로 각색되어 전승되었을 것이다. 특히 쓰나미가 밀어닥칠 때 거대한 절벽처럼 일어서서 덮치는 바닷물의 위용이 전승의 클라이맥스라고 하겠다. 쓰나미와 관련된 이 기억이 출애굽의 전승과 결합되면서 후대에 출애굽 설화를 완성하는 데에 일조했을 것이라는 추정은 그나마 합리적이다.

쓰나미에 앞선 물빠짐과 밀려든 엄청난 높이의 바닷물 벽을 목격할 수 있는 곳은 지중해 연안이어야 한다. 여기서는 얌숩과 홍해의 '쩍 갈라짐'은 하나의 사건으로 설명될 수 있다. 초자연적 확률로 발생한 기적의 사건이 아니라 공동의 기억에 의지하여 형성된 전승의 사건으로 말이다.

초자연적 자연현상으로 출애굽의 기적을 설명하는 또 다른 설(說)도 화산 폭발에 의지한다. 이 이론에서는, 쓰나미라는 간접적인 방식으로 작용하고 지역이 지중해 쪽인 산토리니 화산 폭발과 달리 반대쪽 아카바만에서 소규모 수중화산 폭발이 일어나 히브리 노예들의 탈출에 직접적인 도움을 준 것을 상정한다. 히브리 노예 무리가 아카바만의 입구인 티란해협에 도착하였을 때 마침 수중화산이 폭발하고 용암이 바닷물 속에서 급격하게 식으면서 티란해협을 건널 수 있는 용암다리가 만들어져 그 위로 히브리인들이 건넌다. 그러나 임시적이고 취약했던 용암다리는 곧 병거로 들이닥친 이집트 군대를 감당하지 못해 무너져 내리고, 이집트 군대가 전원 수장되었다는 시나리오다. 이 시나리오가 성립하기 위해서도 참으로 정교한 확률이 작동해야 한다는 것이 난점이다.

7. 스스로 금송아지 상이 된 유대, 인류 전체의 모세가 된 예수

출애굽은 유대교도와 기독교도 공동의 구원 플랫폼이다. 애매한 구석이 없는 것은 아니지만 따지고 들자면 출애굽의 원저작권이 유대인에게 귀속된다고 할 수 있겠다. 저 히브리 노예들의 고통의 부르짖음과 자유를 향한 탈주를 하나님의 돌봄과 섭리 안에서 이해하고 마침내 하나님을 호명하고 두려운 마음으로 그 앞에 선 이들이 유대인이다. 유대인은 하나님과 인간이 교통할 수 있는 플랫폼을 만들었지만, 플랫폼 자체를 하나님과 바꿔치기하는 우를 범한다. 나중에 밝혀졌듯이 플랫폼은 인류 전체를 구원할 예수라는 새 언약의 열차를 맞이할 소명으로 구축되었고, 열차의 끊임없는 드나듦이 가능한 소명의 실현처로 추구되어야 하였다. 그러나 그들은 플랫폼이 제시한 언약의 형상에 사로잡혀 언약의 본질을 망각하게 된다. 「출애굽기」에 나오는 금송아지 상 이야기는 여러모로 시사적이다. 「출애굽기」 32장을 보자.

백성이 모세가 산에서 내려옴이 더딤을 보고 모여 백성이 아론에게 이르러 말하되 "일어나라. 우리를 위하여 우리를 인도할 신을 만들라. 이 모세 곧 우리를 애굽 땅에서 인도하여 낸 사람은 어찌 되었는지 알지 못함이니라." 아론이 그들에게 이르되 "너희의 아내와 자녀의 귀에서 금 고리를 빼어 내게로 가져오라." 모든 백성이 그 귀에서 금 고리를 빼어 아론에게로 가져가매 아론이 그들의 손에서 금 고리를 받아 부어서 조각칼로 새겨 송아지 형상을 만드니 그들이 말하되 "이스라엘아 이는 너희를 애굽 땅에서 인도하여 낸 너희의 신이로다" 하는지라. 아론이 보고 그 앞에 제단을 쌓고 이에 아론이 공포하여 이르되 "내일은 여호와의 절일이니라." 하니 이튿날에 그들이 일찍이 일어나 번제를 드리며 화목제를 드리고 백성이 앉아서 먹고 마시며 일어나서 뛰놀더라.

「출애굽기」 32장 1~6절

'금송아지 상'은 다윗의 통일왕국이 분열되며 등장한 북왕국 이스라엘의 첫 번째 왕 여로보암 1세가 만든 금송아지 상의 데자뷰이다. 여로보암 1세가 북왕국의 임금이 되어 통일왕국의 다윗 혈통을 계승한 남왕국에서 분리 독립하였으나, 성전이 남왕국 내인 예루살렘에 있어 종교적으로 여전히 남왕국에 예속될 것을 우려하였다. 그는 금송아지 상 두 개를 만들어 북왕국 내 두 곳(벧엘, 단)에 두어 백성으로 예배하게 하였다.

포로기를 거치며 완성된「출애굽기」는 유대민족의 '다시 말하기'의 결정판이라고 보아야 한다. 따라서 출애굽의 '금송아지 상' 사건은 여로보암 1세가 종교적 독립을 위해 만든 두 개의 금송아지 상의 '다시 말하기'일 확률이 높다. 그 반대가 아니라는 얘기다. 「열왕기상」 12장 28절에서 여로보암 1세가 금송아지 상을 가르키며 "이는 너희를 애굽 땅에서 인도하여 올린 너희의 신들이라" 한 말은 정확하게「출애굽기」 32장 4절의 "이스라엘아 이는 너희를 애굽 땅에서 인도하여 낸 너희의 신이로다"와 일치한다.

소는 팔레스타인의 토착 신인 바알을 상징하기에 아론과 여로보암의 금송아지 상은 바알 신앙에 경도(傾倒)된 징표라고 할 수 있다. 다른 것을 떠나서 형태로 증명된 그러한 경도에도 불구하고 아론 시대나 여로보암 시대나 모두 그것이 "너희를 애굽 땅에서 인도하여 낸 너희의 신"이라고 우긴다. 입으로 야웨 신앙을 부르짖지만, 실제는 바알 신앙으로 넘어간 상태이다. 히브리성서는 야웨에 불순종하며 지속적으로 바알 신앙을 기웃거린 북왕국 이스라엘의 여로보암 1세를 기억하여 '다시 말하기'를 시행한다. 「출애굽기」 기자들은 여로보암 1세의 '금송아지 상'을 '다시 말하기'로 소환하여「출애굽기」라는 공동의 기억 속에 부각하면서 자

첫 메소포타미아 등 이방 신앙에 휩쓸려 들어갈 위기에 놓인 포로기 유대인들에게 야웨신앙 준수를 강력히 권면한다. 이 강력한 권면 또한 '다시 말하기'인 셈이다. '다시 말하기'는 유대 민족(히브리노예들)의 불순종과 패역이 하나님의 진노를 받는 것까지 포함한다.

여호와께서 모세에게 이르시되 너는 내려가라 네가 애굽 땅에서 인도하여 낸 네 백성이 부패하였도다. … 여호와께서 또 모세에게 이르시되 "내가 이 백성을 보니 목이 뻣뻣한 백성이로다. 그런즉 내가 하는 대로 두라 내가 그들에게 진노하여 그들을 진멸하고 너를 큰 나라가 되게 하리라." 모세가 그의 하나님 여호와께 구하여 이르되 "여호와여 어찌하여 그 큰 권능과 강한 손으로 애굽 땅에서 인도하여 내신 주의 백성에게 진노하시나이까. 어찌하여 애굽 사람들이 이르기를 여호와가 자기의 백성을 산에서 죽이고 지면에서 진멸하려는 악한 의도로 인도해 내었다고 말하게 하시려 하나이까. 주의 맹렬한 노를 그치시고 뜻을 돌이키사 주의 백성에게 이 화를 내리지 마옵소서. 주의 종 아브라함과 이삭과 이스라엘을 기억하소서. 주께서 그들을 위하여 주를 가리켜 맹세하여 이르시기를 '내가 너희의 자손을 하늘의 별처럼 많게 하고 내가 허락한 이 온 땅을 너희의 자손에게 주어 영원한 기업이 되게 하리라.' 하셨나이다." 여호와께서 뜻을 돌이키사 말씀하신 화를 그 백성에게 내리지 아니하시니라.

「출애굽기」 32장 7~14절

성서에는 "목이 뻣뻣한"이란 표현이 자주 나오는데, 이 목이 뻣뻣한 백성은 금송아지 사건으로 멸족의 위기에 처했다가 모세의 간청으로 간신히 위기에서 벗어난다. 모세와 야웨의 문답에서 약간 어색함을 느끼게 되지만 「출애굽기」 기자가 처한 '다시 말하기'의 간절한 문맥을 감안하면 이해하지 못할 것도 아니다. 모세의 간청으로 면하기는 하였지만, 원래 불순종과 우상숭배의 벌로 유대 민족은 진멸(殄滅)해야 마땅하다는 논리가 선포되어 있었다. 야웨 하나님이 화를 돌이키고 또 긍휼히 여김을 거두지 않아 벌을 받지만 진멸은 피한다. 진멸을 피한 자들이 이제 진정으로 야웨로 돌아오면 원래 예정한 복을 다시 받을 수 있다. 이것이 '다시 말하기'의 일관된 관점이다.

자기 백성을 진멸에서 구한 모세는 "그들이 만든 송아지를 가져다가 불살라 부수어 가루를 만들어 물에 뿌려 이스라엘 자손에게 마시게 하였고", 백성 중에 3천 명가량을 죽였다. 여로보암1세 또한 벌을 받고 그 벌은 후손에까지 미친다. 여로보암이 받은 가장 큰 벌은 아마도 자신이 세운 왕국이 나중에 흔적도 없이 사라지는 것이겠다. 유대 민족사의 정통성은 이제 남왕국 유다를 통해 계승되고 역사 또한 남왕국 중심으로 기술된다. '착한 사마리아인' 이야기가 반어적으로 입증하듯 예수 시대에도 북왕국의 후예인 사마리아는 유대 민족으로부터 천시되었다. 만일 역사를 가정하여 남왕국이 이집트나 다른 강대국에 의해 먼저 멸망하고 북왕국이 더 오래 살아남아 이스라엘의 명맥을 이어갔다면 성서의 기록 또한 적잖게 달라졌으리라고 추측할 수 있다.

「출애굽기」 32장에는 모세가 얼마나 분노하였는지 또한 모세가 하나님과 얼마나 각별한 사이였는지를 보여주는 장면이 있다. 19절 "진에 가까이 이르러 그 송아지와 그 춤 추는 것들을 보고 크게 노하여 손에서 그 판들을 산 아래로 던져 깨뜨리니라."에서 판들은 십계명을 적혀 있는 하나님이 주신 것인데 모세가 그것을 집어던졌다. 하나님은 모세의 그런 행위를 책망하지 않고 자상하게도 나중에 다시 만들어준다. 성서의 인물 중에 모세만큼 하나님과 가까운 사람이 없음을 확실히 입증하는 장면이다. 흔히 예수와 비교되는 모세는 유대민족의 '다시 말하기' 속에서 신화소로 호출되는 경향이 뚜렷하다.

이 목이 뻣뻣한 백성은 '다시 말하기'와 '다시 쓰기'를 통하여 수천 년에 걸친 힘겨운 역사에서 자신들을 구하고 그들의 방식으로 보편신인 하나님을 인류에게 전하는 역할을 성공적으로 수행한다. 그러나 이들이 끝내 자신들을 구했는지는 미지수이다. 그들에게 예수 살해자란 낙인이 따라다니는 것에는 어느 정도 억울한 측면이 있지만 그들의 책임이 아예 없다고는 말할 수 없다. 예수 살해의 주된 책임은 로마에게 물어야 하지만, 로마는 기독교를 세계 종교로 만드는 역설적 방식으로 또는 결과론의 관점에서 합당한 책임을 다했다고 할 수 있다. 유대인은, 말하자면 예수가 세상에 도래하는 데 필요한 준비를 책임졌다고 할 수 있다. 인간 예수는 분명 유대인 예수로 우리에게 도래했기 때문이다.

그러나 유대민족이 선민이라서 예수가 유대인으로 태어난 것은 아니다. 알다시피 그들은 예수를 거부했다. 만일 굳이 유대민족이 선민이라는 주장을 견지하려면 그들이 고통과 환란 속에서 '다시 말하기'를 끊임없이 반복함으로써 의도하지 않은 채 하나님의 기획과 의지를 부작위로 누출하였다는 점을 들지 않을 수 없다. 문제는 유대인들이 '다시 말하기'를 통해 하나님의 기획과 의지를 전하고 예수 도래의 기반을 닦았음에도 불구하고, 안타깝게도 스스로에 대한 '다시 말하기'가 실패하였다는 데서 찾아진다. 금송아지 상을 만들고 경배하는 행위를 민족 내부에선 끊임없이 경계하고 차단하였지만, 대외적 배타성과 대내적 교조성이 민족 자체를 금송아지로 만드는 것을 막지는 못했다. 기독교의 관점에서 유대교는 또 하나의 금송아지 상이 되고 말았다. '다시 말하기'를 거부한 야웨신앙의 운명은 그렇듯 대체로 금송아지 상이다.

현재 기독교의 상황이 그렇다고 유대교보다 나으냐고 한다면 그렇다고 대답하기 힘들어 보인다. 기독교의 상당 부분이 이미 오래전에 '금송아지교'로 전락한 상태라고 말한다 하여도, 과도한 현실진단이란 반론을 듣기는 힘들지 싶다.

예수가 완성한다

모세의 죽음은 극적이다. 하나님이 미리 정한 대로 그는 팔레스타인 땅에 들어가지 못했다. 그럼에도 하나님이 손수 "내가 맹세하여 그의 후손에게 주리라 한 땅이라" 하며 지경(地境)을 보여주는 장면이나 "내가 네 눈으로 보게 하였거니와 너는 그리로 건너가지 못하리라"라고 말을 건네는 장면은 애틋하고 감동적이다. 후자의 장면은 마치 하나님이 모세의 임종을 지키는 것처럼 보인다. 유대인 전승엔 모세의 임종에 실제로 하나님이 느보 산에 내려왔다고 한다. "모세는 여호와께서 대면하여 아시던 자"였기에 그 유대인 전승이 터무니없게 들리지는 않는다.

감동적이고 극적인 모세의 죽음은 그러나 그가 약속의 땅을 보기만 하고 끝내 들어가지 못했다는 측면에서 모종의 비애를 떨쳐내지 못하게 한다. 이러한 모세의 역할은 앞서 기술하였듯 야웨 신앙에 있어 유대인의 역할과 닮았다. 눈이 흐리지 않았고 기력도 쇠하지 않았지만 섭리에 의거하여 팔레스타인 입경(入境)이 허락되지 않은 모세. "그 후에는 이스라엘에 모세와 같은 선지자가 일어나지 못하였나니"라는 성서 구절대로 역사가 전개되었다.

유일한 예외가 예수인데, 두 가지 측면에서 그러하다. 당연히 기독교의 입장이다. 우선 이스라엘에 대하여 말하면 예수는 유대인으로 태어나 이스라엘의 선지자의 삶을 살았으나, 종국엔 그가 이스라엘을 넘어선 전 인류의 구원자임이 밝혀진다. 또 하나의 예외는 "모세와 같은"으로, 예수는 모세와 같지 않았고, 모세를 넘어섰다. 사실 인간 중에서 가장 신에 가까이 간 사람과 신 자체를 비교할 수는 없다. 모세는 유대 민족의 '다시 말하기'를 통하여 하나님을 소환하는 매개체였기에 「출애굽기」 안팎에서 신적인 존재이다. 그러나 그럼에도 모세를 예수와 같은 신이라고 부르지는 않는다.

단적으로 모세는 느보 산에 묻혀 영원히 망자로 머물러 있지만, 골고다 언덕에서 십자가 못 박혀 죽은 예수는 부활하였다. 그렇지만 모세는 예수를 통하여 끊임없이 다시 말해진다. 히브리노예에게 이루어졌던 그 출애굽이 이제는 예수의 부활을 통하여 부단하게 성취되고 있다. 개인적으로 기독교인 입장에서 모세에게서 배우는 가르침은 다음 한 마디가 아닐까 싶다.

예수가 완성한다.

모세가 모압 평지에서 느보 산에 올라가 여리고 맞은편 비스가 산 꼭대기에 이르매 여호와께서 길르앗 온 땅을 단까지 보이시고 또 온 납달리와 에브라임과 므낫세의 땅과 서해까지의 유다 온 땅과 네깁과 종려나무의 성읍 여리고 골짜기 평지를 소알까지 보이시고 여호와께서 그에게 이르시되 "이는 내가 아브라함과 이삭과 야곱에게 맹세하여 그의 후손에게 주리라 한 땅이라 내가 네 눈으로 보게 하였거니와 너는 그리로 건너가지 못하리라." 하시매 이에 여호와의 종 모세가 여호와의 말씀대로 모압 땅에서 죽어 벳브올 맞은편 모압 땅에 있는 골짜기에 장사되었고 오늘까지 그의 묻힌 곳을 아는 자가 없느니라. 모세가 죽을 때 나이 백이십 세였으나 그의 눈이 흐리지 아니하였고 기력이 쇠하지 아니하였더라. 이스라엘 자손이 모압 평지에서 모세를 위하여 애곡하는 기간이 끝나도록 모세를 위하여 삼십 일을 애곡하니라. 모세가 눈의 아들 여호수아에게 안수하였으므로 그에게 지혜의 영이 충만하니 이스라엘 자손이 여호와께서 모세에게 명령하신 대로 여호수아의 말을 순종하였더라. 그 후에는 이스라엘에 모세와 같은 선지자가 일어나지 못하였나니 모세는 여호와께서 대면하여 아시던 자요 여호와께서 그를 애굽 땅에 보내사 바로와 그의 모든 신하와 그의 온 땅에 모든 이적과 기사와 모든 큰 권능과 위업을 행하게 하시매 온 이스라엘의 목전에서 그것을 행한 자이더라.

「신명기」 34장 전문

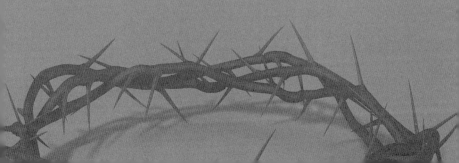

3부
___

보론

예수의 부끄러움이 된 기독교

2020년 지구촌 최대 뉴스는 두말할 필요 없이 코로나19바이러스 감염증이다. 눈에 보이지 않는 미생물에 인류문명이 이토록 휘청거린 예는 이전에 없었다. 중세의 흑사병과 20세기 초엽 스페인독감의 대유행은 직접 경험하지 못했으니, 내가 산 시기 내에서라는 단서를 달아야겠다. 코로나19바이러스감염증은 사건 자체의 파장이 심대했음은 물론, 부수적으로 여러 가지 문명사적 화두를 남겼다. 한동안 '우한[武漢]바이러스', '우한 폐렴'으로 불린 데서 알 수 있듯이, 코로나 역병의 시작점과 중심은 중국이었지만, 전염병이 발발하고 얼마 지나지 않아 한국 또한 코로나의 중심권에 속하게 된다.

우리 시대의 적그리스도들

우리나라는 코로나 사태 초기에 '신천지예수교증거장막성전', 줄여서 신천지라고 하는 사교(邪敎)집단이 관련되어, 다른 나라와는 조금 다른 종류의 '바이러스와의 전쟁'을 수행하였다. 급기야 한동안은 방역당국이 바이러스와 전쟁하는 것인지 신천지와 전쟁하는 것인지 구분되지 않는 상황이 빚어졌다. 8·15 광복절을 즈음하여선 사랑제일교회를 중심으로 한 '광화문 교단'이 신천지로부터 바통을 이어받았다.

신천지에 대한 판단은 대체로 사이비종교 혹은 사교라는 데로 의견이 모인다. 그러나 신천지 내부의 판단은 180도 달라서, 자신들만이 하나님의 가르침을 올바르게 실천하고 있다고 주장한다. '정통' 기독교에서는 오래전부터 신천지를 이단으로 규정하여 배척하였지만, 일반인에게 코로나 사태 이전의 신천지는 잘 알려지지 않은 기독교의 한 분파 정도로 받아들여졌다. 기독교 내에서 이단 취급을 받고 있긴 하지만 교리와 경전, 예배 형태 등을 고려했을 때 사회적으로 신천지는 기독교(거의 같은 말로 사용되지만 엄밀하게 말해 개신교)의 범주에 속한다. 교주 이만희 씨를 '재림예수'로 추앙한다는 소문에서, 신앙의 중심이든 아니면 신앙의 마케팅이든 아무튼 무엇으로든 신천지가 적어도 예수를 활용하고 있음을 확인할 수 있다.

코로나 사태에서 신천지가 전 국민의 비난을 한 몸에 받은 것과 함께, 개신교에 대한 비판의 목소리가 높아졌다. 세계적으로 유례를 찾기 힘든 '빤스 목사'란 별칭을 가진 전광훈 씨는 구속되기 직전까지, 또 구속된 후나 코로나19바이러스감염증에 걸려 병원에 있을 때 등 코로나 사태의 와중에서 일관되게 바이러스처럼 행동해 기독교를 극우적이고 비이성적이며 광신적인 종교로 보이게 만들었다.

'이만희·전광훈 쌍두마차'가 앞장선 가운데 코로나 사태를 '심판론'으로 해석한 일부 비이성적 목사들, 이 사태를 정치적으로 해석하는 데 급급한 이른바 보수 교단의 지도자들, 헌금감소와 교인조직 붕괴를 우려해 교회 문을 닫지 못하는 비즈니스형 성직자들, 방역보다 생계가 더 절박한 자영업형 삯꾼 목사들까지 가세하면서 평균적인 사고를 하는 국민에게 기독교는 구제불능의 사회악으로 비치게 된다.

악재가 겹쳐진다. 코로나 사태 초반에, 세습 문제로 오랫동안 추문에 시달린 명성교회에서 감염이 일어나면서 명성교회는 "가지가지한다"는 비아냥에 시달렸다. 그 교회 교역자가 코로나 감염병에 걸리고 싶어서 걸린 게 아니었음에도 말이다. 감염 확산을 예방하기 위해 국가 차원에서 '사회적 거리두기'를 실천하는 마당에 적잖은 교회가 주일예배를 강행하였는데, 그중에 10만 등록교인을 보유한 서울 강남의 광림교회가 포함되었다. 명성교회보다

빨리 처리했을 뿐 광림교회 또한 세습교회로 유명하다. 주요 종교인 불교와 가톨릭은 '사회적 거리두기'에 동참했기에 개신교의 반(反)사회성이 더 두드러져 보였다. 주일예배를 고집한 교회들이 나름의 신학적 입장과 헌법적 가치를 표명했지만, 사회는 주일성수(主日聖守) 뒤에 주일헌금이 있는 것이 아니냐고 따가운 시선을 보냈다.

코로나 사태 초기에 거론된 '코로나 심판론'을 허황한 얘기라고 생각하지만, 기독교인인 내가 보기에도 부끄러운 개신교의 이러한 행태를 접하며 역으로 한국의 코로나19바이러스감염증이 한국 개신교에 대한 하나님의 징벌일지도 모르겠다는 어처구니없는 생각까지 해보았다. 어떤 목사들이 말하듯 이것이 만일 심판이라면, 심판은 그들이 말한 곳을 향하지 않고 그들 자신과 개신교 자체를 향한다고 보는 게 하나님의 뜻에 더 부합한 해석일 것이다.

이만희 씨의 신천지만이 아니라 개신교의 대부분이 예수의 가르침에서 멀어져 있다. 더 심각한 문제는 멀어지는 데서 그치지 않고 정반대의 이야기를 '교회 비즈니스'를 통하여 팔아먹는 데에 있다. 예수가 살아나시면, 생애의 마지막 시기에 예루살렘 성전에 들어가 성전 장사치들을 치리하였듯, 틀림없이 한국 교회를 벌하실 것이라고 나는 확신한다. 이만희 씨와 전광훈 씨만이 문제인 것은 아니다. 조용기, 김홍도, 김기동, 김삼환 등 수많은 대형교회 목사가 예수의 가르침을 배반하며 살고 있을 뿐 아니라 팔아먹으

며 자신과 일가의 복록을 하늘이 아니라 땅에 쌓았다. 그들 모두
가 내용상 적(敵)그리스도이다.

종교는 '아편'이 아니라 '바이러스'?

코로나 사태의 중심에 신천지가 있다는 사실이 분명해지고 신천지
와 신천지 교도들의 책임 또한 뚜렷해지면서 마침내 구순(九旬)의
신천지 교주가 매스컴에 모습을 드러냈다. 2020년 3월 2일 교주
이만희 씨(공식직함은 '신천지예수교증거장막성전 총회장')의 기자회견
에 전 국민의 이목이 집중됐다. 신천지 연수원인 경기 가평군 '평
화의궁전' 문 앞에서 열린 이 씨의 긴급 기자회견은 주최측이 서둘
러 끝내는 바람에 아주 짧게 진행됐지만 두고두고 화제가 됐다.

　기자회견에서 가장 화제가 된 것은 엉뚱하게도 그의 손목시계
였다. 사죄의 절을 한답시고 그가 테이블 옆 바닥에 엎드리는 통
에 손목이 드러났고, 전 매스컴의 카메라에 찍힌 그의 손목에는
뜻밖에도 '박근혜 시계'가 채워져 있었다. 금장으로 된 이 시계에
는 박근혜 전 대통령의 서명과 함께 대통령을 상징하는 봉황 문양
의 휘장과 무궁화가 박혀 있었다.

　사건은 우습게 흘러갔다. 기자회견 직후 이 시계의 진품 논란이
터져 나왔다. 박 전 대통령의 변호인인 유영하 변호사는 "이 총회

장의 시계는 가짜"라고 말했다. 유 변호사는 "(박근혜 청와대에서는) 은색시계밖에 만들지 않았으며 (이만희의 시계와 달리) 시계 안에 날짜판도 없었다."라고 말했다. 박근혜 청와대에서 '금장시계'를 만든 적이 없다는 당시 청와대 담당자의 증언도 이어졌다. 박 전 대통령이 따로 특별한 금장시계를 만들어 이 씨에게 선물했다는 음모론에 가까운 일각의 반론이 제기되었지만, 대체로 이 씨가 찬 시계가 모조품이라고 본다. 실제로 대통령 기념품과 관련된 모조품은 늘 존재했으며, 보도엔 그가 찬 것과 똑같은 '박근혜 시계'가 중고가 49만 원에 팔리고 있었다.

'박근혜 시계' 논란을 비롯하여 이 씨의 기자회견은 코미디 자체였다. 언론에서 '인간보청기'로 불린 교주 수발드는 사람, 뜬금없는 호통과 기자회견장을 떠나며 남긴 '엄지척' 등 그에게선 25만 명의 열렬한 신도를 거느린 교주다운 위엄이 전혀 느껴지지 않았다. 저런 교주가 창시한 종교를 믿는 신도가 과연 멀쩡한 사람일까 하는 의구심이 돌았다.

'박근혜 시계'가 진품인지 모조품인지 개인적으로 별 관심이 없지만, 다른 곳도 아닌 국민적 관심이 한꺼번에 쏠린 기자회견장에 그 시계를 차고 나온 사실에서 교주 이 씨의 특성을 어느 정도 엿볼 수 있다. 에르메스 넥타이와 대통령 기념시계의 '조화'는 신천지 교주의 열등감과 세속적 천박함을 동시에 드러낸다. 신천지 내부에선 우리가 기독교 신앙의 진정한 주류이며 유일한 천국백성이란 선민의식을 교인들에게 심어주고 있지만 정작 교주 자신은 '정파'에서든 '사파'에서든 어느 쪽에서도 권위를 부여받지 못한 열등감과 세속적인 인정에 대한 갈망을 미처 숨기지 못하고 드러내었다고 볼 수 있다. 과거 순복음교회 창업자 조용기 목사에서 비슷한 행태가 목격됐다. 개신교 주류에 진입한 조 목사와 달리 이 씨는 생전에 이단에서 탈출할 가능성이 희박해 보인다. 아무튼 결과는, 화장한다고 똥칠한 격이 되고만 셈이어서 이단이란 평가에 적합한 시사 코미디를 연출하고 말았다.

　기자회견과 별개로, 회견이 열린 2020년 3월 2일 밤에 이재명 경기도지사가 '평화의 궁전'에 들이닥쳐 이 씨에게 강제로 코로나19바이러스 감염 여부 검사를 받게 한 것은 신천지 내부에서 어떤 반응을 야기했을까. 이 지사의 단호한 조처가 국민으로부터는 환호를 끌어냈지만, 신천지 내부에서 동일한 반응이 나타나지 않았으리라는 점을 군이 확인할 필요까지 없어 보인다. 신천지 내에서 이번 사태로 동요하고 이탈하는 신자들이 있을 테지만 반대로 어떤 이들은, '재림예수'나 다름없는 존재인 이 씨의 이러한 수난을 통해 믿음을 더 군건하게 하였을 수 있다. 신약성서에서 예수가 권력과 기성 종교로부터 핍박받은 모습을 애써 떠올리며, 자신들 교주의 수난이 또 다른 방식으로 '재림예수'의 현현을 증거한다고 주장하는 장면이 저절로 그려진다.

　개인적인 추측으로 신천지 상층부의 상당수는 이권과 권력 보호라는 관점에서 사태에 대처하고 있겠지만, 아닌 게 아니라 어떤 열성적 신자들은 기독교 초기에 예수의 제자들이 핍박받은 상황을 떠올리며 이 시험을 극복하면 복된 날이 열릴 것이라고 확신하고 있을 터이다. 기꺼이 수난을 감수하고 세상의 온갖 모욕을 당한 교주를 위해 일부 신천지 교인이 흘렸을 눈물이 눈에 선하다. 그 '일부'는 이렇게 생각했을 것이다. 예수 시대의 예수 또한 수난을 당했고, 예수의 제자들이 일군 초대교회는 지금의 신천지처럼 유대교로부터 이단 취급을 당했고 핍박을 받았지만 끝내 기독교란 세계종교로 성장했다고 말이다. 그들은 사도행전에 나오는 초대교회 신도들과 자신들을 동일시할지도 모른다.

종교나 기독교에 무심한 이들은 그들의 주장이 맞을 수도 있지 않으냐고 말할 수 있다. 굳이 성서를 들춰보거나 신천지 교리를 따져보지 않아도 그들은 행태만으로 신천지가 사교임이 입증된다고 나는 판단한다. 다른 교단의 교회에 신자로 몰래 잠입시켜 오랫동안 암약게 하다가 세를 모아 어느 순간 교회를 접수하는 '추수꾼' 전략은 건전한 종교인이란 자각이 있는 사람이라면 할 수 없는 일이다. 그것은 기독교인을 한낱 '바이러스'로 격하하는 짓이다. 또한 코로나19바이러스가 위력을 발휘하기 시작한 시점부터 그 후로 상당 기간 그들이 보인 행태에서 예수의 제자다운 모습을 상상하기란 불가능하다. 전광훈 씨와 사랑제일교회, 그리고 '광화문 교단'에 대해서도 같은 이야기를 할 수 있다. 만일 예수가 지금 살아 계신다면 당장 그들부터 단죄하리라고 확신한다.

예수는 전복적이고 혁명적인 가르침을 전하고 남겼지만, 그 가르침에서 반(反)사회적이고 사악하며 파렴치한 특성을 찾아볼 수 없다. 신약성서를 관통한 다음과 같은 예수의 가르침을 떠올리면 신천지와 '광화문 교단', 그리고 얼마나 많은 한국의 교회가 예수의 이 가르침에서 벗어나 있는지를 단박에 알 수 있다.

> "네 마음을 다하고 목숨을 다하고 뜻을 다하여 주 너의 하나님을 사랑하라 하셨으니 이것이 크고 첫째 되는 계명이요 둘째도 그와 같으니 네 이웃을 네 자신 같이 사랑하라."
>
> 「마태복음」 22장 37~39절

다미선교회의 추억

지금은 신천지가 이단 또는 사이비 종교의 대명사로 사계(似界)를 석권한 것처럼 보이지만 신천지의 역사는 그리 오래되지 않았다. 전해지기론 1980년대 중반에, 여러 이단 및 사이비 종교에서 생활하며 잔뼈가 굵은 이만희 씨가 마침내 스스로 교주가 되어 신천지를 창업했다. 창업 당시에 이 씨가 지금의 '성공'을 예상했으리라고는 보기 어렵다.

종말론과 관련된 이단 혹은 사이비 종교와 개인적으로 접촉한 경험은 잠깐이지만 1992년 10월 28일에 있었다. 그날은 당시 세상을 떠들썩하게 만든 다미선교회의 휴거일이었다. 선택받은 하나님의 백성이 하늘로 들어올려지는 종말적 사건이 휴거다. 그때 나는 어느 중앙일간지 사회부 초년병 기자로, 마침 야간당직이라서 서울 마포구 다미선교회 건물 앞에서 그들의 '휴거'를 취재했다.

다미선교회는 이장림 목사를 중심으로 한 개신교 계열의 사이비 종말론 종교집단. 원래 해외 기독교 서적을 번역하는 일을 한 이 목사가 1980년대 후반에 출판한 책『다가올 미래를 준비하라』에서 다미선교회의 '다미'라는 이름을 따왔다.

노스트라다무스의 예언 등 세기말 분위기와 맞물려 종말론을 내세우는 신흥종교들이 나타난 1990년대 초반, 종말론의 대표선수 중의 하나가 다미선교회였다. 다미선교회는 종말론자 이 목사가 주도하여 노스트라다무스의 예언과 요한묵시록을 근거로, 1992년 10월 28일(수) 24시에 휴거가 일어난다고 '예언'하여 신도를 모았다.

기성 개신교 교단들에서는 당연히 다미선교회를 이단으로 단죄했지만 적잖은 사람이 이 종말론 종교에 빠져들었다. 세상에 종말이 다가오니 응당 신자가 세상의 인연과 복록을 떠나는 게 당연하였고 이는 사회문제로 비화하였다. 그럼에도 1992년 10월 28일이 가까워질수록 다미선교회는 포교에 더 열을 올렸다. 마침

내 그날.

그들은 기도하고 찬송하며 서울 마포구 다미선교회 건물 안에서 휴거를 기다렸고, 나는 경향신문 사회부 야근 당직기자이자 건물 앞에 줄지어 선 매스컴의 일원으로 그들의 귀가를 기다렸다. 어느 유능한 타사 사회부 기자는 건물 안에 들어가서 그들의 휴거 의식을 지켜봤다고 한다. 흥미로운 체험이었지 싶다.

다미선교회 밖은 취재진, 구경꾼, 휴거 때문에 다미선교회에 들어간 가족을 찾으러 온 사람 등 많은 사람이 뒤섞여 북새통이었다. 건물 안의 사람들과 달리 건물 밖의 사람들은 휴거가 이루어지지 않을 것을 확신했기에, 그 아수라장 속에서도 휴거에 실패한 사람들이 귀가할 길을 터놓았다. 사실은 다미선교회 사람들이 나갈 수 있는 통로를 만든 게 아니라 신문과 방송에서 나가는 이들을 촬영하기 위해 만들어 놓은 일종의 포토라인이었다. 그렇게 한쪽으로 길을 터놓아야 휴거에 이르지 못하고 집으로 가는 이들을 놓치지 않고 카메라에 담을 수 있었다. 물고기를 잡기 위해 어항을 설치한 것과 비슷했다.

사진과 카메라 기자들이 몸싸움까지 해대며 길목을 장악하고 있어서 나처럼 펜을 들고 온 취재기자들은 뒤쪽에 따로 모여 수다를 떨며 휴거 시점을 기다렸다. 다미선교회 내에서 휴거 날짜가 10월 28일이라는 데에는 일치가 이루어졌지만 정확히 몇 시에 휴거가 일어나는지를 두고 갑론을박이 있었다는 후문이다. 정오인가 자정 직전인가, 한국 시각인가 이스라엘 시각인가 아니면 GMT인가 등을 두고 논의하다가 결국엔 자정까지 기다리기로 했다. 28일이 끝나도록 휴거가 일어나지 않았으니 어차피 그럴 수밖에 없었을 것이다.

후속 보도로 여러 가지 일화가 전해졌다. 그중 하나가 "나방이 휴거되었다."였다. 휴거를 기다리던 사람 중 누군가 나방이 하늘로 날아가는 모습을 보고 이렇게 소리쳐서 그곳으로 사람들이 몰려들었다는 웃지 못할 이야기다. 휴거를 믿는 종교집단의 지도자였던 이 목사는 동시에 파렴치한 희극의 주인공으로 기록됐다. 그가 1993년에 만기가 되는 환매조건부 채권을 구입했다는 사실이 밝혀진 것이다. 다미선교회와 이 목사의 주장대로라면 1992년에 휴거가 되어 1993년엔 하늘나라에서 살고 있어야 하기에 1993년이 만기인 지상(地上)의 채권을 산 것은 다미선교회가 사이비 종교임을 스스로 입증한 결정적 근거의 하나가 된다. 이 목사 개인에게는 사기죄가 성립하기에, 그는 휴거 날짜 한 달쯤 전에 미리 구속되어 실형을 살았다.

휴거 소동이 끝난 뒤 다미선교회는 그해 11월 2일 사과문을 발표하고 신도들로부터 헌금 반환 신청을 받기로 했다. 이로써 다미선교회가 해산한다. 해산할 때의 신도는 약 8000명으로 추정되었다. 신도가 25만 명에 이르고 재산이 막대한 현재의 신천지는 오래전에 다미선교회 수준을 넘어섰다.

이만희 씨의 신천지 또한 종말론 교리를 갖고 있지만, 구체적으로 휴거 날짜를 박은 다미선교회의 전철을 밟지 않았다. 마케팅 상의 강점이다. 하지만 신천지의 마케팅상 강점은 2020년 코로나 사태가 터지면서 개신교뿐 아니라 한국 사회 전체의 아킬레스건으로 돌변한다. 1992년 다미선교회의 '휴거'는 해프닝으로 지나가고 말았지만 2020년 코로나 사태에 소환된 신천지는 대한민국에 천문학적인 사회적 비용을 물렸다.

신천지를 이단 판정한 한국 교회는…

기독교는 기본적으로 종말론의 종교다. 그러나 종말의 시점을 인간은 알 수 없다. 기독교는 종말론적 긴장을 유지한 채 현세의 삶을 하나님 나라로 만들어가는 종말론적이자 현세적인 종교다. 종말의 시점을 자신만이 알고 있다고 말한다면 그는 예수를 팔아먹는 사기꾼이거나 완곡하게 표현해 영혼 비즈니스 종사자다. 문제는 한국 교회의 저명한 목사 가운데 적잖은 숫자가 이 부류에 속한다는 점이다.

종말론적 긴장이 종교적 각성과 신앙인의 신실함으로 연결된다면 그것을 이단이라 부르지는 않는다. 종말론을 활용하여 신도나 헌금을 늘리고 교세를 확장한다면 비록 교계에서 '정통'에 속한다고 하여도 그것은 예수의 가르침에서 벗어나 있는 사실상 사이비 종교가 된다. 신천지와 다미선교회를 비난한 '정통' 한국 교회는 과연 이러한 혐의에서 자유로울까.

코로나 사태에서 신천지로 인한 사회적 비용과 관련하여 거의 전 국민이 장탄식을 내뱉은 사회적 상황과 별개로, 신천지 자체에 집중하여 아무리 봐도 보잘것없는 노인네에게 25만 명이 놀아난 세태는 어떻게 받아들여야 할까. 현대인의 정신적 허약함과 현대 사회의 곤고함을 입증하는 간접지표? 분명한 건 이만희 씨와 신천지가 발호한 곳이 중국이나 미국, 일본이 아니라 대한민국이라는 사실이다.

코로나 사태의 신천지 국면에서 특히 기독교계 언론이 신천지 문제에 기민하고 출중한 취재능력을 보여주어서 주목되었다. 많은 기독교계 언론이 앞다투어 신천지를 낱낱이 해부하는 보도를 매일같이 내보냈다. 종교 쪽 취재역량이 쌓여 있어 가능한 일이었을 것이다. 국민의 알 권리를 위해서나 언론 본연의 기능을 위해서나 바람직한 모습이긴 하였다. 한데 어딘가 찜찜한 건 왜일까.

누가 봐도 칭찬할 만한 참 목자가 시무(時務)하는, 세상의 빛과 소금 같은 교회가 당연히 없지는 않다. 그러나 교회 규모의 크고 작음을 떠나서 그런 교회가 교단과 무관하게 소수일 것이라는 직관적인 나의 판단에 기독교계 안팎에서 대다수가 동의할 싶다. 특히 대형교회들이 '본질상' 신천지와 다르냐는 근원적인 질문에 대해 거의 "아니오"라고 답하지 못하리라고 본다. 부패와 추문 목록을 책으로 만들어도 모자랄 순복음교회의 조용기, 교계와 사회에 물의를 빚으면서 기어이 아들에게 교회를 물려주고 만 명성교회의 김삼환, 교회 규모로는 떨어지지만 부끄러움의 잣대로는 조용기와 김삼환에게 절대 뒤지지 않는 사랑제일교회의 전광훈…. 정말 셀 수 없이 많은 부끄러운 이름을 댈 수 있다.

코로나 사태에서 신천지와 '광화문 교단'을 비롯한 개신교 일각이 만인의 손가락질 대상으로 떠오르기 전에 이미 개신교는 사회의 공공연한 걱정거리였다. 기독교가 '개독교'가 되었고 개신교에 대한 사회의 신뢰가 바닥에 닿았으며 목사들의 부패와 무능, 그들에 대한 불신이 감당하기 힘든 수준에 도달했다는 진단에 기독교계도 동의한다. 개신교 지도급 인사나 목사들은 이 상황을 개탄하고 안타까워하며 각성과 개선을 촉구한다. 그러나 개탄은 늘 구두선에서 끝난다. 또 다른 공통적인 특징은 "나는 빼고"이다.

신천지로 인한 기독교의 위기를 우려하기 전에 개신교는 개신교 자체에서 비롯한 몰락의 징후에 주목해야 한다. 이단 혹은 사이비 종교 소리를 듣는 신천지에 젊은이들이 그렇게 많이 몰려간 이유를 단지 신천지만의 사악한 포교술 때문으로 돌린다면 오산이다. 신천지에 빠진 젊은이들이 어떤 사회계급적 특성을 보이는지는 알 수 없지만 어쨌든 신천지가 그들에게 (비록 허위로 판명 날 것이긴 하지만) 영혼의 안식처를 제공하였음은 사실이다. 이러한 현상은 역으로 전반적 교회의 위기 속에서도 그들이 영혼의 안식을 갈구하였음을 보여주는 지표이다. '정통' 기독교가 이단시하는 신천지에서 20~30대 젊은이들이 은밀하게 영적 평화를 구가하였음은 이른바 '정통' 기독교에게 뼈아픈 대목이다. 대한민국 방방곡곡에 동네마다 십자가가 즐비한데 그들이 비밀스러운 신천지의 사교 예배에서 영혼의 안식을 구하고, 그런 과정에서 몹쓸 전염병에 걸리고 타인에까지 전파하였다면 그 책임을 교주 이 씨의 혹세무민에 놀아난 신천지 교인에게만 물어야 할까. '정통' 기독교와 기독교 목사, 신실한 신앙인은 책임이 없는가.

나는 여기서 불교에서 말하는 사만(四慢)이 떠올랐다. 승려의 삶을 경계하기 위한 용어로 보이는데, '4가지 교만한 마음'이란 뜻이다. 증상만(增上慢: 최상의 교법과 깨달음을 얻지 못하고서 이미 얻은 것처럼 교만하게 우쭐대는 일), 비하만(卑下慢: 남보다 훨씬 못한 것을 자기는 조금 못하다고 생각하는 일), 아만(我慢: 자신을 높여서 잘난 체하고, 남을 업신여기는 마음), 사만(邪慢: 덕이 없는 사람이, 덕이 있다고 생각하는 것)의 네 가지 교만을 가리킨다. 이 사만(四慢)이 기독교 목사들에게, 개신교 지도자들에게 하는 말 같지 않은가. 굳이 종교 간에 비교할 일은 아니지만 따지고 들면 기독교에는 4만(慢)이 아니라 40만(慢)이 만연해 있다고 하여도 틀린 얘기라고 하기 힘들 것이다.

그들은 어떻게 적폐가 되었나

이 상태로 가면 기독교가 망한다는 것을 기독교인들이 누구보다 잘 안다. 현재 한국 교회를 지탱하고 있는 어느 정도 연배 이상의 여성 집사·권사들이 더 나이가 들어 더 교회를 지키지 못하게 되면 교회는 텅텅 빌 것이다. 그들의 빈자리를 채워야 할 젊은이들이 점점 더 교회에서 멀어지고 있기 때문이다. 복음도 참여도 없는 한국 개신교 교회는 부패한 (다는 아니겠지만) 대형교회 목사들이 성장주의 과실의 마지막 한 방울까지 빨아들이는 추악한 장면과, 믿음 없는 저임금 노동 속에 자신을 갈아 넣는 이른바 삯꾼 목사들이 자신들보다 신앙이 깊고 아는 것도 많으며 경제적으로 더 부유한 대다수 교인에게 치이는 무력한 장면이 겹쳐지는 막다른 골목을 지켜보면서, 소명과 소신 속에 기독교 본령에 부합한 사역을 결행하려는 반듯한 목회자들을 좌절시키고 있다.

대부분 목사가 부패하거나 아니면 시대를 못 읽고 무능한 현실에서 한국 개신교의 장래는 암담하다 하겠다. 이들이 할 수 있는 일은 신천지와 이만희 씨(더러 전광훈 씨까지)를 욕하고 다른 교단을 비방하며 성장주의 시대의 과거 선배를 한편으로 부러워하고 한편으론 매도하면서 교인이 심각한 수준으로 떨어져 나가는 상황에서 그저 전전긍긍할 뿐 무기력하게 교회를 지키는 것이다. 젊은 세대가 교회를 떠나는 사태를 지켜보며 늙어가는 교인들 역시 걱정에 사로잡혀 있다. 틈나는 대로 교회를 걱정하고, 뒤돌아서서 교역자를 비판하며 교회가 바뀌어야 한다고 생각하고 주장하지만, 현실은 그동안 해온 대로 평생의 신앙생활을 관성적으로 답습할 뿐이다. 한국 개신교 교회는 밑바닥에 커다란 구멍이 뚫려 가라앉기 직전까지 물이 차오른 난파선이라고 해도 과언이 아니다.

기독교의 침체는 유럽 등 경제성장을 이룬 나라들에서도 나타나는 일반적인 현상이지만 한국의 기독교가 난파 직전까지 몰린 데는 업보라고 불러도 좋을 만한 특수성이 작용했다.

종교가 사회와 끊임없이 상호작용하며 발전하고 변화한다는 이야기는 상식이다. 그 변곡점에는 변화와 발전을 대표하는 인물이 있기 마련이다. 기독교를 예로 들면 사실상 기독교의 창시자나 다름없는 사도 바울 외에 콘스탄티누스 대제, 마르틴 루터 등 시기마다 필요한 인물이나 사건이 있어 기독교의 진행방향에 부정적이든 긍정적이든 심대한 영향을 미쳤다.

대한민국 기독교에 지대한 영향을 미친 요소는 남북분단과 1945년부터 3년간 한반도 남쪽을 점령한 미국이다. 남북분단과 그 연장선상에 위치한 한국전쟁은 대한민국의 이념지형을 근본적으로 특정한 정향(定向)으로 고착화하였는데, 그것이 반공(反共)이다.

또 하나의 정향은 친미(親美)이다. 반공과 친미는 해방 이후 지금까지 너무나 강력하게 작동하여 정상적인 한국사회의 발전을 저해한 질곡의 이념체계이다. 친미는 국가의 지정학적 외교 전략이 아니라 국가와 국민에게 내재화한, 그 자체로 이데올로기가 되었다. 한반도를 분할점령하고 점령미군으로 하여금 한반도 남한을 통치하게 하면서 계획대로 자국에 우호적인 반공 자본주의 국가 대한민국을 수립한 미국. 미국 없는 대한민국을 생각하기는 힘들다. 한국의 이러한 현실을 고려하면 친미보다는 흔히 말하듯 숭미라는 단어가 더 정확하다.

친미는 한국 해방전후사에서 드러나듯 친기독교로 이어진다. 남북한 대치와 맞물리며 기독교, 정확하게는 미국식 개신교는 종교를 넘어서 이념기구화하는 양상으로 발전하였다. 1945년에 월남해 남한 기독교계의 유력한 지도자가 된 한경직을 비롯하여 월남 기독교 지도자들이 남한 기독교 교회의 권력구조에서 기반을 공고히 구축함에 따라 교회의 친미 또한 반공과 결합한다. 개신교만큼 친미와 반공이 유기적이고 안정적으로 합체한 사회집단을 찾기는 어렵다. 특별히 해방 후 남한 교회의 반공주의는 매우 전투적인 양상을 보였다.

친미와 친기독교는 해방 국면의 남한에서 생존하는 데 필수적이었다. 한국전쟁 후에도 여전히 혹은 더 기승을 떨친 '빨갱이 사냥'으로부터 완전히 자유로워지려면 교회에 다니는 게 최상책이었다. 교회에 다닌다는 것이 면죄부였던 셈이다.

엘리트 집단에겐 나아가 교회가 출세의 동아줄 역할을 하였다.

이명박 정부의 이른바 '고소영*'의 원형을 이승만 정권에서 찾을 수 있다. 1948년 8월 15일 대한민국 정부 출범시 초대 각료 21명 중에서 9명이 기독교 신자일 정도로 기독교의 비중이 상대적으로 높았다. 이승만이 해방 이전부터 기독교 인맥을 구축·유지하였고, 이에 따라 국내 기반이 취약한 이승만에게 기독교도 엘리트들은 원군으로서 기능하며 해방 이후 정치권력의 핵심에 진입하였다.**

이승만 정권 내내 정치영역에서 개신교는 승승장구하였다. 다른 영역에서도 친기독교 정책이 관철되어 방송 선교, 군목 제도, 형목 제도 등 다양한 방식으로 개신교 우대가 관철되었다.*** 반면 개신교와 한 뿌리인 천주교에 대해서는 이승만 정부가 적대적인 태도를 보였다. 장면이 민주당에 가담하여 '신파'의 수장이 된 이후 천주교가 운영하는 대구매일신문사와 경향신문사가 정부로부터 상당한 핍박을 받은 게 단적인 예다.

친미나 친개신교는 해방공간에서 민족 문제를 희석하는 부정적인 기능을 수행했다. 반대로 친일 세력이 친미나 친개신교로 돌파

---

* 17대 대통령 이명박의 인사 스타일을 꼬집은 조어. 대통령의 학연, 교연(敎緣), 지연을 가리키는 '고소영'(고려대 출신, 소망교회 신도, 영남권) 인물이 실제 인선으로 이어지면서 여론의 질타를 받았다.

** 김권정 외, 『대한민국 건국과 기독교』, 북코리아, 2014, 55~57쪽

*** 강인철, 「대한민국 초대 정부의 기독교적 성격」, 『한국기독교와 역사』, 2009, 109~111쪽

구를 찾는 전략을 취했을 수도 있다. 해방공간의 정치프레임이 민족에서 이념으로 바뀌면서 친미는 이념의 핵심적인 기능을 맡게 된다. 친개신교 또한 민족 프레임을 희석하는 데에 상생 차원에서라도 적극 협력하였다. 예컨대 반민족행위특별조사위원회를 앞장서 무력화한 이승만의 행위는 개신교 교회의 생존과 위상 강화에 생각보다 큰 도움을 주었다. 반민특위가 가동된 이후 예상보다 훨씬 많은 교회 인사들이 줄줄이 '반민' 피의자로 체포되거나 입건되었다. 최근 연구로 밝혀진 '반민' 피의자 657명의 명단과 경력을 활용하여 종교 소속이 확인되는 이들을 정리해보면, 개신교계 인사들이 다른 종교에 비해 월등하게 많았다.* 이승만의 '용단'이 한국 개신교에겐 말하자면 기사회생의 길을 열었다.

친일에서 친미·반공으로 변신한 개신교의 반민족적이고 기회주의적인 행태는 3.1운동 당시 보여준 기독교의 민족주의 전통과 정면으로 배치된다. 잘 알려지지 않았지만, 일제 식민통치의 초반부에 해당하는 1919년 3.1운동의 주도 세력은 기독교였다. 이 사실은 몇 가지 숫자를 확인하는 것으로 곧 입증된다. 주지하듯 3.1운동에는 33인의 민족대표가 있는데, 그중 16명이 기독교인이었다. 1919년에 조선인 중 기독교인이 약 20만 명으로 전체 인구의 1.5% 내외였다는 사실을 참작하면 민족대표 33인의 절반에 가

---

* 같은 논문, 115~117쪽

까운 '16'이란 숫자가 매우 놀랍다. 일제 치하에서 3.1운동을 일으키고 민족대표로 선봉에 선다는 것이, 영광의 길을 걸음이 아니라 수난의 자리로 끌려감이라 할 때 당시 기독교인이 민족의 본보기가 되었다고 해도 틀린 말은 아니다. 역사학자 이만열에 따르면 당시 만세 운동을 하다가 체포된 조선인 중 기독교인의 비율은 약 22%였다. 1.5% 대 22%. 조선 민족에게 기독교의 존재감은 그만큼 컸다.

기독교는 해외에서도 민족해방운동의 선봉이었다. 3.1운동이 발발한 이후 국외에서 최대 규모로 만세 운동이 펼쳐진 곳은 윤동주의 고향 북간도였다. 가장 사랑받는 민족시인이자 기독교인인 윤동주의 고향. 국내에서 3.1운동이 준비되는 동안 북간도의 민족지사들도 국내와 별개로 만세 시위를 계획하였고, 3월 13일 북간도 용정 서전평야에서 3만여 명의 조선인이 모여 만세 시위를 벌였다. 그 자리에서 북간도 일대의 민족지도자 17명이 '독립선언포고문'을 발표했는데, 그 17명 중 10명 이상이 기독교인이었다.

이들은 이후 만주에서 무장투쟁에 들어가 청산리와 봉오동 전투에서 큰 전과를 거둔다. 만세 시위와 무장투쟁의 배후에는 '북간도의 대통령'으로 불린 김약연 등 북간도 기독교 지도자들이 있었다.

김약연은 윤동주의 외삼촌으로, 망국의 한을 풀기 위해 북간도로 이주한 용정 일대 조선인 집단의 지도자였다. 북간도의 민족주의 성향 조선인들은 기독교를 받아들인 후 기독교 신앙에 입각한 조선의 국권 회복을 꾀하였다. 기독교를 믿는 북간도 조선인의 집 지붕에 얹힌 기와 끝의 수막새에는 태극기와 십자가 문양이 같이 들어가 있었다. 기독교 민족주의가 북간도의 정신이었다.

일본 제국주의에 맞서 싸운 북간도의 참여적 기독교 정신은 10월 유신 이후 반독재 투쟁으로 계승된다. 북간도의 후예인 문익환, 문동환을 비롯하여 해외에서 신학을 공부하고 돌아온 박형규 등 기독교장로회 목사들을 중심으로 기독교인은 박정희 정권에 맞서 싸웠다. 개신교 내 개혁 세력은 해방공간 및 이승만 정권기와는 분명하게 달라진 모습으로 기독교의 사회적 소명을 실천했다. 기독교 전통의 회복이자 친미·친일·친독재의 부끄러운 과거 청산의 흐름으로 평가될 수 있다. 그러나 1987년 6월 민중항쟁 이후 사회체제가 금권적 과두제로 급속하게 재편된 이후 가시적인 반독재 투쟁의 대상이 사라지면서 개혁적 개신교 세력 또한 사회운동의 일선에서 물러나게 된다.

공교롭게도 그 이후 개신교는 세속화 경향을 더 강화하는 한편, 민주화 투쟁의 중심에 섰던 1970년대와는 정반대의 노선을 걷는다. 개혁적 개신교 세력이 빠진 빈자리를 복음주의 교회성장신학을 주장하던 이들이 채워 정치적 목소리를 내기 시작했는데, 독재하에서 수동적으로 침묵하거나 적극적으로 협력한 이들 대부분이 민주화 이후 공통으로 극우 또는 보수적 정치행보를 보인다. 이명박의 인사정책을 비판하며 통용된 조어 '고소영(고려대, 소망교회, 영남)'에 소망교회가 들어간 것에서 바로 드러나듯, 성장주의 개신교 세력은 대놓고 세속정치와 관계를 맺었고 그중 일부는 극우적인 이념기구로 자리를 잡았다.

이 같은 변화의 배경으로는 경제성장 시대에 편승한 교회의 급격한 성장이 거론된다. 미국식의 교회성장신학 또는 번영신학은 한국 개신교에 직수입되어 1970년대를 풍미하였다. 미국식 시장원리, 즉 영리를 목적으로 최고효율을 추구하는 자본주의 기업 원리가 교회에 그대로 적용되었다. 교회는 긍정의 사고, 적극적 사고, 성공과 같은 낱말들, 그리고 성장을 위한 온갖 프로그램으로 가득 찼다. 대형교회는 '종교 시장의 성공'으로 평가되었고, 저마다 '찾기 쉽고, 주차하기 편하고, 다양한 상품이 있고, 평신도가 열심히 봉사하고, 광고를 잘하고, 적극적 사고방식을 지니고, 돈을 가진' 경쟁력 있는 교회를 만들겠다고 달려들었다.

군사독재정권과 유착하고 그 정책에 적극적으로 호응하는 한편 국가주의와 성장 이데올로기, 가부장제와 봉건 윤리를 재생산하는 세속 기구의 역할을 충직하게 수행한 한국 개신교의 주류는 그에 대한 보상을 풍성하게 챙겼다. 단적으로 2천 년대 들어 한때 대한민국은 세계 제일의 장로교회(영락교회), 세계 제일의 감리교회(광림교회), 세계 제일의 성결교회(서울중앙성결교회)는 물론이고 교파를 초월한 세계 최대 규모의 교회(순복음중앙교회)까지 보유한

'지상천국'으로 변모한다.*

이러한 보수주의 신학과 성장주의 교회는 자신들의 입맛과 다른 김대중 정부의 등장 이후 적극적인 정치세력화에 나섰다. 이승만 정권에서 나타난 것과 같은 친미·반공의 보수 이념이, 한때 민주화 이념에 의해 외곽으로 밀려났다가 김대중 정부 이후 개신교 사회 참여의 주류로 복귀하였다. 개혁적 기독교 세력은 이러한 전환 과정에서 존재감이 서서히 약해진 반면, 성장주의 보수 기독교 세력은 과감한 행동으로 목소리를 키운다. 독재정권에서 침묵하고 나아가 사실상 부역하며 과실을 받아 챙긴 개신교의 주류 세력이 독자적으로 정치세력화하며 정권창출에 개입하는 등 노골적인 세속화의 길을 걸으면서 개신교에 대한 한국사회 일반의 인식은 크게 악화하였다. 사회 약자를 보호하는 기독교가 아니라 기득권 수호에 앞장서고 스스로 기득권이 되는 기독교로 변했기 때문이다.

개신교 세력은 이른바 한국 보수진영의 한 축을 당당히 차지하게 되었을 뿐만 아니라 현재 전광훈 등으로 대표되는 극우 정치 세력까지 주도하게 된다.** 1970~80년대 기독교 개혁 세력의 반

---

* 박정신, 박규환, 『'뒤틀린 기독교' 굳히기 : 박정희 시대 한국 개신교의 자취』, 2012, 52~58쪽
** 서정민, 「한국기독교의 현상에 대한 역사적 검토 : 사회참여 특성에 따른 시기구분을 중심으로」, 2009, 273~274쪽

정부 투쟁을 정교분리에 어긋난다며 비판한 기독교 보수 세력이 1997년 김대중 정부가 출범하자 김대중 정부를 용공·친북 정권으로 규정하며 노골적으로 반정부 투쟁을 벌였고, 이후 이들은 사실상 정교일치를 실현하고 있다. 게다가 조용기·김홍도 등 개신교 대표 목사들의 부패와 비리는 국민적 염증을 불러왔고, 기독교는 어떠한 자정기능을 수행하지 못한 채 이후 계속해서 바닥을 향해 추락했다. 전체로서 한국 개신교는 가장 사악한 방식으로, 또 국가와 민족에 가장 큰 해악을 끼치는 방식으로 정치화함으로써 한국 정치와 사회의 발전에 예기치 못한 거대한 장애물로 등장하여 오늘에 이르고 있다.

촛불혁명 이후 적폐라는 말이 널리 사용되었는데 그 말의 정치적 편향을 떠나 사전적 의미 그대로 쓴다면 기독교야말로 현재 한국 사회에서 가장 큰 적폐라고 할 수 있다. 코로나 사태의 한복판에서 신천지와 '광화문 교단'이 가 십자포화를 받은 2020년, 한국 기독교의 현주소다.

러시아의 사회주의 소설가 막심 고리키의 눈에 비친 교회의 모습이 그의 대표작 『어머니』에 다음과 같이 묘사돼 있다.

"그들은 우리들로 하여금 바꿔치기 된 신 앞에서 맹세하도록 만들었어. 일단 자기네들의 손에 들어온 것이면 모두 다 우리들과 싸우도록 만들어놓았단 말일세." (…) "신은 인간을 창조할 때 자기와 닮은 모습으로 만드셨습니다. 결국 인간이 신을 닮았다는 결론이 나오는 겁니다. 그러나 우리는 신을 닮지 못하고 사나운 짐승이 되어 버렸어요. 교회는 허수아비를 흔들어 우리를 위협하고 있는 셈이지요. 우리는 신을 바로잡아야만 합니다. 그자들은 신에게 거짓과 중상의 옷을 입히고 얼굴을 일그러뜨려 놓았습니다. 그게 뭡니까. 바로 우리의 영혼을 파괴하려는 수작인 것입니다."

고리끼 『어머니』 중에서

교회가 기독교인의 영혼을 파괴하고 사회의 대표적인 병폐가 된 한국의 현재 상황을 그린 것 같지 않은가. 『어머니』에는 이어 다음의 구절이 나온다.

"교회는 신의 무덤일 뿐이야."

한국 교회 또한 그렇다. 만일 '유신론'의 교회가 신의 무덤이라면 누군가 신을 살해했다는 뜻이다. 신의 살해 책임이 누구에게 있는지는 비교적 뚜렷해 보인다. 교회가 기독교인에 대해 신(神) 살해자이고 사회에 대해서는 적폐라고 나는 진단한다.

신 살해자, 예수 납치범

다행인지 불행인지 모르겠으나, 현재 한국 기독교가 당면한 난관은 기독교 역사에서 처음 있는 일이 아니다. 모든 유형의 역사가 대개 반복하며 발전을 이뤄낸다. 때로 느린, 때로 빠른 변화를 일으키며 어떤 식으로든 발전한 과거 역사를 돌이켜보면 영원히 끝나지 않은 어둠은 없다는 사실을 알게 된다. 종교개혁이 일어나기 전에는 그러한 급진적 변화가 불가피할 정도로 심각한 교회의 부패가 있었고, 청빈을 강조한 수도원의 등장은 종교의 과도한 세속화와 탐욕에 대한 반성이 있었기 때문이라고 할 수 있다.

도미니코(1170~1221)와 프란치스코(1182~1226)는 가톨릭 역사에서 빼놓을 수 없이 중요한 인물로, 두 사람 모두 중세 유럽에서 수도회를 만든 것으로 유명하다. 이들이 만든 수도회는 오늘날까지 이어진다.

도미니코가 수도회를 만들 때 이야기다. 1216년 말~1217년 초 도미니코는 로마를 방문해 교황 호노리우스 3세(Honorius PP. III, 재임 1216~1227)를 만났다. 교황에게서 '설교자들의 수도회(Ordo Fratrum Praedicatorum)'라는 명칭의 수도회 설립을 공식으로 승인받기 위해서였다. 이 자리는 도미니코 수도회의 출발점이 되었을 뿐 아니라 부수적으로는, 기독교계에서 두고두고 전해질 일화를 낳았다.

호노리우스 3세는 금욕주의자 도미니코에게 로마 교회의 보물을 보여주며 "베드로도 더는 돈이 없다고 말할 수 없을 것"이라고 말했다고 한다. 너무 오래 전 사건이라 전후 맥락을 정확하게 알 수가 없고, 그러다 보니 오해의 소지가 있겠다는 걱정이 들기는 하지만 교황의 발언만으로는 그가 참으로 철없이 말했다는 판단에 이르게 된다. 아무튼 그때 교황이 이 말을 하며 사도행전 3장 6절을 인용했다고 전해진다.

해당하는 성서 구절은 "베드로가 이르되 은과 금은 내게 없거니와 내게 있는 이것을 네게 주노니 나사렛 예수 그리스도의 이름으로 일어나 걸으라"였다. 그러자 도미니코는 호노리우스 3세를 똑바로 바라보면서 "그럼, 앉은뱅이를 세워 걷게 할 수도 없지요."라고 대답했다고 한다. 독자의 이해를 돕기 위해 사도행전 3장 1~8절을 정리하면 다음과 같다.

"베드로와 요한이 성전에 올라갈새 나면서 못 걷게 된 이를 사람들이 메고 오니 이는 성전에 들어가는 사람들에게 구걸하기 위하여 날마다 성전 문에 두는 자라 그가 베드로와 요한이 성전에 들어가려 함을 보고 구걸하거늘 베드로가 이르되 우리를 보라 하고 이르되 은과 금은 내게 없거니와 내게 있는 이것을 네게 주노니 나사렛 예수 그리스도의 이름으로 일어나 걸으라 하고 오른손을 잡아 일으키니 발과 발목이 곧 힘을 얻고 뛰어 서서 걸으며 그들과 함께 성전으로 들어가면서 걷기도 하고 뛰기도 하며 하나님

을 찬송하니"(강조는 인용자)

「사도행전」 3장 1~8절

3장 6절에 국한하면, 호노리우스 3세는 앞부분에 주목하여 그와 같은 말을 한 것이고 도미니코는 뒷부분에 주목하여 호노리우스 3세를 반박했다. 중세의 일이긴 하지만 일반 성직자도 아니고 교황이라는 사람이 성서 구절까지 인용하며 신실한 수도사에게 돈 이야기를 했다는 게 지금으로선 잘 믿어지지 않는다. 당시의 실제 대화는 어쩌면 지금 받아들이는 것과는 결이 달라서 그렇게 노골적인 이야기가 아니었을지도 모른다.

과거 역사 속의 많은 교황이 지금의 프란체스코 교황과는 판이했다는 점을 감안하면 반대로 호노리우스 3세가 더 적나라하게 말했을 가능성 또한 배제할 수 없다. 교회사를 살펴보면 적잖은 교황이 하나님의 종이라기보다는, 더도 덜도 아닌 그저 세속의 권력자였다는 사실이 확인된다. 예를 들어 여색을 매우 밝힌 중세의 어떤 교황은 순례 목적으로 자신의 로마 교회를 찾은 독실한 여성 기독교도들을 상습적으로 강간한 것으로 유명했다. 그는 지위고하를 막론하고 여성 순례자를 대상으로 희대의 엽색행각을 벌였다고 한다.

교황 호노리우스 3세가 실제로 어떤 성품의 사람이었는지는 논외로 하고, 전해지는 일화에 국한한다면 성직자치곤 매우 강한 세속성을 드러낸 셈이다. 일화에서 도미니코는 균형추를 잡아주는 역할을 맡는다. 대화의 두 당사자에게 공유된 사도행전 구절과 관련한 도미니코의 발언은, 앉은뱅이를 세워 걷게 한 결과에 초점을 맞춘 듯하며, 앉은뱅이를 세워 걷게 한 권능의 주체가 누구인지에는 약간의 혼선이 있다. 이제 그 혼선을 조금 자세히 살펴보자.

그 '누구'가 베드로임은 쉽게 확인된다. 복잡한 과정이 있었지만 요약하면 여러 주교 중의 한 명이었던 로마 주교는 자신을 베드로의 후계자로 자처함으로써 주교 중의 주교, 즉 교황이 되는 데에 성공하였다. 로마 주교가 주교 중의 하나에서 주교 중의 최고 주교로 격상됨에 따라 최고 주교, 즉 교황은 교회사의 영욕을 한 몸으로 체현한다. 예수의 제자 베드로에게 금과 은이 없었던 반면 베드로의 순교 자리로 알려진 터에 세워진 교회에는 금은보화가 넘쳐났다. 그곳에서 살아가는 베드로의 177번째 후계자 호노리우스 3세는 당시 세상에서 가장 부유한 사람 중 한 명이었다.

로마 교회에 금은보화가 넘쳐난 상황이 전적으로 호노리우스 3세에서 기인하지는 않았지만, 교황의 '능력'을 포함하여 중세 교회의 탁월한 비즈니스 능력을 방증하는 것이기에 도미니코는 그와 같이 냉랭하고 정곡을 찌르는 답변으로 교황과 로마 교회에 불만을 표시한 것으로 짐작된다. 대화의 수사(修辭) 측면에서는 교황이 베드로의 교회(의 부)를 말한 것에 대해 도미니코가 베드로의 이적(異蹟)이란 다른 관점으로 응수한다.

이제 권능의 주체 혹은 '누구'에 관한 이야기를 더 진전시켜보자. 우리가 이 사건의 문맥에서 또는 순수하게 사도행전의 문맥에서 유념할 점은 이적을 행한 이가 확실히 베드로이지만 그가 그 일을 행함에 있어 나사렛 예수 그리스도의 이름으로 행했다는 사실이다.

나사렛 예수 그리스도의 이름

주교 중의 주교이고, 종교개혁 전까지 서방 교회의 단일한 우두머리였던 교황은 하나의 사회적 직제로서는 동서양을 통틀어 지난 2천 년 동안 최고의 권위를 구가했다고 말할 수 있다. 영욕과 부침이 있었지만 종교뿐 아니라 세속에서도 교황만한 권위와 권력을 행사한 사람은 없었다. 예를 들어 최근의 프란체스코 교황이 누리는 세속 세계에서의 권위보다 훨씬 더 강력한 권력과 권위를 2천 년 가까운 기간 동안 행사한 이가 교황이다. 샤를마뉴, 칭기즈칸 등 세상의 어떤 권력자도, 어떤 종교 지도자도, 특정인의 계승자로서 2천 년 가까운 시기를 버텨낸 교황의 권력과 권위와는 경쟁하지 못한다. 게다가 교황은 영적인 권력까지 보유한다. 성속(聖俗)을 포괄한 그 권력과 권위의 원천은 거듭 확인하거니와 베드로다.

여기서 기독교는, 교황이든 다른 누가 되었든 성과 속을 매개함에 있어 근원적인 긴장과 위험한 균열의 개연성을 언제나 포함한다. 가톨릭을 예로 들면 현실의 로마 교회는 베드로의 후계자에 의해 지배되고 전 세계 모든 교회와 성직자, 교인이 베드로의 후계자인 교황의 신앙적인 지도 또는 감독을 받는다. 그러나 그 훌륭한 베드로조차 예수 그리스도는 아니었고 예수 그리스도의 이름에 의지하여 현실의 기독교 세계를 이끌어갔다.

거의 모든 기독교인이 세속에 존재하는 기독교 기구나 조직을 통해서만 신앙생활을 한다. 기능방식에 있어 차이가 있다고는 하지만 가톨릭이나 개신교나 사정이 다르지 않다. 이러한 상황을 비(非)성서적이라고 말할 수 없지만, 정말 바람직하냐는 의문은 2천 년 가까이 끊이지를 않았다. 의문은, 단순하게 정리하여 신앙생활의 이러한 사회적 구조화가 말하자면 대리인 문제를 필연적으로 발생시킬 것이라는 우려를 반영한다. 실제로 우려는 우려에 그치지 않았다.

이러한 대리인 문제가 가능성에 머물지 않고, 은과 금의 부패는 물론 종교적 좌초(坐礁)의 모습으로 치명적으로 현실화하였을 때 역사에서 보듯 종교개혁이 일어났다. 마르틴 루터의 만인사제설은 그 의도에서 대리인 문제를 극복하기 위한 급진적이고 근본적인 개혁 구상이었다. 그러나 역사에서 보듯 루터는 타협노선을 선택하여 대리인 문제를 우회한다. 결과적으로 종교개혁은 종교개혁이 되지 못하고 종교권력의 분점으로 변질한다. 만인사제설이 기독교 역사에서 구현된 사례가 없는 것은 아니지만, 사실 기독교 안에서 단일한 종교 이념으로 작동하였다기보다는 사회와 국가 안에서 정치적이고 사회적인, 다른 근대성의 요소들과 함께 작용하는 혼합된 이념으로 근대의 탄생에 기여했다고 할 수 있다.

개신교의 출발점이 된 기독교(가톨릭)의 "은과 금의 부패와 종교적 좌초"는 지금 한국 교회에서도 뚜렷하게 목격된다. 특히 한국 교회의 대리인 문제는 심각한 수준이다. 은과 금이 넘쳐나는 교회, 계급적 질서를 온존하고 강화하는 교회, 세상의 빛이 되기보다는 세상을 공략하는 데 서로 도움이 되는 교회가 이른바 성공한 교회의 공통점이다. 교회는 종교적인 신앙의 기구가 아니라 일부에게는 세속적 영달의 기구, 또 다른 일부에게는 세속적 복속의 기구로 바뀌었고, 영적 지도 능력이 없는 기독교 지도자들은 그 능력의 부재를 세속의 권력을 획득하는 것으로 대체하여 영적 능력인 양 과시하며 휘두르고 권력의 단맛에 취해 산다. 기독교 지도자임을 자처하는 이들의 대다수가 실제로는 기독교인이 아닌 게 아닐까 하는 의심을 가진지가 이미 오래되었다. 의심을 가진 이가 나만이 아님은 확신할 수 있다. 변호사를 두고 하는 농담을 목사에 대해서도 동일하게 적용할 수 있다. 세상의 변호사를 모두 모아서 바다에다 수장시키면 세상이 정말 좋아질 것이라는, 흔히 듣는 농담 말이다. 농담이 아니고 합리적인 수준에서 말한다면 전체 목사 중에서 나중에 천국에 가는 비율은, 비기독교인 중에서 천국에 가는 비율보다도 낮을 것이라고 단언할 수 있다.

이만희 씨의 신천지와 전광훈 씨의 태극기부대는 코로나19바이러스감염증 확산에 악영향을 미쳤지만 사실 기독교를 두고는 큰 걱정거리가 아니다. 시간이 지나면 저절로 소멸하는, 불편하고 때로 많이 거슬리지만 치명적이지는 않은 가벼운 세균성 염증 같은 존재다. 마음만 먹으면 살균할 수 있고 쉽게 퇴치할 수 있다. 2천 년을 살아남은 기독교는 이 정도로 저렴한 세균에 대해서는 상당한 면역력과 치유력을 갖고 있다.

큰 걱정거리는 "우리는 신천지가 아니고, 우리는 전광훈 교인이 아니다."라는 말속에 있다. 예수의 더 큰 우환은 신천지와 사랑제일교회를 뺀 한국의 기독교이지 않을까. 코로나19바이러스감염증이나 스페인독감 바이러스를 능가하는 궤멸적인 영적 바이러스가 오래전부터 한국 교회에 만연해 있다. '종교적 팬데믹'의 치명률은, 영적이고 사회적인 대비 태세가 전혀 되어 있지 않은 상황을 고려할 때 비유로써 말하면 중세의 흑사병이나 스페인독감보다 더 높다고 할 수 있다. 한국의 교회를 보라. 이미 그들은 죽어가고 있고 상당수가 벌써 죽었다. 대형교회의 대부분이 '좀비교회'다. 자기들이 죽은 영혼인 줄 모른 채 다른 멀쩡한 이들을 물어서 같이 좀비 상태로 만들려는 '좀비교회'와 '좀비목사', '좀비교인'이 곳곳에 넘쳐난다. 귀신에 들린 것도 아닌 이러한 '좀비교회', '좀비목사', '좀비교인'을 "나사렛 예수의 이름으로"으로 퇴치할 수 있을까.

전혀 다른 종교개혁

한국 교회가 바뀌어야 한다는 이야기가 나온 지는 오래됐다. 나의 감으로는 바뀌는 수준으론 어림도 없다. 바뀌자고 말하며 기다리는 동안 교회 대부분이 '좀비교회'로 바뀌어 그나마 남아 있는 변화의 씨앗인 멀쩡한 교회들마저 병들게 만들고 말 것이다. 한국 교회는 아예 죽어야 한다. 비근한 예를 하나 들어보자.

수만 명의 신도가 함께 모여 예배를 보고 예수를 부르짖는 곳에서 담임목사라는 사람은 은과 금이 넘쳐나는 세속화한 교회를 자식에게 넘겨주고, 그러는데도 신도들이 묵인하는 곳에다 기독교 신앙공동체란 이름을 붙일 수 있을까. 문제는 그런 곳이 너무 많다는 점이다. 세속의 관점에서 부패하고 신앙적으로 좌초한 그런 교회들은, 자력으로 변화하거나 개혁할 능력이 없으므로 결국은 기독교와 한국 교회, 그리고 한국 사회를 위해 죽어야만 한다.

기독교는 베드로, 바울, 콘스탄티누스, 루터 등 예수의 대리인에 의해 변화하고 발전하고 더러 퇴보하였다. 명확히 하자면, 은과 금의 부패가 문제의 전부가 아니다. 베드로가 없다는 사실이 더 심각한 문제이다. "그럼, 앉은뱅이를 세워 걷게 할 수도 없지요"라고 말한 도미니코의 말대로, 은과 금은 없더라도 일어나 걸으라고 할 권능을 지닌 베드로를 되찾으면 모든 문제가 해결될까.

아니다. 그것으로도 부족하다. 우리에겐 무엇보다 나사렛 예수 그리스도의 이름이 필요하다. 극단적으로 말해 베드로는 없어도 되지만 나사렛 예수 그리스도의 이름이 없다면 우리는 아무것도 아니다. 행하는 베드로는, 비록 한국에서 지금 찾아보기 힘들다고 하여도 마음먹으면 앞으로 얼마든지 찾아낼 수 있지만 나사렛 예수 그리스도의 이름을 영영 잃어버리면 100만 명의 베드로로도 한국 교회를, 기독교를 구해낼 수 없다.

만인사제설은 기독교의 권력분점으로 귀결하고 말았지만 방향은 옳았다. 개인의 탄생을 예견한 만인사제설은 근대사회의 근간을 구성한다. 역설적으로 루터의 종교개혁이 세속 세계 개혁의 물꼬를 텄다고 하여도 틀린 말은 아니다. '자본'과 '개인'을 근간으로 한 근대의 구조화는 '독자성을 가진 듯하지만 무력한 개체와 전체로서 악마'를 지향하지 않으면 안 되었다. 개신교 또한 기독교인을 개체화하면서 전체로서 악마나 다름없는 기형적 기독교를 발전시킨 건 아니었을까.

베드로는 앉은뱅이에게 나사렛 예수 그리스도의 이름으로 일어나 걸으라 하고 오른손을 잡아 일으켜, 그가 걷기도 하고 뛰기도 하며 하나님을 찬송하며 성전에 들어가는 길을 함께하였다. 베드로는 약하고 병들고 힘없는 자를 손잡아 일으키면서 자신의 이름이 아닌 예수 그리스도의 이름으로 일으켰다. 더구나 자신이 의지하는 그 예수가 나사렛의 예수임을 표명하였다. 그가 일으킨 사람들과 마찬가지로 예수가 비천한 곳, 나사렛 사람임을 감추지 않은 것이다.

　루터의 종교개혁이 이상(理想)대로 철저하게 추진되지 못한 까닭은 루터 개인보다는 그 시대의 상황과 맥락에서 찾아질 터이다. 고독하고 동시에 존엄한 개인이 아직 태어나지 않은 시대에서 나온 만인이 사제가 되는 구상은 현실적합성을 갖지 못했을 것으로 추측할 수 있다. 종교개혁 이후 이곳저곳에서 만인사제설 실험이 있긴 했지만 실험으로 그쳤다. 주류 개신교는 개인이 깨어나야 하며 그러길 기다린다고 말하면서도, 아직 개인이 깨어나지 않았다는 명목하에 종교 지도자들이 대리인을 자처하여 개인들을 지배하는 신앙과 교회의 구조를 루터 이래로 유지하고 있다. 각성한 개인이 대리인 없이 신과 직접 소통하는 가운데 그러한 개인들이 모여 서로의 신앙을 확증하고 격려하고 나누고 확장하며 공동체로서 사회에 기여하는, 이미 실현되어야 했지만 철저하게 저지되고 있는 근대성의 교회상은 한국에 만연한 대리인 교회와 배치된다.

　임계점을 넘은 듯하다. 서구 일각에서, 깨어난 기독교도 개인들이 대리인 체제를 무너뜨리면서 의도하지 않게 교회를 무력화하였는가 하면 한국에서는 기독교도 개인들의 깨어남을 싫어하고 나아가 저지하는 대리인들이 작은 교황처럼 그들을 지배하며 은과 금을 챙기고 앉은뱅이는 외면하는, 호노리우스 3세 이전 시기의 교회를 강압적으로 연장하고 있다. 한국의 기독교인들은 근대성과 자본주의 관점에서는 진즉에 개인으로 각성했지만, 기이하게도 교회에서 중세 유럽의 농노들처럼 무지몽매한 신앙생활을 영위하고 있다. 그러나 이 두 가지가 양립할 수는 없기에 근대적이고 자본주의적인 한국 사회의 기독교인들은 농노 같은 신앙을 가식(假飾)하면서 믿음 없는 교회생활의 사회적 네트워크에 소속된 걸로 만족했다. 신천지 같은 이단 혹은 사이비 종교가 이러한 불일치에서 만들어진 큰 틈을 뚫고 들어오곤 했다고 할 때 "우리는 신천지가 아니다."라는 말이 얼마나 허망한지 깨닫게 된다.

"악한 존재는 악한 행위보다 더 심각하다. 거짓말쟁이가 진리를 말하는 것은 진리를 사랑하는 자가 거짓말을 하는 것보다 더 심각하다. 인간을 멸시하는 자가 형제를 사랑하는 것은 인간을 사랑하는 자가 한때 증오에 휘말리는 것보다 더 심각하다. 거짓말쟁이의 입에서 나오는 진실보다는 차라리 거짓말이 더 낫고, 인간을 적대시하는 자의 형제사랑의 행위보다는 차라리 증오가 더 낫다. 따라서 하나의 죄가 다른 죄와 같지 않다. 죄는 다양한 무게를 갖는다. 더 무거운 죄가 있는가 하면, 더 가벼운 죄도 있다. 떨어져 나가는 것(Abfall)은 넘어지는 것(Fall)보다 무한히 훨씬 더 무겁다. 타락한 자의 가장 찬란한 미덕은 진실한 자의 가장 어두운 허약성과는 달리 칠흑처럼 어둡다."

디트리히 본회퍼, 『윤리학』 중에서

우리가 교회를 버려야 할까. 신천지와 같은 사교(邪敎)나, 사회적으로 부패하고 종교적으로 좌초한 수다한 '정통' 교회들이 죽기를 기다려야 하겠지만, 문제는 근본적으로 기독교인이 어떤 형태이든 결국 교회를 포기할 수 없다는 데에서 찾아진다. 그 교회는 죽어야 할 교회와는 다른 전혀 새로운 교회이어야 한다.

사실상 적그리스도나 다름없는 교계의 거악을 척결하고 또는 척결하면서, 각성한 합리적인 개인들이 기독교의 신앙으로 모여 다름 아닌 나사렛 예수 그리스도의 이름으로 사회를 일으키고 죽어가는 지구를 살리고, 무엇보다 자본주의와 근대성에 짓눌려 고사하고 있는 자신들의 영혼을 구제해야 하지 않을까. 이런 사람들이 모여서 기도하고 대화하고 찬양하며 사회의 빛과 소금이 되는 것은 물론 하나님이 주신 창조세계를 아름답게 보전하는 데에 힘을 쏟는 공동체, 현실에서 어떠한 모습을 취하든 그곳이 바로 교회다. 그러므로 기독교 무용론과 교회 유해론이 힘을 얻는 지금 기독교인에게, 한국 사회에 오히려 더 많은 교회가 필요하다.

그러나 그 전에 많은 교회가 죽어야 한다. 옛것은 죽고 새것이 태어나야 한다. 옛것이 아직 살아있고 새것은 온전하게 태어나지 못한 사이를 소망을 품고 견뎌내는 한편 옛 괴물과 막간에 등장하는 변용 괴물에 맞서 싸우는 것이 원래 기독교 정신이다.

예수는 직접 자신의 경전을 만들어놓지 않았다. 기독교인이 된다는 것은, 단어의 의미 그대로 예수 그리스도의 가르침을, 나사렛 예수 그리스도의 이름을 붙들고 사는 것을 뜻한다. 우리는 예수를 예수 자신의 '저작권'이 아닌, 예수 삶의 목격자나 증언자의 기록으로만 만날 수 있다. 그러니 아주 엄격한 의미에서 기독교인이 예수를 '직접' 만날 수 있는 길은 성서에서도 없는 셈이다. 결국 삶에서 성령과 조우하는 가운데 기독교인은 예수와 직접 대화한다. 아마도 그럴 것이다. 그렇게 성령을 통해 예수와 직접 대면하고 대화하는 기독교인은 그러나 자신이 진짜로 예수를 만나고 있는지를 어떻게 확신할 수 있을까.

내가 생각하기에, 안타깝게도 주어진 확신 말고는 확신할 다른 어떤 방법도 없다. 이렇게는 말할 수 있다. 그 확신은, 독단에 빠진 것은 아닌지 끊임없이 삶을 반성하고 신앙을 점검하는 길 위에서 이루어져야 올바른 확신에 다가갈 수 있다. 마침내 실존적 고독 안에서 스스로 신을 대면해야 하겠지만, 성서와 교회로부터 받는 감화와 소통이 자신의 대면과 그것에서 연유한 신앙을 점검하는 잣대로 유용하게 쓰일 수 있다. 그 교회가 이른바 사악한 대리인이 득시글거리는 '정통' 교회가 아니라, 민주적이고 합리적으로 운영되는 영성이 충만한 전혀 새로운 교회여야 함은 굳이 강조할 필요가 없다. 디트리히 본회퍼가 말한 "진실한 자의 가장 어두운 허약성"이야말로 기독교인들이 교회에서 서로에게 확인해야 할 덕목이다.

기독교 신앙을 자신의 믿음으로 받아들이려는 사람은 그 가르침을 읽고 이해하는 과정이 필요하겠지만 동시에 그 가르침의 원천에 대한 기본적인 태도의 확립 또한 필요하다고 나는 믿는다. "진실한 자의 가장 어두운 허약성"이란 본회퍼의 표현은 기본적인 태도를 설명한 말 같기도 하여 마음에 콕 박힌다. 부끄럽지만 내가 이 책의 1부와 2부에서 취하려고 노력한 자세가 이것이었다.

예수는 스스로 자신의 경전을 남기지 않았고, 히브리 민족을 압제에서 해방한 모세는 소위 가나안 복지에 들어가기 직전까지의, 힘들고 어려운 광야의 40년만을 히브리인들과 함께했을 뿐이다. 예수 말씀의 제자들은, 히브리인들은 최고 권위의 직접적 조명 없이 항상 간접적 도움 아래 올바른 길을 스스로 찾아야 하는 곤란한 상황에 부닥치곤 하였다. 그 곤란이야말로 우리가 신을 만나기 위한 자양인 것은 아닐까. 인간이 이해하고 목도하는 현상의 우주는 인간이 이해할 수 없고 볼 수 없는 암흑물질과 암흑에너지 안에서 함께 존재한다. 신도 그렇지 않을까.

구약성서 이스라엘 왕정기에 나타났듯, 신은 번듯한 석조건물에 가둔다고 가둬지지 않고 해명되지 않는다. 그런데도 그들은 왕의 거처 근처에 성전을 만들고 그 안에다 신을 유폐했다. 한국 교회도 마찬가지다. 이대로라면 그들이 신을 유폐하는 데서 그치지 않고 하나님을 살해할 기세다. 그들이 신을 살해하기 전에, 그들이 먼저 죽어야 한다. 그들이 신을 살해하기 전에 우리가 먼저 신을 해방해야 한다.

목격과 증언의 전승을 통해 예수를 스스로 찾도록 한 기독교는,

인간의 존엄을 가능한 최대한으로 보장한 종교다. 신의 사랑이 작동하는 방식이기도 하다. 신에게 도달하기 위해서는 내 앞에 놓인 복잡하기 그지없는 미로를 뚫고 나가야 한다. 나에게, 내 앞에 도무지 뚫고 나갈 수 없는 미로를 놓아둔 것이야말로 신이 내게 준 축복이다. 저기 예수가 있다, 여기 신이 있다고 해서 우르르 달려가서 단박에 만날 수 있는 예수이고 신이라면 그것은 기독교가 아니다. 신은 자동적으로 또 강압적으로 주어지지 않고 자신의 결단과 노력으로 미로 같은 난관을 거쳐야만 만나게 되는 존재다. 또는 예수 그리스도가 미로 그 자체라고도 말할 수 있다. 미로를 주고 미로 안에 둔 것이 기독교에서 말하는 은총이다. 미로의 끝에서, 미로를 뚫고 가는 과정에서, 미로 그 자체에서 예수 그리스도는 기독교인과 함께 할 텐데, 내 생각에 예수는 내가 그 길을 다른 기독교인들과 함께 걷고 함께 답을 찾기를 원한다. 미로의 끝에서, 미로를 뚫고 가는 과정에서, 미로 자체에서, 그 모든 것에서 함께하는 다른 기독교인들이 또한 예수 그리스도이고 하나님이라고, 나에겐 그렇게 느껴진다.

그렇다면 내 앞에, 우리 앞에 놓인 이 미로는 동시에 신이 준 계시이다. 미로의 초입에서 즉시 발견하게 되는 적그리스도나 다름없는 저들을 넘어서야 할 텐데, 저들을 넘어설 계기를 제공한 것이 어쩌면 은총의 한 측면일 수 있다고 생각한다면 과도할까. 과연 그런 측면이 없지는 않겠다는 생각이 든다. 그러나 은총은, 그들의 존재에서 찾아지지 않고 그들을 넘어서는 것에서 최종적으로 확인되어야 한다.

넘어섬이라는 성취를 통해서 은총이 완성되는 것이기에, 넘어짐 자체를 은총이라고 호도해서는 안 된다. 장애를 둔 것, 장애에 걸려 넘어진 것을 포함하여 있는 그대로 주어진 그대로 모든 것을 신의 뜻이자 섭리라고 주장하는 사람은 신 모독자이다. 예를 들어 '아우슈비츠'란 현대사의 참상을 두고 그것 또한 신의 뜻이었다고 말하는 사람을 우리는 신 모독자라고 불러야 한다. 코로나19바이러스감염증이 기승을 부리기 시작했을 때 신의 심판이란 말을 꺼낸 목사들은 신을 모독한 셈이다. 부정과 불의 부패를 신의 이름으로 묵인하고 동조하고 편승한 기독교인이 있다면 배교자라고 판정해야 한다.

반대로 '아우슈비츠'를 방관하는 신은 도대체 어떤 신이냐며 그런 신은 없는 게 낫다거나 실제로 없다고 주장한다면 그때는 기독교에서 이탈하게 된다. 내 생각으로 '아우슈비츠'를 신의 뜻이라고 수긍한 기독교인보다, 그런 것이 신의 뜻일 리가 없다고 신을 떠나 비기독교인이 된 이가 더 신이 사랑한 사람이다. 복잡한 논의가 전개될 것이기에 여기서 더는 이 문제를 거론하지 않을 생각이지만, '아우슈비츠' 같은 유형의 야만은 분명 하나님의 뜻에 배치되며, 또한 하나님이 '아우슈비츠' 같은 것들을 방관하지도 않았다는 점은 기독교인으로서 언급하고자 한다. 나의 하나님은 아우슈비츠 옆에서 함께 고통받고 함께 죽었으며, 신이라도 감당하기 힘들었을 그 야만을 인간이 넘어설 수 있기를 기도하고 격려했다고 말할 수 있다.

예수 구해내기 · 신(神) 해방하기

싱가포르에는 '싱가포르의 조용기'로 불리는 콩히란 사람이 있다. 실제로 행태가 조용기 등 한국 대형교회 목사와 판박이다. 외신에 따르면 싱가포르 법원은 2017년 4월 교인들을 속이고 교회 돈 약 400억 원을 유용한 콩히에게 징역 3년 6개월을 선고했다. 콩히는 2년 4개월을 복역한 뒤 모범수로 2019년 8월 22일 가석방되었다.

한데 출소한 지 채 6개월이 지나지 않은 콩히는 2020년 2월 2일 '자신'의 교회 시티하베스트 교회 주일예배에서 목사로서 설교했다. 시티하베스트 교회는 교인이 한때 3만여 명에 달했으나 콩히의 재판이 시작된 후로는 절반가량이 떨어져 나갔다. 콩히 목사는 이날 주일예배 강단에서 그동안 아무 일이 없었다는 듯 설교했다고 한다. 설교 제목은 '예수를 따르는 것'이었다.

이 모든 상황이 블랙 코미디 같지만, 사실 한국의 대표적인 개신교 교회들과 비교하면 그리 놀랄 만한 일이 아니다. 그래서일까, 콩히는 출소한 지 얼마 지나지 않아 그가 '영적 아버지'라 부르는 조용기 목사를 만나러 여의도순복음교회를 찾았다. 그는 2019년 9월 15일 조 목사를 대신해서 순복음교회 교인들에게 설교했다. 콩히 목사는 '두려워하지 말고 믿기만 하라'는 제목으로 설교했는데, 자신의 교회 자금 유용이나 징역형에 관해서는 언급하지 않았다.

어이없는 풍경이다. 설교를 시키는 사람이나 설교하는 사람이나, 그리고 (아마도 진상을 모르는 사람이 많았겠지만) 설교를 들은 사람이나, 예수가 이 광경을 보면 뭐라고 말할까. 적폐 기독교의 한류라고 웃고 넘기기엔 마음이 아픈 광경이다.

한국 사회는 경제성장과 민주화, 그리고 미약하나마 시민사회의 성숙을 거치면서 사회 여러 분야에서 발전이 이루어져 도덕성과 투명성이 급격하게 높아지고 있다는 평가를 받는다. 이런 발전과 변화의 방향과 거의 유일하게 동떨어져 오히려 퇴행하고 있는곳이 개신교이다. 검찰보다 더 심각한 적폐인 기독교계를 정화하지 않으면 한국 사회의 발전은 요원하다. 종교적으로도 이 적폐를 걷어내지 못하면, 한국 기독교는 하나님과 예수로부터 버림받을 것이고, 기독교인들은 부패한 기성 '정통' 교회를 타성으로 다니거나, 교회를 떠나 '가나안' 교인이 되거나, 아니면 신천지처럼 사이비 종교에 빠져들게 될 것이다. 대안이 없지는 않으나 현실에서 목격되는 대안은 현재로선 미약한 존재감을 보일 뿐이다.

변화는 쉽지 않다. 쉬운 변화였으면, 그동안 적잖은 기독교인들이 기도하며 흘린 엄청난 눈물에도 불구하고 한국 교회가 여전히 이 모양, 이 꼴이겠는가. 나는 완전히 침몰하기 전에 우리 기독교가 답을 찾아낼 것이라고 믿는다. 사실 이 난관을 극복할 해결방안은 나올 만큼 나와 있다.

관점에 따라 한국교회가 이제 변화와 개혁의 전환점에 접어들고 있다는 분석이 가능하다. 개신교가 사회악이 되고 예수의 수치가 된 이 시점이야말로 과거를 뉘우치고 올바른 길로 회심할 전환의 서막일 수 있다. 조 목사 같은 이들이 대통령에 버금가는 권력을 행사한 한국 번영주의 신학이 극성한 시기와 현재를 비교하면 차라리 현재가 낫다. 적어도 부끄러움과 변화에 관한 인식을 공유할 수는 있으니 말이다. 앞으로 (당분간?) 대한민국에 저들처럼 부끄러운 목사와 교회가 더 번성하는 일은 없을 테니 말이다.

브라질 등 라틴아메리카와 나이지리아 등 아프리카에서 순복음교회를 능가하는 복음주의(또는 오순절주의) 교회가 번성하는 상황과 한국에서 복음주의 교회가 지탄받는 상황을 비교하면 한국이 그나마 다행이란 생각이 든다. 라틴아메리카와 아프리카에서는 아직 문제의 심각성과 폐해를 체험하지 못했지만 우리는 절절히 체험하였고 변화와 극복의 열망 또한 더 강해지고 있기 때문이다. 지금 문제의 전면에 이만희 씨나 전광훈 씨 정도가 부각된 상황은 불행 중 다행이다. 만일 가정하여 조용기나 이른바 3도(김선도·김홍도·김국도) 등이 브라질이나 나이지리아처럼 문제의 전면에 있었다면 변화의 추진력을 찾기까지 앞으로 수십 년을 기다려야 할 형편일 테니 말이다. 어쩌면 한국 교회의 추락이 거의 바닥에 닿아간다는, 그리하여 이제 회복을 제대로 논의해 볼 수 있다는 긍정적 관점이 가능하다. 추락을 한 번에 무화할 날개 같은 건 애초에 존재하지 않지만, 한 걸음씩 걸어서 회복을 시작할 바닥은 존재한다. 바닥에 닿아야 시작할 수 있다.

구체적인 해결방안이나 실천전략에 대해서는 긴 세월에 걸쳐 나올 만큼 나와 있다. 이제 해결방안을 다시 정리하고, 기독교와 사회의 관계에서 실천전략을 수립하고, 기독교인들이 체계적으로 또 끈질기게 실천하기만 하면 된다. 신앙을 일신하고, 낡은 교회를 해체하는 가운데, 무엇보다 예수의 가르침 안에서 패배의식을 떨쳐내는 게 중요하다.

실천적 신앙으로 돌아가 부끄럽지 않은 기독교인으로 살아가려면 결국 예수에게로 돌아가는 길 말고 다른 길은 없다. 황금만능주의에 물들어 권력과 야합하는가 하면, 시대정신을 외면하고 저급한 종말론에 기대 값싼 은총이나 파는 부패한 기득권 종교. 또 통일이란 민족적 사명에 눈감고 빨갱이 이데올로기로 무장하여 편을 가르고 역사의 발전을 훼방 놓는 종교. 무엇보다 구원과 은총이 없고 영혼 비즈니스만 있는 종교. 기독교를 그런 사이비 기독교에서 구해내려면 예수에 대한 냉철한 이해와 뜨거운 수용 없이는 불가능하기 때문이다. 장차 21세기가 저물 때 기후위기에서 지구를 지켜내는 데 일조한 세계시민으로서 한국의 기독교인이 예수를 새롭게 만나고 뜨겁게 사랑하며 모두로부터 존중받는 사회 구성원이 되어 있으려면, 이제 변화할 시점이다.

회개하라 천국이 가까이 왔느니라

「마태복음」 3장 2절.

코로나 시대를 사는
지식인의 예수찾기

예수가 완성한다

초판 1쇄 발행 2020년 12월 10일

지은이 안치용
펴낸곳 마인드큐브
펴낸이 이상용

출판등록 제2018-000063호
이메일 mind@mindcube.kr
전화 편집 070-4086-2665
　　　마케팅 031-945-8046
　　　팩스 031-945-8047
ISBN 979-11-88434-34-3　03230